BeckscheReihe

BsR 483

BsR

„Als Gott am sechsten Schöpfungstage alles ansah, was er gemacht hatte, war zwar alles gut, aber dafür war auch die Familie noch nicht da." Anscheinend trifft diese Satire von Kurt Tucholsky das Familienschicksal des Menschen im Kern. Müssen wir wirklich immer „in Familie machen?" War die Familie immer und überall so wichtig, so eng und beengend? Warum hat das Ideal der „bürgerlichen Familie" unsere Vorstellungen von Familie bis in die Gegenwart geprägt? Bietet uns der moderne Lebensstil nicht neue Möglichkeiten an? Brauchen wir in der „Postmoderne" nicht mehr „in Familie zu machen?" Wie sind die empirischen Ergebnisse der Familienplanung zu bewerten, welche Folgerungen für die Zukunft der Familie lassen sich daraus ziehen?

Hettlage, Robert, Prof. Dr. Dr., geb. 1943, Studium der Nationalökonomoie, Philosophie und Soziologie in Fribourg/Schweiz; Promotion in Volkswirtschaftslehre und Sozialphilosophie, Habilitation an der Universität Basel 1978; seit 1981 Lehrstuhl für Soziologie an der Universität Regensburg. Forschungsschwerpunkte Wirtschafts- und Kultursoziologie, Soziologische Theorie, Sozialethik, Migrationsforschung, Entwicklungs- und Familiensoziologie. Zahlreiche Veröffentlichungen, u.a. in der Beck'schen Reihe Herausgeber von „Die Bundesrepublik. Eine historische Bilanz" (BsR 424).

ROBERT HETTLAGE

Familienreport

Eine Lebensform im Umbruch

Unter Mitarbeit von
Susanne Wagner

VERLAG C. H. BECK

Mit 17 Tabellen und 12 Abbildungen im Text

Die Deutsche Bibliothek – CIP-Einheitsaufnahme

Hettlage, Robert :
Familienreport : eine Lebensform im Umbruch ;
[mit 17 Tabellen] / Robert Hettlage. Unter Mitarb. von
Susanne Wagner – Org.-Ausg., 2., aktualisierte Aufl. –
München : Beck, 1998
(Beck'sche Reihe ; 483)
ISBN 3 406 43983 7

Originalausgabe
ISBN 3 406 43983 7

Zweite, aktualisierte Auflage. 1998
Umschlagentwurf: Uwe Göbel, München
Umschlagabbildung: Eugéne Ionesco: Les Spectateurs. 1986 (5-farbig)
Originallithographie.
Gesamtherstellung: C. H. Beck'sche Buchdruckerei, Nördlingen
Gedruckt auf säurefreiem, alterungsbeständigem Papier
(hergestellt aus chlorfrei gebleichtem Zellstoff)
Printed in Germany

Inhalt

Dritter Teil

Familie im Umbruch – Der gesellschaftliche Wandel und die Folgen für die Lebensform „Familie“

Vierter Teil

Die Familie – eine Lebensform ohne Zukunft?

Vorwort

Jede wissenschaftliche Arbeit speist sich aus vielen Anregungen, die im einzelnen schwer nachzuweisen sind. Es gibt aber auch unmittelbare Anstöße, die es verdienen, hervorgehoben zu werden.

So wäre diese Buch ohne das Zutun des Grazer Sozialethikers Prof. Dr. Dr. Valentin Zsifkovits überhaupt nicht entstanden. Er bat mich Mitte der 80er Jahre, „eine Familiensoziologie“ für die von ihm mitherausgegebene Reihe „Soziale Perspektiven“ zu verfassen. Sie sollte sich nicht primär an die soziologische Diskursgemeinschaft selbst wenden, sondern auf „schmatzende Fachausdrücke“ (Tucholsky), die aus der „Bildungsdrüse“ abgesondert werden, so weit eben möglich verzichten. Mit sanftem Druck hat Herr Zsifkovits mich in dieses Unternehmen hineingestoßen und kann nun für das Fertigprodukt eine gewisse Mitverantwortung nicht ganz ablehnen. Natürlich gehen inhaltliche und formale Mängel ganz zu meinen Lasten.

Im übrigen konnte ich mich bei der Bearbeitung dieses Projekts erneut auf eine bewährte Zusammenarbeit verlassen. Nachdem ich mit Herrn Zsifkovits übereingekommen war, daß das Manuskript wegen seines großen Umfangs in der genannten Reihe wohl doch nicht den geeigneten Standort hätte, fand sich der C.H.Beck Verlag freundlicherweise bereit, dem „Report“ eine neue Verlagsheimat zu geben. Zu besonderem Dank bin ich hierbei Herrn Dr. Günther Schiwy verpflichtet.

Wiederum haben meine Mitarbeiterinnen und Mitarbeiter sehr gute Arbeit geleistet: Frau Petra Deger und Frau Sabine Karlstetter haben mit großem Einsatz die Arbeit mehrfach durchgeprüft und auch die Register erstellt. Frau Birgit Schubert fügte mit Umsicht und Engagement die vielen losen Blätter und Entwürfe zu einem Gesamttext zusammen. Ihrer genauen Lektüre, ihrem Gestaltungswillen und ihrer Unerbittlichkeit gegenüber meinen stilistischen Eskapaden ist es zuzurechnen, daß das Manuskript leserfreundlich ausgefallen ist. Herr Privatdozent Dr. Karl Lenz stand mir mit vielen praktischen Hinweisen, Literaturtips, inhaltlichen Korrekturen, aber auch Ermutigungen zur Seite. Ihnen allen möchte ich hiermit herzlich danken.

Basel/Regensburg, im März 1992 *Robert Hettlage*

Vorwort zur 2. Auflage

Da die erste Auflage erfreulich schnell vergriffen war und der C.H.Beck Verlag eine Neuauflage für sinnvoll erachtete, haben wir uns daran gemacht, den Familienreport zu überarbeiten. Das war nötig geworden, weil in den letzten Jahren das Thema „Familie" heißgeredet worden war und entsprechend viele neue Publikationen, Tagungen, Fernsehsendungen usw. dafür gesorgt hatten, daß Familiensoziologie zu einem aktuellen Diskussionsgegenstand aufgewertet wurde. Zwar haben wir nicht das Ziel verfolgt, die neuere Literatur vollständig aufzuarbeiten, dennoch war es unsere Absicht, die wichtigsten Neuerscheinungen der 90er Jahre einzubeziehen.

Ein weiterer Grund für die Überarbeitung war dadurch gegeben, daß Zahlenmaterialien relativ schnell veralten oder wenigstens einen solchen Eindruck hervorrufen. Deswegen wurde versucht, alle Tabellen – wo immer möglich – zu aktualisieren und auf den neuesten Stand zu bringen. Dies drängte sich schon deswegen auf, weil in der Zwischenzeit die deutsche Wiedervereinigung zu berücksichtigen war, das bisherige Material sich aber auf die alte Bundesrepublik bezogen hatte. Zugleich mußte uns daran gelegen sein, jeweils eine europäisch-vergleichende Perspektive einzubauen. Nur so kann verständlich werden, ob die Entwicklung im größer gewordenen Deutschland ein Sonderfall ist oder ob sie im allgemeinen Trend dieser Weltregion liegt.

Susanne Wagner hat die Aufgabe übernommen, die Tabellen an den heutigen Stand anzupassen. Ohne ihr bewundernswertes Engagement und ihre große Kenntnis der Familiensoziologie wäre diese Neubearbeitung wohl nicht zustande gekommen. Mein herzlicher Dank geht auch an Brigitte Kaiser, Christine Zimmermann und Birgit Schubert für die vielen technischen Kontrollen, die nötig sind, wenn man ein „altes“ Manuskript auseinanderreißt und um neue Perspektiven ergänzt.

Basel/Regensburg, im Januar 1998 *Robert Hettlage*

Statt einer Einleitung

In einer seiner kurzen Impressionen aus der Zwischenkriegszeit (1925) beschreibt Kurt Tucholsky mit Ironie und Röntgenblick den Antrittsbesuch eines jungen Paares bei einer Tante. Da diese etwas auf sich warten läßt, blättern die beiden inzwischen im Familienalbum, was dem jungen Mann Anlaß gibt, seiner Braut einen Einblick in seine Verwandtschaft zu geben. Er zeigt auf Mama und Papa, auf sich selbst im Sonntagsanzug, auf Onkel Julius und Tante Minna, auf Großvater, auf Bernhard, der nach den USA ausgewandert ist, und auf seine beiden Vettern, die sich immer zankten und mit allem gehauen haben, was beweglich war. Die Frage, warum sie dann doch immer zusammen waren, beantwortet er folgendermaßen:

„Mein liebes Kind, du hast doch eine Familie, nicht wahr? Und daher mußt du das wissen, was das ist: Verwandtschaft. Siehst du, mit den Verwandten ist das so:

Verwandte klucken immer zusammen und wissen alles voneinander. Sie wissen von den Interna der Familie gewöhnlich mehr als von ihren eigenen Sachen, um die sie sich kümmern sollten – sie wissen in allem Bescheid, was die andern machen – ganz genau. Und sie sind unglücklich, wenn sie es nicht wissen. Sie telefonieren fast alle zwei Tage miteinander, sie hocken aufeinander und dicht zusammen. Und darüber stöhnen sie.

Sie sagen alle: Ach, die Familie! Wenn ich das bloß nicht brauchte! Wie mir das zum Halse herauswächst! Wie mir davor graut!

Aber sie nehmen es todübel, wenn einer absagt, wenn einer nicht genügend ‚Interesse' bezeigt, wenn einer nicht dabei ist. Es gibt ganz offizielle Gelegenheiten, die keinesfalls ausgelassen werden dürfen; als da sind: alle Geburtstage, Weihnachten, Silvester, alle Hochzeiten, natürlich – ja, da werden wir wohl nicht drumherumkommen! – na, und dann natürlich beinahe alle Sonntage. Natürlich. ‚Sonntags sind wir in Familie' – heißt das. Der ganze Sonntag ist hin. Sonntag ist eigentlich nur schön bis morgens zehn Uhr, am schönsten um acht, wenn man sich noch mal rumdrehen und weiterschlafen kann. Aber dann ist es aus. Dann sind wir in Familie. Das geht reihum, weißt du, und man sieht immer wieder dieselben Gesichter und hört wieder dieselben Gespräche und dieselben Stimmen und alles das. Und es wird einem so über – so mächtig über! Aber was will man machen? ‚Sonntags ist man in Familie.' Und dann wird alles erzählt, und Blicke werden gewechselt, und todsicher ist natürlich mindestens einer oder eine beleidigt. Darauf kannst du dich verlassen. Manchmal schmeißt auch einer die Serviette hin und geht raus. Aber gewöhnlich geht ihm dann einer nach und holt ihn wieder zurück …

Und weil sie doch alles, alles voneinander wissen, wissen sie auch, wo jeder am verletzlichsten ist und wo man ihn am besten treffen kann. Und ich glaube, es gibt keine fremden Menschen, die sich so bitter bekriegen wie Verwandte. Und diese Gefrierstimmung, die manchmal ist – nicht wahr, das kennst du auch? Ja, das ist ganz schrecklich. Dann ziehen alle so steife Gesichter und sprechen auf einmal so ganz unnatürlich und fein, und dann weiß man schon immer: Hier ist etwas nicht in Ordnung! Und wenn sie sich über ein altes Kinderkleidchen zanken, dann holen sie immer gleich alle alten Familiengeschichten in Bausch und Bogen heraus, alle, von Beginn der Welt an, und werfen sich den ganzen Kitt noch einmal vor, über den man sich doch unter der vorigen Weihnachtstanne glücklich versöhnt hatte … Und es gibt keine Erbschaft, das sage ich dir, und du kannst es glauben, die so hoch wäre, daß sich alles lohnt! Und da werden Rücksichten genommen und Verabredungen getroffen und nicht innegehalten und lange Telefongespräche geführt – warum eigentlich? Die Stimme des Blutes? Ach, laß dich doch nicht auslachen! Ich werde dir mal sagen, was es ist:

Die Verwandtschaft ist eine Plage, die der liebe Gott sonst ganz gesunden Menschen auferlegt hat, damit sie nicht zu übermütig werden! Das ist es. – Da ist Tante Hanna.

Erlaubst du, Tante Hanna, daß ich dir meine Braut vorstelle ...?“ (Tucholsky 1985, X: 163ff.)

Wem von uns wäre das alles gänzlich unbekannt: das Zanken und Sich-Wieder-Versöhnen, das „in Familie machen“ zu müssen und das Nicht-ohne-Familie-Sein-Können.

Anscheinend hat Tucholsky mit seiner Satire das Familienschicksal des Menschen im Kern getroffen. Jede witzige Überzeichnung findet darin ihre Berechtigung und ihre besondere Note, daß sie eine große Wahrheit ankündigt. Müssen wir Menschen wirklich immer „in Familie machen“ oder bietet uns zumindest der moderne Lebensstil nicht neue Wahlmöglichkeiten an?

In vier Problembereichen, die zugleich die vier Teile dieses Buches sind, soll diese Thematik erörtert werden. Im einzelnen geht es um folgende Kernfragen:

1. War die Familie immer und überall ein so bedeutendes, so enges (und beengendes) und zugleich so weitgespanntes Beziehungsgefüge? Und wenn ja, warum? (1. Teil)

2. Wie ist es zu verstehen, daß sich unter modernen (industriellen) Gesellschaftsbedingungen ein besonderes Familienmodell, die bürgerliche Familie, herausbildete, die bis in die Gegenwart hinein unsere Vorstellungen von „Familie“ geprägt hat? (2. Teil)

3. Sind es diese Gesellschaftsbedingungen nicht auch, die nun (in der „Postmoderne“) über die bürgerliche Familienauffassung hinausführen, so daß wir bald nicht mehr „in Familie machen“ (müssen)? (3. Teil)

4. Wie sind die empirischen Ergebnisse der heutigen Familienforschung zu bewerten, und welche Folgerungen sind für die Zukunft der Familie daraus zu ziehen? (4. Teil)

„Die Form ist der äußere Ausdruck
des inneren Gehalts.“
(Wassilij Kandinski)

Erster Teil

Die Familie als gesellschaftliche Institution

Um den Chancen der „Lebensform Familie“ in Gegenwart und Zukunft auf die Spur zu kommen, müssen einige grundsätzliche terminologische, gesellschaftstheoretische und sozialhistorische Überlegungen vorausgeschickt werden. Was ist überhaupt eine Familie? Welche gesellschaftliche Bedeutung hat die Familie? Was können wir aus der Geschichte lernen?

I. Ehe und Familie – Von der Selbstverständlichkeit zum Problem

1. Der Mensch als Familienmensch?

Wir sind häufig geneigt, unsere eigenen gesellschaftlichen Erfahrungen und Lebensgewohnheiten zu verallgemeinern und zum Lebensstil *des* Menschen schlechthin zu erklären. Das gilt auch für die Familie. Von unserer Erfahrung her sind wir Familienmenschen. Überwiegend wachsen wir in Familien auf und gründen wieder Familien. Aber gilt das universal in dem Sinne, daß alle Gesellschaften zu allen Zeiten Familiengruppen im engen Sinne ausgebildet haben? Ein Blick auf einfache Stammesgesellschaften und Hochkulturen, auf vormoderne und moderne Gesellschaften, scheint die These von der Universalität der Familie zu stützen.

Und doch ist vor unbedachten Verallgemeinerungen zu warnen: Weder unser Blick in die Vergangenheit noch der in die Zukunft ist sehr verläßlich und weitreichend. Überdies ist zu fragen, ob alle Phänomene, die wir in diesen verschiedenen Gesellschaften antreffen, vernünftigerweise mit demselben Begriff „Familie" belegt werden sollen. Tatsächlich finden wir in den frühen Jäger- und Sammlergesellschaften – und diese machen etwa 90 % der Menschheitsgeschichte aus! – Familienleben (vgl. Childe 1975). Wenigstens seit den Ackerbaukulturen (30000–10000 Jahre vor Christus) existiert die Familie als soziale Lebensform. Heute erscheint die Vorstellung von der unstrukturierten, auf beliebig wechselnde Sexualpartnerschaften aufbauenden Urhorde weniger plausibel als diejenige von gegeneinander abgegrenzten, größeren oder kleineren Lokalgruppen mit unterscheidbaren Interaktionszusammenhängen, also Paarbildungen innerhalb lokaler (Überlebens-) Gruppenbildungen. Eine *Gruppenehe*, bei der eine ganze Gruppe von Männern mit einer ganzen Gruppe von Frauen verheiratet ist, so daß alle Männer alle Frauen und alle Frauen alle Männer als Ehegatten gemeinsam haben, ist in keiner Gesellschaft bekannt geworden!

Dennoch bleibt die *Vielfalt* der möglichen Paarbildungen und -bindungen – zahlenmäßig unterschiedlich ausgeprägt zwar – außerordentlich hoch. Wir finden monogame und polygame Eheformen, wobei letztere sich in polygyne (Ehe eines Mannes mit zwei oder mehreren Frauen zur gleichen Zeit) und polyandrische (Ehe einer Frau mit zwei oder mehreren Männern zur gleichen Zeit) Unterformen unterteilen. Wir treffen lebenslängliche und zeitlich begrenzte Formen des Zusammenlebens zwischen Mann und Frau, Verwandtschaftsformen, die über die Mutter (d.h. matrilinear) und die über den Vater (patrilinear) hergestellt werden. Wir finden exogame Heiratsformen (Heirat außerhalb der eigenen sozialen Gruppe) und endogames Heiraten. Der Wohnort des Paares bzw. der Familie kann sich nach der Herkunft der Mutter (matrifokal oder matrilokal) oder des Vaters (patrifokal oder patrilokal) richten, wir kennen einfache oder zusammengesetzte Familiengruppen usw.

Aus dieser Vielfalt der Paarbildung läßt sich nur schwer ein Beweis dafür erbringen, daß wir es von Anfang an mit einer festen, ritualisierten, rechtsförmigen Institution der Ehe zu tun haben. Vielmehr dürfte ihre Dauerhaftigkeit, die es zweifellos auch gab, der Gewöhnung entstammen. Weder lassen sich aus den frühhistorischen Erkenntnissen allgemeine Regeln für die Gestaltung der Sexualbeziehungen noch für eine eindeutige und ausgeprägte Rollenteilung zwischen Mann und Frau gewinnen. Dem widerspricht natürlich nicht, daß wir im Laufe der Menschheitsgeschichte bis in unsere Tage hinein nicht zu ausgeprägten Regelungen in der einen wie anderen Hinsicht gelangt sind. Wir können von einer „ursprünglichen Form" her nicht argumentieren, weil wir diese in der konkreten Menschheitsgeschichte bisher nicht auffinden können.

Einzig die *Mutter-Kind-Dyade* scheint eine wirklich universale Grundeinheit zu sein, an die sich viele andere Kombinationen elementarer Beziehungsformen ankoppeln. „Weit stabiler und strukturell bedeutsamer als die Gattenbeziehung sind in den relativ immobilen, nicht-industriellen Gesellschaften in aller Regel die Bindungen innerhalb der Blutsverwandtengruppe ..." (Eickelpasch 1974). All das deutet darauf hin, daß es nicht so einfach ist, den „Familienmenschen" überhaupt zu definieren, und daß ethnozentrische Fallstricke auf jeden Fall umgangen werden müssen. Auch, und gerade weil es scheint, daß Gesellschaften überhaupt ohne eine bestimmte Form von Familie nicht auskommen können, ist es notwendig zu bestimmen, was dabei eigentlich zur Diskussion steht. Mit anderen Worten: wir müssen wissen, was eine Familie ist.

2. Was macht eine Familie aus?

Was eine Familie ist, ist nicht so einfach zu bestimmen, wie es scheint. Im allgemeinen meinen wir, daß wir es mit einer Familie zu tun haben, wenn ein Ehepaar mit seinen eigenen oder angenommenen unmündigen oder unverheirateten Kindern zusammenlebt (*Kernfamilie* – nicht zu verwechseln mit der modernen Kleinfamilie). Es ist aber auch denkbar und historisch auffindbar, daß Verwandte, mündige Kinder und sogar Dritte zum gemeinsamen Haushalt dazugerechnet werden (*Großfamilie*). Fraglich ist, ob der gemeinsame Haushalt als Bestimmungselement einer Familie notwendig ist, denn auch der gezwungenermaßen von seiner Familie getrennt lebende Ehemann (Gastarbeiter, Forscher etc.) hat immer noch eine Familie, ganz abgesehen davon, daß matrilokale Familientypen dauerhaft auf den gemeinsamen Haushalt verzichten.

Festzuhalten ist, daß man zwischen *Ehe* und Familie zu unterscheiden hat. Während die Ehe ein individueller Bund zwischen zwei selbständigen Personen – Mann und Frau – ist, also auch unabhängig von der Familie eingegangen werden und sich von letzterer „emanzipieren" kann, ist die *Familie* eine primäre soziale Gruppe, die in jedem Fall mehr Personen umfaßt als nur die Ehegatten [Unter „*Gattenfamilie*" (conjugal family) versteht man hingegen die der Kernfamilie eigene Form, daß die Gattenbeziehungen die zentrale und permanente Zone dieser Gruppe bilden] (vgl. König 1974a: 49f.). Die *Ehe* bestimmt sich dabei als eine legitime (im Gegensatz zur illegitimen, außergesetzlichen) Sexualbeziehung, die mit der Absicht auf Dauer eingegangen ist, und entsprechend – aber nicht unbedingt kontraktuell – gegenüber einer relevanten sozialen Umwelt (Familie, Clan, Nachbarschaft usw.) öffentlich gemacht wird, sei es als Raubehe, Kaufehe oder Konsensehe. Eine *Familie* hingegen ist die (im allgemeinen) biologische, wirtschaftliche und geistig-seelische Lebensgemeinschaft der Eheleute und ihrer Kinder. Ihr Kern ist zwar die Ehe, das Beziehungsgefüge schließt aber nun die Kinder und deren Erziehung ein. In beiden Fällen zeigt sich, daß wir es nicht nur mit biologischen, sondern auch mit sozialen Phänomenen zu tun haben. Das gilt sowohl für den Legitimitäts- als auch für den Besitzaspekt: Die *Ehe* ist Ausdruck exklusiver – unilateral oder bilateral geordneter – Sexual- und Liebesrechte und -pflichten zwischen Mann und Frau, die diese Beziehung gegen Dritte abgrenzt. Meist ist ein ökonomischer Aspekt damit verbunden, der sich auf die Bereitstellung eines Familieneinkommens und die Verteilung der Hausarbeit bezieht. In der *Familie* wird diese Beziehung ausgeweitet, aber auch hier ist ein Eigentumsaspekt zwischen Eltern und Kindern wirksam. Er bezieht sich wirtschaftlich auf Erbrechte und die Kontrolle über die Arbeit der Kinder, während die sexuelle Verfügung negativ durch das *Inzesttabu*, positiv durch den Einfluß der Eltern auf den „Heiratsmarkt“ (Heiratssysteme als symmetrische oder asymmetrische Tauschvorgänge, Heiratszahlungen, sekundäre Heiraten etc.) geregelt ist.

Ehe- und Familienformen sind voneinander nicht unabhängig. So hängt die Form der Ehe von der Art der Familie, der Abstammungsordnung (Linearitätsregeln) und den entsprechenden Heiratsregeln ab, innerhalb derer sich die Ehe entfalten kann (Exogamie, Endogamie, Schwesterntausch, Sororat, Levirat). Umgekehrt führt ein bestimmter Ehetyp in Verbindung mit jeweiligen Wohnformen zu besonderen Typen von Familienorganisationen.

II. Die Familie als Institution der Gesellschaft

Die bisherigen, äußerst gedrängten Erörterungen haben uns einen Einblick in die Kompliziertheit der Materie gegeben. Wer von Familie spricht, muß Ehe- und Familienformen auseinanderhalten, er muß aber auch sagen, von welchem Familientyp er spricht. Dennoch genügen die Überlegungen zur Größenordnung, zur Abstammung, zu den Heiratsregeln, zu den Residenzformen etc. nicht, um das „Lebensmodell Familie“ zu verstehen. Wie wir daran aber ersehen konnten, sind Ehe und Familie keine *rein* biologischen Phänomene, sondern soziale Beziehungsformen, bei denen Positionen vergeben, Erwartungen gehegt und Rechte und Pflichten verteilt werden. Da die Menschen als Kinder und Ehepartner das Leben in (unterschiedlichen) Familien-Typen (Herkunftsfamilie, Zeugungsfamilie) durchlaufen, lernen sie, diese Pflichten zu erfüllen und die Rechte wahrzunehmen. Damit wird die aus der Familie gebildete Struktur für die Gesellschaft insgesamt bedeutsam. Die Familie ist so sehr Element der gesellschaftlich umfassenderen Sozialstruktur, daß einfache Gesellschaften häufig allein durch die Familienorganisation beschrieben wurden. Man gewinnt also einen weiteren Einblick in die Familie und in die jeweilige Gesellschaft, wenn man nach ihren Leistungen und Aufgaben („Funktionen") innerhalb einer Gesellschaft fragt. Damit nähern wir uns der Frage der sozialen Institutionen. Inwieweit, so ist zu fragen, geben Ehe und Familie über die soziale Verankerung von Rollen und Normen bestimmte Muster des Zusammenlebens vor? Sind Ehe und Familie somit für eine relativ stabile gesellschaftliche Ordnung unerläßlich? Um sich diesen Fragen zu nähern, muß man zuerst etwas über soziale Institutionen und ihre Bedeutung im allgemeinen wissen, bevor man die Institution Familie im besonderen analysieren kann.

1. Die Institutionen und ihre Bedeutung

Das Konzept der sozialen Institution ist eine der wichtigsten Kategorien in Soziologie und Anthropologie. Die Entstehung, Leistung und gesellschaftliche Bedeutung von sozialen Institutionen haben alle großen Soziologen von A. Comte und H. Spencer über M. Weber und E. Durkheim bis hin zu T. Parsons und G. H. Mead beschäftigt. Die bisher fundierteste soziologische Institutionentheorie hat Arnold Gehlen vorgelegt, indem er sie aus der biologisch-morphologischen Mangelsituation und Instinktarmut des Menschen zu begründen sucht. Da die arttypischen Auslöser fehlen, bleiben die menschlichen Antriebe und ihre Befriedigungen relativ unbestimmt und „entgrenzt". Diese Öffnung der Sinnesorgane gegenüber breiten, nicht von vornherein definierten, sondern kulturell jeweils zu definierenden Eindrucksfeldern, hat man als „Weltoffenheit" des Menschen bezeichnet. Die Problematik des menschlichen Handelns besteht also darin, sich dem nicht zielsicheren Instinkt und dem Ausgeliefertsein an den momentanen Eindruck zu entziehen. Trotz allen Nachahmens und Lernens gibt es keinen kulturellen Automatismus, der vor Überraschungen sicher wäre. Je weiter man in die Zukunft blickt, desto größer wird das Risiko der Falscheinschätzung, und desto höher die Notwendigkeit einer ganz gezielten Aufmerksamkeit. Eine wenigstens vorläufige Lösung dieses Problems liegt im institutionalisierten Handeln. *Institutionen* sind zunächst „Habitualisierungen", „verselbständigte Gewohnheiten des Denkens, Meinens, Wissens, Handelns", die sich als Beziehungsnetze solcher Gewohnheiten ebenfalls verselbständigen (Gehlen 1964: 28).

Institutionen sind gesellschaftliche Vorkehrungen, die „Verhalten bündeln, ausrichten und besonderen Aufgaben zuordnen" (Lipp 1987: 99). Denn sie geben den Mitgliedern sozialer Gruppen Informationen in Form von Regeln und Wertvorgaben. Sie machen die Welt verfügbar durch konkrete „Sinnausschnitte". Solche ausdrücklichen oder impliziten Regeln gibt es für alle Bereiche des Zusammenlebens in allen Gesellschaften. Ein Beispiel dafür ist das Familienleben, das die Rechte und Pflichten von Männern, Frauen und Kindern, von Älteren und Jüngeren, Höhergestellten und „Gesinde" regelt. Das gilt für die Verteilung der Arbeit ebenso wie für die Erziehung, für das Sexualverhalten ebenso wie für Umgangsformen und Respekt, für die Willensdurchsetzung ebenso wie für Fragen des Wissens, des Stils, der Moral etc.

Häufig werden solche Einrichtungen durch hierfür zweckrationale *Organisationen* geformt. (Daher stammt die gängige, aber dennoch falsche Gleichsetzung von Organisation und Institution.) Einige dieser Institutionen – wie beispielsweise die Familie – sind universal auffindbar, andere nicht. Universal ist dabei die Tatsache der Regelung als solche, nicht aber, daß die entsprechenden Verhaltensweisen interkulturell gleichförmig sind, wie wir am Beispiel der Familie mit ihren gänzlich unterschiedlichen Regelungsmodi sehen können. Die Tatsache der universalen Regelung zeigt jedoch, daß bestimmte Gruppen vor grundsätzlichen Problemen stehen, für die sie unbedingt eine Lösung finden müssen, damit das Weiterleben gelingt. So muß die Nahrungsbeschaffung gesichert sein, die Aufzucht der Kinder, die Behausung, die Kommunikation, das Leben im größeren Verband, das Verhältnis von Welt und Überwelt etc. Auch wenn die Regelungen im einzelnen unterschiedlich sein können, müssen sie als solche jedoch funktionieren, d.h. sie müssen so vermittelt werden, daß eine genügend große Zahl von Menschen darauf eingeschworen bleibt, sie regelmäßig zu befolgen. Nur so ist eine voraussehbare Ordnung, sind also relativ stabile Handlungsentwürfe in einem Feld der Unsicherheit, garantiert.

Damit wird klar, daß soziale Institutionen für den einzelnen, für die jeweiligen sozialen Gruppen und für die Gesellschaft insgesamt eine Reihe von wichtigen Leistungen erbringen:

a) Die Orientierungsfunktion

Die erste Leistung der Institutionen ist die der *inneren* Stabilisierung und Bindung. Institutionen sind ein Instinktersatz. Eine relativ variable Antriebsbesetzung muß nun auf bestimmte Bedürfnisse und Ziele hin festgelegt, also definiert werden. Dafür bedarf der Mensch oberster Führungssysteme – wie Religion, Kunst, Recht, Technik usw. –, und diese sind stets Leistungen von Institutionen.

Institutionalisierung findet immer da statt, wo wir es mit gegenseitiger Typisierung von Handelnden und Handlungen zu tun haben. Eltern sagen ihren Kindern, daß „man“ nicht lügt, höflich zu sein hat usw. Kinder erfahren, daß „Eltern“ etwas von ihnen verlangen, ihnen etwas verboten haben etc. Durch Typisierung wird eingeordnet bzw. man ordnet sich ein. Dadurch bekommen die menschlichen Erscheinungen erst ihren besonderen Gehalt: „Die Welt, in der der Mensch lebt, ist eine zweite Natur, die er sich schafft – aber in dieser Leistung wird er notwendig sein eigenes Thema, und er ist so beschaffen, daß er immerfort an sich selbst Aufgaben findet, deren Lösung zugleich ein Fortschritt in seiner Welt ist“ (Gehlen 1966: 348). Durch Typisierung wird überhaupt gesellschaftliche Welt als zusammenhängend gegebene und tradierbare Wirklichkeit möglich, denn es wird etwas Festes, Verdichtetes, Massives erfahrbar (z.B. Elternschaft), das für die Kinder bereits als selbstverständlich gegeben und dem veränderlichen Augenblick enthoben ist. Natürlich hat die institutionale Welt, die die meisten Eltern an ihre Kinder weitergeben, schon längst den Charakter historischer und objektiver Wirklichkeit. Der Prozeß der Weitergabe bekräftigt nur den elterlichen Wirklichkeitssinn, und sei es nur, weil man – wenn man oft genug sagt: „so macht man das" – schließlich selbst daran glaubt. Eine institutionale Welt wird also als objektive Wirklichkeit erlebt. Sie hat eine Geschichte vor der Geburt des Individuums, die sich persönlich-biographischer Erinnerung entzieht. Sie war da, bevor der Mensch geboren wurde, und sie wird weiter nach seinem Tode da sein (vgl. Berger/Luckmann 1980: 63f.).

Dadurch, daß Institutionen überhaupt erst definitiven Weltbezug schaffen, erfüllen sie eine wichtige Aufgabe bei der inneren Stabilisierung des Menschen. Tenbruck nennt das die „innere Handlungsführung" (1989: 27f.). Er meint damit die Steuerung und das innere „Management" von energetischen Zuständen, Regungen, Stimmungen, Gefühlen und Bedeutungen, die nur schwer kontrollierbar sind. Und sofern sie beherrscht sind, machen sie den Charakter, die innere Sicherheit, die emotionale Stabilität, die Ausgeglichenheit einer Persönlichkeit usw. aus. „In der Deutung unserer Empfindungen legen wir somit unsere Identität fest, versuchen, uns klarzuwerden über das, wofür wir stehen, was wir wollen, wünschen und brauchen, so daß die Deutung unserer Empfindungen zugleich die Ausbildung und Durchordnung unserer Präferenzen ist" (Tenbruck 1989: 30f.). Dafür stehen uns immer kulturelle Muster zur Verfügung, ohne daß diese uns die Verarbeitung gänzlich abnehmen können. Nur weil Individuen mit einer gesellschaftlichen Außenwelt konfrontiert werden, können sie bestimmte Impulse aus der Innenwelt in Handlung umsetzen und ein subjektives Eigengewicht, Selbststand, also Identität gewinnen.

b) Die äußere Stabilisierungsfunktion

Institutionen dienen nicht nur der inneren, sondern auch der äußeren Verläßlichkeit und Stabilität. Der Mensch ist nicht nur auf innere, sondern auch auf äußere Handlungsführung angewiesen und benötigt hier – ebenso wie in seinem Innenbereich – Sicherheit und ein geregeltes, dauerndes Zusammenwirken. Er braucht stabilisierende Kräfte, „um sich selbst und um sich gegenseitig zu ertragen, etwas, worauf man in sich und anderen einigermaßen zählen kann" (Gehlen 1969: 97). Institutionen bieten dies – auch als äußere Führungssysteme. Durch diese Regelungen kommt der Mensch in einer ganz spezifischen Weise zu seiner „Welt". Es ist die Welt der arbeitsteiligen Rollen- und Funktionszuordnung. Institutionen sind in diesem Sinne nichts anderes als organisierte Verfahren, formale, anerkannte, etablierte und stabilisierte Wege, um bestimmte Aktivitäten in der sozialen Wirklichkeit auszuführen (vgl. Bierstedt 1970: 320). Lehren und Lernen beispielsweise kommt in allen Gesellschaften vor. Es ist aber in manchen so wichtig, daß es als etabliertes Verfahren institutionalisiert wird. Deswegen haben wir die Institutionen der Erziehung, die allerdings sehr unterschiedlich ausfallen können. Je größer, arbeitsteiliger und komplexer die Gesellschaften werden, desto differenzierter auch ihre Institutionen (der Wirtschaft, des Verkehrs, der Nachrichtenübermittlung, des Sports, der Regierung, der Unterhaltung usw.). Institutionen als *Lösungsmuster* für lebensnotwendige Funktionen – wie Ernährung, Fortpflanzung usw. – treten also in organisierter Form auf. Erziehung ist die Institution, die Universität Regensburg hingegen eine Organisation oder Assoziation. *Eine* bestimmte Regierung ist eine Organisation, *die* Regierung eine Institution. Eine nennbare Familie ist eine Assoziation, die Familie als solche hingegen eine Institution usw. Gesellschaften unterscheiden sich häufig danach, welche Institutionen (religiöse, militärische, politische, wirtschaftliche) besonders herausragen. Umgekehrt – und das bleibt festzuhalten – können verschiedene Gruppen und Organisationen im Dienst derselben institutionalisierten Funktionsverteilung stehen.

Wir sind gewöhnt, Institutionen vorwiegend unter diesem Gesichtspunkt zu sehen. Dabei tritt uns vor allen Dingen der *Kontrollaspekt* in den Weg. Denn allein die Tatsache des geregelten Verfahrens, der Konvention oder des Engagements (und all das sind Ausdrücke der Typisierung) zeigt, daß menschliches Verhalten unter Kontrolle gerät, was nicht unbedingt heißt, daß wir es immer mit Zwangsmaßnahmen zu tun haben. Es gibt auch feinere Steuerungen (Sanktionen), die noch dazu häufig nur sekundär in Erscheinung treten. „Die primäre soziale Kontrolle ergibt sich ... durch die Existenz von Institutionen überhaupt. Wenn ein Bereich menschlicher Tätigkeit institutionalisiert ist, so bedeutet das ebenso, daß er unter Kontrolle steht" (Berger/Luckmann 1980: 59).

Dabei machen wir die Erfahrung, daß Institutionen neben dem Aspekt der äußeren Ordnung und Erzwingbarkeit in einem ganz anderen Sinne „Stabilisierungsgewalten" sind, denn sie gewähren *Berechenbarkeit* und machen *Routinisierung* möglich. Der Vorteil solcher Stabilisierungen ist, daß man die Welt nicht täglich neu erfinden muß. Dies würde jeden einzelnen so überfordern, daß er eigentlich handlungsunfähig wäre. Zu dieser Stabilisierung gehört in gewisser Weise das Zusammenspiel von äußerer und innerer Stabilisierung. Wir wissen alle, daß es gänzlich unmöglich wäre, sich nur auf äußere Kontrollen zu verlassen. Ein Staat, der allein auf äußeren Zwang, ohne Verinnerlichung der Normen, also ohne innere Folgebereitschaft der Mehrheit der Bevölkerung funktionieren müßte, ist als Dauereinrichtung nicht denkbar. Dafür stehen die Beispiele der Diktaturen, aber auch die Steuermoral etc. Die gesamte politische, wirtschaftliche und gesellschaftliche Kultur ruht auf diesem Zusammenspiel von innerer und äußerer Kontrolle. Schon der dichte Straßenverkehr wäre ohne eine solche Modellierung des psychischen Apparats heute nicht mehr denkbar. Andererseits bleiben ohne Gewaltmonopol die Alltagsverhältnisse unberechenbar, wie sich am Beispiel der Drogenmafia Kolumbiens bestens zeigen läßt. Allerdings wirken Sicherheit, Entspanntheit, Verläßlichkeit und routineverbürgende Monopolorganisation der körperlichen Gewalt gar nicht so sehr durch ihre unmittelbare Bedrohung, sondern zu einem guten Teil „nur als Potenz durch die eigene Überlegung, die Selbstkontrolle, das Über-Ich oder das Gewissen hindurch" (Elias 1978, II: 326). Wäre es anders, so wäre das Gewaltmonopol auf Dauer überfordert.

c) *Die Steigerungsfunktion*

In diesem Zusammenhang wurde deutlich, daß Institutionen wesentlich mit Zivilisierung zu tun haben. Die Kehrseite der Geregeltheit, Stabilisierung und Entlastung ist, daß eine planmäßige und gesteigerte Lebensführung möglich wird. Man wird von den tagtäglichen Überlebenskämpfen mit all ihren Unvorhersehbarkeiten in gewisser Weise freigesetzt. Die Verlängerung der Handlungsketten ermöglicht die *Traditionsfähigkeit* von Gesellschaft, von Lebensstil, von Erziehung und ist insofern wiederum eine Entlastung. Die Lebensführung gewinnt so an Planmäßigkeit, denn Wissen kann nun systematisch erarbeitet werden, indem es auf Vorwissen aufbaut. Es entstehen Kommunitäten, in denen Kenntnisvorräte aufbewahrt, verteilt und weitergegeben werden. *Eine* wesentliche Gruppierung ist in dieser Hinsicht die Familie. Ohne organisierte, planmäßige Weitergabe von Erkenntnissen und Erfahrungen sind weder Erziehung noch Wissenschaft, weder technische Entwicklung noch überhaupt *Kultur* möglich. Durch diese Steigerung des Wissens entstehen Sinnuniversen, die Weltvergewisserung, Weltsicherheit und Weltvertrauen ermöglichen. „Nur durch Kultur kommt der Mensch zur ‚Welt'" (Claessens 1970: 36), allerdings in einer Weise, die vom Menschen nicht bewußt vorausgesehen und gemacht werden kann. „Sie hat ihren Wert ja gerade in der Selbstverständlichkeit, mit der sie auftritt, und damit in ihrer (...) Unhintergehbarkeit" (ebd.: 37). Natürlich wird dadurch die Welt nicht insgesamt in allen ihren Facetten geordnet, sondern nur in bestimmten lebenspraktischen Akzentuierungen, aber doch so, daß gewöhnlich relativ geschlossene Deutungssysteme entstehen. Eine Folge davon ist die institutionelle Auffächerung in gesellschaftlich abgetrennte „Sub-Sinnwelten" des Alters, der Berufe, der religiösen Überzeugungen, der ästhetischen Vorlieben, der Technik, der Literatur, des alternativen Lebens, also die ganze Vielfalt der Perspektiven und die wachsende Kompliziertheit der Anschauungen, unter denen sich (insbesondere moderne) Gesamtgesellschaften betrachten lassen.

d) Der Zumutungscharakter von Institutionen

Institutionen sind zweifellos Sicherheitsbeschaffer. Sie stehen dabei unter einem eigentümlichen Exteriorisierungs- und Gestaltungszwang. Wenn die subjektive Sicherheit intakt bleiben soll, muß auch der Sinnzusammenhang über eine größere Dauer hin erhalten bleiben. Deswegen gehört es zum gemeinsamen Kern institutioneller Tatsachen, daß sie das Verhältnis zwischen Individuen und Gesellschaft unter eine normative Regelmäßigkeit stellen, also Verhalten nicht nur orientieren und kontrollieren, sondern auch mittels praktischer Informationen, Sollregeln und Wertstandards fixieren. Auf diese Weise lassen sich natürliche Ordnungsgefüge mit schwer veränderbarer Integrationskraft (Familie, Staat, religiöse Einrichtungen) von Ordnungsgefügen unterscheiden, die auf laufende Veränderung angelegt sind (Konvention, Brauch, Gewohnheit). Wer abweichen will, wird durch eine ganze Reihe von positiven oder negativen Sanktionen (Einschüchterung, Propaganda, persönliche Bindungen, Prestigeanreize etc.) bei der Stange gehalten. Wer dennoch Mitglied einer anderen Sinnwelt wird, wird dementsprechend rigoros ausgegrenzt. Institutionen bauen auf eine hohe *Folgebereitschaft*, sie bilden eine solche aus und erzwingen sie auch. Ein Beispiel dafür ist die Verfassung eines Staates. Diese steht nur unter Sonderbedingungen überhaupt zur Diskussion. Im normalen Alltagsvollzug werden deren Bestimmungen und weitreichende Konsequenzen für das Leben des einzelnen jedem Mitglied der betreffenden Gesellschaft einfach zugemutet. Wer sich partout nicht daran hält, wird zum Verfassungsfeind und muß die entsprechenden Konsequenzen tragen – und dies, obwohl er nicht „Gründungsmitglied" dieser Gesellschaft und damit nicht an der Formulierung der Verfassung maßgeblich beteiligt war! Ähnliches gilt für andere Institutionen, wenn auch die Folgen hier weniger durchgreifend sein mögen. Im allgemeinen kann sich jedoch eine Gesellschaft in hohem Maße auf einen Normengehorsam, beruhend auf Überzeugung, Gewöhnung, Feigheit oder Trägheit, verlassen.

Damit stellt sich aber auch die Frage nach der *Veränderbarkeit* von Institutionen. Häufig nämlich erscheinen den Menschen, die den „Zumutungen“ der Institutionen unterworfen sind, die normativen Zwänge als etwas definitiv Gegebenes, das ihrer Gestaltung grundsätzlich entzogen ist. Gesellschaftliche Wirklichkeit erscheint als „verdinglicht“ und fremd, jedenfalls nicht als Produkt von Menschen, sondern als ein der menschlichen Einwirkung entzogenes „Datum“. „Verdinglichung impliziert, daß der Mensch fähig ist, seine eigene Urheberschaft der humanen Welt zu vergessen, und weiter, daß die Dialektik zwischen dem menschlichen Produzenten und seinen Produkten für das Bewußtsein verloren ist“ (Berger/ Luckmann 1980: 95). Davon ist grundsätzlich auch die Institution Familie nicht ausgeschlossen. Allerdings geht die naturrechtliche Auffassung von Institutionen dahin, den Nachweis zu führen, daß es jenseits aller empirisch vorfindbaren, unterschiedlichen Ausprägungen universale Anforderungen der Natur und damit auch Verhaltensregelungen von umgreifender Gültigkeit gibt. Das bedingt keineswegs, daß man deswegen für die situations-, zeit- und kulturspezifischen Anpassungen der Institutionen unsensibel sein müßte. Andererseits darf man bestimmte überkommene Institutionen nicht mit einer pathetischen Apologie festschreiben und sie zur nicht mehr verfügbaren und gestaltbaren, menschlichen Verhaltensform erklären.

Die Aufgabe der Institutionenanalyse ist nicht nur Institutionenkritik im Sinne von Analyse der Verdinglichung, sondern auch die Analyse der „institutionellen Phantasie“ (Greven 1987: 102). Institutionalisierung ist kein unwiderruflicher Vorgang, obwohl Institutionen eine Neigung zur Selbststabilisierung besitzen. Auch darf man den Charakter der alltäglichen Entlastung nicht verabsolutieren. Es gibt auch den Charakter der alltäglichen *Belastung* durch Institutionen, so daß es durchaus ein Thema des alltäglichen Lebens und der Wissenschaft bleibt, wie man die Person gegen die Institution in Schutz nehmen kann (vgl. Schelsky 1970). Geschichte ist ein *fortlaufender* Prozeß der Sinnbildung, also des Schaffens und Umschaffens von Strukturen. Ein Teil ihrer Entfremdungsmöglichkeit liegt darin, daß sie deterministisch werden, obwohl sie den Sinnüberschuß der Welt niemals ganz ausschöpfen können. Die Sinnuniversen und ihre Organisation müssen in sich ein Element der Kontingenz tragen, um nicht ihrerseits überlastet zu werden. Das Projekt „Institutionalisierung" ist niemals abgeschlossen; es kann nicht zu Ende gebracht werden. Deswegen durchdringen sich in allen Institutionen Prozesse der Verfestigung mit solchen der Entstabilisierung, der Zementierung bestimmter Formen und der *De-Institutionalisierung*. Entfremdung und Anomie kommen zu einem guten Teil daher, daß die historische Variabilität bestimmter institutioneller Ordnungen nicht eingestanden und Spielräume der Gestaltung verschüttet werden.

Umgekehrt ist nicht minder wahr, daß Entfremdung und *Anomie* auch dadurch entstehen, daß man glaubt, auf den Entlastungscharakter „gegebener" Ordnungen überhaupt verzichten zu können. Gehlen hat das ganz richtig gesehen. Man muß sich auch die Einbindung in einen gemeinsamen Handlungsbezug – und damit die intersubjektive Verbindlichkeit – (gegen sich selbst) gefallen lassen. Andernfalls würde man keine Realität erfahren. Es gibt keine institutionell freischwebende Existenzerhellung! Unsere Existenz und Identität stehen zweifellos unter dem Strukturzwang der (wenn auch nur vorläufigen) Stabilisierung durch Bildung von Beziehungs- und Wissensnetzen. Unser Handeln hat notgedrungen einen Grad von Indirektheit, welche die pure Autonomie, eine auf sich selbst zurückgeworfene Subjektivität ins Leere fallen läßt und damit falsch macht (vgl. Gehlen 1963: 245). Institutionen sind nicht zu überspringen, ohne auch hier den Preis der Überforderung und Selbstentfremdung zu zahlen. Wir haben heute viele Wahlmöglichkeiten, aber der Preis der neuen Freiheit ist hoch. Sein Name lautet seit Durkheim „Anomie" (P. L. Berger 1974: 39).

Dies ist das Problem, das auch die ganze Debatte um das Lebensmodell der Familie heute durchzieht: Die Dialektik von Institutionenbildung, Institutionenkritik und institutioneller Phantasie, von Individualität *und* Kollektivität, „the union *and* the tension of instituting society and of instituted society, of history made and of history in the making" (Castoriadis 1987: 108).

Den Umweg über die Theorie der Institutionen habe ich mit Bedacht gewählt. Denn wer das Ineinandergreifen von Institutionalisierung und De-Institutionalisierung in ihrer ganzen Tragweite ermessen hat, hat einen Großteil der Probleme in ihrem Kern erfaßt, die die heutige Familiensoziologie beschäftigen. Wer nämlich nach dem „Modell Familie" fragt, der kann sich dieser Dialektik der Institutionalisierung kaum entziehen. Das wird besonders deutlich, wenn er nach den sogenannten *Familienfunktionen* sucht.

Wer das bisher Gesagte im Auge behält, läßt sich vom Terminus „Funktion" nicht verunsichern. Es soll dabei nicht in ahistorischer Weise nur die Frage nach dem Systembestand gestellt werden. Vielmehr muß man sich Rechenschaft darüber geben, daß System und Wandel nicht ohne weiteres auseinanderzuhalten sind. Jede Ordnung beschafft sich ihre Lebensfähigkeit gerade durch ihre Offenheit für die eigene Verwandlung. Wie die Sprache, das Recht, die Erziehung, so erfährt auch die Institution Familie dauernde Veränderung. Immer ist im Inhalt „Familie" die Zeitlichkeit nach rückwärts und vorwärts mitzudenken. Nur unter dieser Rücksicht ist es sinnvoll, nach den Funktionen von Familie zu fragen. Allerdings herrscht in der Familiensoziologie darüber – schon begrifflich – keine Einigkeit, zumal viele Leistungen der Familie in anderen Gesellschaften auf nicht-familiäre Institutionen verteilt waren. Aber für die moderne Gesellschaft lassen sich – analytisch wenigstens – vier Bereiche unterscheiden, in denen die Familie für die individuelle und soziale Bedürfniserfüllung fundamental ist:

a) Die Reproduktions- und Sozialisationsfunktion

Wenn eine Gesellschaft sich nicht aufgegeben hat, sondern ein Interesse an ihrem Fortbestand entwickelt, dann muß es ihr auch ein Anliegen sein, daß sich ihre Mitglieder fortpflanzen. Da dieser Vorgang in modernen Gesellschaften aber in die private Entscheidung gestellt ist, bleiben die Möglichkeiten gesellschaftlicher Kontrolle einigermaßen begrenzt. In früheren Zeiten wurde hier erheblicher Druck ausgeübt. Ehe- und Kinderlosigkeit hatten kein hohes Prestige. Eine kinderreiche Familie hingegen war sozial angesehen, so wie das heute noch in vielen Ländern der Dritten Welt der Fall ist. Unter modernen Gesellschaftsverhältnissen hingegen entfallen diese Formen sozialer Steuerung, und es bleiben tendenziell nur diejenigen „Politiken" übrig, die den materiellen Rahmen der Reproduktion treffen.

Mit der Geburt eines Kindes erwachsen sofort weitere gesellschaftliche Interessen. Sie betreffen die *Zuständigkeitsregelungen*, also die Unterhaltspflicht, die Legitimität der Rechtsbeziehungen, die Erziehungspflicht etc. Damit wird klar, daß der Gesellschaft das Beziehungsfeld Familie sozial bedeutsam erscheint. Es werden ja damit entscheidende Veränderungen in der Sozialstruktur angestoßen und Positionen in dieser vermittelt. Es werden Verwandtschaftsbeziehungen definiert, Berufspositionen eingeleitet, weltanschauliche Zugehörigkeiten geschmiedet usw. Goode (1966: 33) sieht in dieser ersten sozialen „Plazierung" die wichtigste Familienfunktion.

Mit ihr eng verbunden ist das soziale *Lernen*. Da wir nach der Geburt nicht fertige „Nestflüchter" sind, müssen wir erst in komplizierte Lernprozesse eingebunden werden, die von den einfachen Funktionen der Lebenserhaltung und Körperhygiene über den Spracherwerb bis hin zum Aufbau stabiler erster Kontakte führen. Menschen müssen in einem Prozeß der „Soziabilisierung" überhaupt erst auf die grundlegenden Ordnungsvorstellungen einer bestimmten Gesellschaft hin ausgerichtet werden. Daß dabei die angeborenen Möglichkeiten des Kindes geweckt und entwickelt werden, dient gleichzeitig der

Erhaltung und Entwicklung der Menschheit. Es ist heute ein einigermaßen gesicherter Bestand der Forschung, daß diese grundlegende Sozialisation nur in einem einigermaßen stabilen, von vertrauensbildenden Maßnahmen getragenen Rahmen gelingt. Ohne die Stabilität von Bezugspersonen – meist der Mutter oder einer dauernden Pflegeperson – können Kinder kaum gesellschaftsfähig werden (vgl. Claessens 1970: 154f.).

Nun beschränkt sich die „Sozialmachung" des Menschen nicht nur auf die emotionale Stabilisierung des Kindes. Die gesellschaftliche Eigenart, die Kulturbesonderheiten einer Gesellschaft werden den Kindern zwangsläufig mit eingepflanzt. Jeder wird von seinem Milieu geprägt, welches ihm Muster einer Weltansicht, bestimmte Denk- und Verhaltensstile mitgibt, von denen man sich im Laufe seines Lebens häufig trotz großer Anstrengungen kaum befreien kann. Denn sie wirken als Verhaltensregulative in einer tiefen Schicht, die als natürlich und zur eigenen Identität gehörig empfunden wird. Tatsächlich wird die Identität des Menschen durch solche Kulturierungsvorgänge („Enkulturation") wesentlich geprägt. So gelangt „die" Gesellschaft über langwierige und komplizierte Prozesse in den Menschen. Sie setzt sich in ihm fest, indem sie zugleich mit der normativen Stabilisierung der individuellen Persönlichkeit in dieser eine Instanz sozialer Kontrolle verankert.

Natürlich tritt die familiale Sozialisation des Kindes nicht als einzige Agentur der „Vergesellschaftung" des Menschen auf. In den ersten, häufig entscheidenden Prägephasen des Kindes ist sie jedoch zweifellos besonders wichtig. Dasselbe gilt aber auch für die Zuteilung von *Lebenschancen*. Familiale Herkunft ist statuswirksam, weil sie im leistungsabhängigen Plazierungsprozeß moderner Gesellschaften entscheidende Orientierungen, Interessen und soziale Voraussetzungen schafft, die im späteren Wettbewerb um Positionen differenzierend wirken (Bildung, Vermögen, Lebensstil, materielles, soziales, kulturelles Kapital). Umgekehrt festigen sich damit soziale Ungleichheiten, d.h. ein bestimmter gesellschaftlicher Strukturtypus pflanzt sich fort (Stände, Klassen, Schichten, Lebensstile).

b) Die Wirtschafts- und Solidaritätsfunktion

Familien waren und sind auch heute immer noch Wirtschaftseinheiten, da sie sich um die materielle Versorgung ihrer Mitglieder kümmern müssen. In arbeitsteiligen Gesellschaften ist die Wirtschaftsfunktion dementsprechend differenziert. Hier finden wir ausdrückliche oder implizite *Kontrakte* zwischen den Ehepartnern bzw. Familienmitgliedern, in denen der jeweilige Beitrag zur Erstellung und Verwendung der Güter, die für den Lebensunterhalt als nötig erachtet werden, geregelt sind. Für unsere Eltern galt es als normal oder erstrebenswert, daß die Wirtschaftsfunktionen zwischen den Ehepartnern geschlechtsspezifisch getrennt werden. Das zeigte sich schon bei den Konsumaktivitäten: Während die großen Anschaffungen Sache des Mannes sein sollten, blieben der Frau die tagtägliche Wirtschaftsführung und Konsumentscheidung überlassen. In vorindustriellen Gesellschaften mit weniger ausgeprägten Geldeinkommen war diese Verteilung keineswegs zwingend.

Noch deutlichere Spuren hinterließ die Arbeitsteilung, wenn man die Familie als *Produktionseinheit* betrachtet. Während in den Hauswirtschaften früherer Jahrhunderte die Produktion im Rahmen der Familie bei gleichzeitiger alters- und geschlechtsspezifisch gestaffelter Beteiligung der Familienmitglieder das Normale war, ist die Konsum- und Produktionsaktivität heute räumlich auseinandergetreten. Dies hat lange Zeit verwischt, daß natürlich auch gegenwärtig im Rahmen der Familienhaushalte produziert wird. Man betrachte nur die volkswirtschaftliche Neubewertung der *Hausfrauenarbeit.* Andere Beispiele sind der steigende Umfang von Heimarbeit (Telearbeit), aber auch der in vielen Ländern beachtliche, sich schätzungsweise auf 10–30% des Bruttosozialprodukts belaufende Anteil der Schattenwirtschaft (Schwarzarbeit, Gemeinarbeit, Instandhaltungs- und Reparaturarbeiten etc.). Hierzu gehört schließlich auch der große Sektor der Pflege- und *Betreuungsarbeit* (Altenpflege, Nachbarschaftshilfe, Krankenbetreuung, Kinderpflege etc.). Alle diese Tätigkeiten sind – wenn man sie einmal mit Preisen kalkuliert – ökonomisch außerordentlich bedeutsam, so daß auch die Gesellschaft ein lebhaftes Interesse an ihrer reibungslosen Erfüllung hat. (Das gilt trotz steuerlicher Ausfälle auch für die Schattenwirtschaft.) Denn würden diese offenen und verdeckten wirtschaftlichen Aufgaben nicht angemessen erfüllt, dann dürften auch die übrigen Familienfunktionen der Reproduktion, Sozialisation und Plazierung erheblich gestört werden. Der nötige längerfristige soziale Zusammenhalt würde Schaden nehmen. Das wird an der *Solidaritätsfunktion* der Familie deutlich.

Familien dienen nämlich nicht nur der geregelten, materiellen Versorgung der Mitglieder, sondern sind nicht weniger zentral auf das Gegengewicht zur Arbeit, d.h. auf die Erholung, Entspannung und gefühlsmäßige Befriedigung der Mitglieder ausgerichtet. Während die Rationalität des Arbeitslebens Anspannung, emotionale Kontrolle und Teilnahme am Wettbewerb um Positionen verlangt, schafft die Familie – wenn auch nicht allein – den notwendigen Rahmen, um sich von dieser Dauerkonzentration in einem auf Solidarität, Intimität und Entspannung angelegten Milieu zu erholen. In der Tat spielt die Familie bei der Freizeitgestaltung (Wochenende, Urlaub, Geburtstagsfeste, Hochzeiten, Jubiläen usw.) eine außerordentliche Rolle. Es gibt ganz bestimmte Feste (Weihnachten, „runde" Geburtstage), bei denen Familienmitglieder nicht nur eingeladen werden „müssen", sondern auch teilnehmen müssen, da es kaum akzeptable Entschuldigungsgründe gibt (vgl. Lüschen u.a. 1970). Diese Feste dienen einerseits der Erhaltung und Stärkung der Gruppe, besitzen andererseits aber auch die Funktion individueller Bedürfnisbefriedigung. Familie ist für Kinder und Erwachsene ein Rückzugs- und Entspannungsbereich gegenüber dem außerfamilialen Alltag. Nirgendwo sonst, außer bei engen Freunden und Partnern, kann sich der einzelne so stark auf das diskussionslose und selbstverständliche, also erwartbare Funktionieren von Schutz- und Hilfeleistungen verlassen wie in der Familie. Familie steht überdies unter dem Natürlichkeitsgebot. Hier kann und soll sich jeder so geben, wie er ist. Zumindest muß er keiner Berufsrolle genügen, wenn auch die Familie nicht frei von Rollenzumutungen (Eltern- und Kinderrollen) lebt.

Wie wir sahen, verknüpfen sich bei der Betrachtung der Familienfunktionen die Mikro- und die Makroebene. Die Familie als Institution stellt eine Art Scharnier dar, wodurch individuelle und gesamtgesellschaftliche Stabilisierungsleistungen miteinander verknüpft werden. Dies hat der Familie in der Soziologie immer eine besondere Aufmerksamkeit gesichert. Je nachdem, ob man ihren Entlastungs- oder ihren Belastungscharakter betonte, hat man entweder bei der Familie den Ansatzpunkt für durchgreifende Sozialreformen gesucht (z.B. in Sozialutopien, Alternativen etc.) oder ist einer empirielosen Idealisierung ihrer Leistungsfähigkeit und inneren Verfaßtheit aufgesessen. Das gilt für die Akteure gleichermaßen wie für die Beobachter.

III. Die Familie als Mythos

Wenige Institutionen haben so zur Idealisierung eingeladen wie die Familie. Weil sie sich wegen ihrer besonderen Funktionen als „natürlicher“, „primärer“ und affektiver Schutzraum dafür geradezu anbietet, wird die Familie häufig als Gegenwelt zur Gesellschaft hochstilisiert. Dies hängt auch mit unserem Alter zusammen. Je weiter die Erinnerungen sich zurücktasten müssen, desto verklärter werden sie. In der Weltliteratur werden Kindheitserinnerungen und Heimkehrmotive häufig eng verknüpft. Die Familie ist die „Heimwelt“, die sich von der fremden Umwelt abgrenzt. Daß die Heimwelt in diesem mythologischen Sinne immer so etwas wie eine „Urheimat“ ist, haben die *Romantiker* entdeckt. Als echte Mythiker sind sie oft besser, als ein verzerrendes Verständnis von Romantik wahrhaben möchte. (Allerdings bewegen sie sich auch nahe an der Grenze, wo das Konstrukt vorherrscht.) „Der Erwachsene sucht wohl zuweilen den Weg zurück ins Kinderland; zünftige Psychologen sprechen von Regression. Zweifellos weist die Heimat immer Strukturzüge einer Urheimat auf: eines Wunschtraums“ (Mühlmann 1984: 344). Das *Biedermeier* hat das Wohnzimmer zum Mittelpunkt eines solchermaßen hochstilisierten Familienlebens mit allen Attributen der Ehrlichkeit, Stille, häuslichen Geborgenheit und Empfindsamkeit ausgestattet und so an das 20. Jahrhundert weitergereicht. Die Fassadenhaftigkeit dieser „Wohnkultur“ bestand darin, daß „Form und Inhalt weit auseinanderklafften; es waren Puppenheime oder ‚Wohntraumwelten‘ ... für Menschen, die in ihrem Herzen sehr verhärtet waren und dazu mit beiden Beinen auf dem Boden der Wirklichkeit ... standen“ (Glaser 1985: 73). Auch *heute* noch, da der Fortschrittsoptimismus der Gründerzeit längst verflogen ist, stellt der Gartenzwerg immer noch das wohnideologische Symbol des redlichen Hausstands, der idyllischen Ehe und der gemütlichen Familie dar. Es fällt schwer, dazu keine Satire nach Art von Tucholskys „Das Elternhaus“ (1985, II: 60f.) zu schreiben.

Drei Arten von idealistischen Überhöhungen haben sich bis in die Familiensoziologie durchgeschlagen: der Stabilitätsmythos, der Größenmythos, der Defizienzmythos.

1. Der Stabilitätsmythos

Der Stabilitätsmythos ist an das romantische Gemeinschaftsideal gebunden, welches bis heute die Alltagsvorstellung eines wünschbaren Zusammenlebens dominiert. „Gemeinschaft“, so hat Ferdinand Tönnies vor über hundert Jahren erstmals definiert, ist idealtypisch verstanden das schiere Gegenstück zu „Gesellschaft“. Erstere konstituiert sich aufgrund einer wesenhaften, natürlichen Einheit von Menschen, letztere als „gekürte“ vertragliche Absprache. Gemeinschaft ist nach dem Muster der Familie konstruiert. „Die allgemeine Wurzel dieser Verhältnisse ist der Zusammenhang des vegetativen Lebens durch die Geburt; die Tatsache, daß menschliche Willen, insofern jeder einer leiblichen Konstitution entspricht, durch Abstammung und Geschlecht miteinander verbunden sind und bleiben oder notwendigerweise werden; welche Verbundenheit als unmittelbare gegenseitige Bejahung in der am meisten energischen Weise sich darstellt durch drei Arten von Verhältnissen; nämlich

(1) durch das Verhältnis zwischen einer Mutter und ihrem Kinde;

(2) durch das Verhältnis zwischen Mann und Weib als Gatten, wie dieser Begriff im natürlichen oder allgemein-animalischen Sinne zu verstehen ist;

(3) zwischen dem als Geschwister, das ist zum wenigsten als Sprossen desselben mütterlichen Leibes sich Kennenden" (Tönnies 1979: 7).

In Gemeinschaft leben Menschen miteinander auf der Grundlage enger persönlicher und um ihrer selbst willen bejahter Beziehungen. Ihre Formen sind vor allem die Verwandtschaft, Nachbarschaft und Freundschaft auf der Basis von Blutbanden, Gefühlen und Solidarität. Gemeinschaftliches Leben verwirklicht sich in der Familie, im Dorf und in der Stadt durch Eintracht, Sitte und Brauch. Wegen der hohen Intensität der Verbundenheit ist Gemeinschaft lokal begrenzt. Sie erklärt sich aus sich selbst, da ihre „Wirklichkeit ... die Natur der Dinge (ist)" (Tönnies 1979: 21). Es ist zu beachten, daß diese Grundform menschlicher Verbundenheit dem traditionalen oder vormodernen Familien- und Clanmodell nachkonstruiert ist.

Diesem Modell stellt Tönnies die „Gesellschaft" als ihr modernes Gegenstück an die Seite. In ihr leben die Menschen nicht aufgrund persönlicher Bindungen miteinander, sondern aufgrund zweckhafter Erwägungen, vertraglicher Abmachungen und dadurch bedingter Distanz. Sie verwirklichen sich in Formen wie der Aktiengesellschaft, der Großstadt, der Nation und überhaupt der bürgerlichen Wirtschaftsgesellschaft. Solche Interessenverbindungen sind sozusagen mechanische Artefakte, die nicht durch Verinnerlichungskonsens zustande kommen, sondern durch Nützlichkeitserwägungen. Genau das macht sie überlokal verflechtbar.

Es ist wichtig zu bemerken, daß Tönnies mit dieser Typologie eine Deutung des sozialen Wandels versucht, denn er ist –

wie Mongardini (1988: 45 ff.) zeigt – skeptisch, daß sich der moderne Vertragsrationalismus und Konstruktivismus als dauerhafte Lösung des Problems der gesellschaftlichen Ordnung erweisen kann. Moderne Gesellschaft mit ihrer übersteigerten Individualisierung ist nur bestandsfähig, wenn sie eine Korrektur durch Elemente von gemeinschaftlichen Bindungen erfährt. Das zeigt sich für ihn am Beispiel des Familienlebens besonders eklatant. Unter dem Eindruck der Modernität scheint es in Verfall zu geraten, wenn die Gemeinschaftsbeziehungen den vertraglichen, monetären und Nützlichkeitserwägungen geopfert werden (vgl. Tönnies 1979: 213). Nichts ist für den gesellschaftlichen Auflösungsprozeß charakteristischer.

Damit ist unser Thema unmittelbar angesprochen. Allerdings hat man die bei Tönnies angelegte Verflechtung von Gemeinschaft und Gesellschaft meist übersehen. Es ging nicht um die Negation des gesellschaftlichen Moments, sondern um dessen Abhängigkeit von der Komplexität der Gemeinschaft, nicht um die Zerstörung, sondern die Reform von Gesellschaft. Tönnies wurde aber häufig zur Bestätigung eines romantischen, wirklichkeitsfremden Ideals herangezogen, wonach Gesellschaft durch Gemeinschaft zu ersetzen wäre. Das Volk als Bluts- und Schicksalsgemeinschaft sei als monolithische Einheit aufzufassen – ebenso wie die Familie. Denn Gemeinschaft – sprich Familie – sei gut, organisch, hoch integriert, von affektiver Nähe beherrscht, vom Verständnis dominiert und von der Sitte geheiligt. Der Weg in den weltfernen Traum, in die romantische Verstiegenheit, in das hohle Klischee und von dort in die gefährliche politische Ideologie ist rasch beschritten. Hermann Glaser hat uns das mit seiner „Spießer-Ideologie" eindrücklich vor Augen gehalten. „Es ist der heilige Wille der Jugend, das Ich münden und sich vollenden lassen im Wir ... Nur in der Gemeinschaft könne ein Volk und jeder einzelne sich erfüllen und sein Leben steigern. Was diese Welt ‚der Väter' selbst betraf, so hielt die epigonale Romantik hierfür eine Reihe von Klischees parat, die einprägsame Buntdrucke für den ‚deutschen Michel' abgaben: die Altvordern, besonders der Germanenzeit und des Mittelalters – man vergleiche hierzu die

Bildausstattung der Lesebücher, Geschichtsbücher, der Jugendschriften ... waren treue, tapfere Männer (Bamberger Reiter und Ritter), die keusche Frauen (säkularisierte Madonnen im Dürerstil) hatten, oder aber sie waren fromme Mönche, die Dome mit gläubigen Herzen bauten, doch mehr an den Kaiser als an Gott dachten; gelegentlich waren sie auch tumbe Toren (Parzivale), fast immer Sänger, Minnesänger, Meistersänger" (1985: 62). Man kann nicht sagen, daß die heutige öffentliche Wahrnehmung der Familie sich gänzlich von diesem Klischee befreit hätte.

Ein kurzer Blick auf die Sozialgeschichte der Familie genügt, um uns über den Realitätsgehalt der angeblich hoch integrierten, stabilen Gesinnungsgemeinschaft Familie Aufschluß zu verschaffen. Wendet man die auch heute üblichen Stabilitätskriterien auf die vormoderne Ehe an, dann ergibt sich ein durchaus differenziertes Bild:

(1) Was die *Dauerhaftigkeit* des Familienlebens anbelangt, so ist zunächst festzuhalten, daß die Ehe attraktiv war, denn sie war ein knappes Gut. Nicht jeder konnte heiraten, vielmehr war die Ehe von den materiellen Grundlagen abhängig. Der Erbe konnte einen Hausstand gründen, blieb aber mit seiner neuen Familie dem Vater häufig untergeordnet, was bei langer Wartezeit zu erheblichen Spannungen und Rachsucht führte. Die anderen Söhne (und die Töchter) erhielten kein Land und heirateten möglicherweise überhaupt nicht. Ähnlich erging es dem Gesinde. Die Scheidung gab es im christlichen Abendland nicht (hingegen war sie in islamischen Ländern möglich und üblich). Das heißt aber nicht, daß Sexualität deswegen ausschließlich auf die Ehe konzentriert war. Shorter (1979: 100ff.) kam aufgrund seiner historischen Forschungen zu dem Schluß, daß zwischen 1750 und 1850 Illegitimität und außereheliche Schwangerschaften auf das Drei- bis Vierfache des vorangegangenen Jahrhunderts hochschnellten. Es hatte also zu Beginn der Industrialisierung – lange vor der (zweiten) sexuellen Revolution der 60er Jahre dieses Jahrhunderts – eine erste Revolution im vorehelichen Geschlechtsverkehr gegeben.

(2) Nimmt man das *eheliche Leitbild* als Stabilitätskriterium, dann zeigt sich, daß dieses stark von den Auswirkungen gesellschaftlicher Makrostrukturen abhängig ist. Wir finden nach Mitterauer (1980a: 15f.) das genossenschaftliche Bruderschafts-Modell der frühmittelalterlichen Kaufleute- und Handwerkergilden, aber auch die herrschaftlich organisierten Personenverbände vom Typus der Grundherrschaft. Da letztere die geschlossene Gütervererbung bevorzugte, die den ältesten oder jüngsten Sohn begünstigte, waren die anderen Söhne und Töchter zur Abwanderung gezwungen oder mußten als Knechte und Mägde am Hof tätig bleiben. Diese Macht des Erben hat sich auf die ganze Struktur der Familie ausgewirkt; und zwar desto stärker, je mehr Gesellschaftsordnung insgesamt vom fürstlichen Absolutismus dominiert war. Die äußerliche Unterdrückung setzte sich oft nach innen fort. Die Familien waren keineswegs der Hort des Friedens. Daß es auch zu Gewaltpathologien kam, ist gewiß nicht auszuschließen. Andererseits war der Haushalt eine Versorgungsgemeinschaft. Hier sind bäuerliche von proletarischen und bürgerlichen Familien zu unterscheiden. Bei *Bauern* war auch hier die Kontrolle über den Hof als Existenzgrundlage entscheidend für die innerfamilialen Beziehungen. Der schwelende Generationenkonflikt führte die Eltern häufig zu peniblen Übergabeverträgen, in denen ihre Wohn- und Versorgungsrechte ausdrücklich geregelt waren. Dasselbe gilt für den Machtmißbrauch gegenüber den Geschwistern. Noch stärker schlug der Knappheitsfaktor in den *Arbeiterfamilien* zu Buche. Elend und Zerrüttung waren deshalb nicht selten. Die Konsumgemeinschaft, zu der möglichst viele Verdienende beitragen mußten, war in ihrem labilen Gleichgewicht stark vom Arbeits- und Lohnmarkt, aber auch von persönlichen Katastrophen wie Krankheit, Unfall und Tod abhängig. Die Altersversorgung blieb ein Dauerproblem, das von der Vermögens- und Einkommenslage abhing. Die Härte des jeweiligen Lebens ließ gefühlsbetonte Verbindungen und intime Häuslichkeit kaum aufkommen. Eine Ausnahme macht einzig die bürgerliche Familie (vgl. Hubbard 1983: 160f.).

(3) Dies führt zum dritten Kriterium, der *Gefühlskultur*. Wie uns viele Untersuchungen zur Mentalitätsgeschichte gezeigt haben, hatte in der traditionalen Gesellschaftsordnung die Kernfamilie (Ehepaar und Kinder) selten einen privaten Charakter. Daran war einerseits schuld, daß die Familie als Institution verstanden wurde, die auch öffentlichen Kontrollen unterlag. Die für uns „privatistische" Menschen heute befremdlichen Eingriffe der Gemeinde in die Familiensphäre bei Geburt, Ehe und Tod bestätigen das (vgl. Shorter 1979: 243f.). Die Familienfremden spielten nicht nur bei der Erziehung eine zentrale Rolle, sie kontrollierten auch das sexuelle Verhalten. Andererseits waren infolge der Härte des Lebens bei der Partnerwahl die Arbeitstüchtigkeit und der Besitz entscheidende Kriterien. Das Familienleitbild hielt Ehe und Liebe getrennt, was für uns heute nur noch schwer nachvollziehbar ist. Ehe war ein wirtschaftliches Verhältnis. Ehelicher Geschlechtsverkehr diente der Erzeugung von Nachkommen. Vom Primat dieser Funktion hing sowohl die Beurteilung unverheiratet und kinderlos bleibender Personen ab wie auch die Rolle der Frau selbst. Etwas derb schreibt Shorter dazu: „Die Bauern und Kleinbürger betrachteten tatsächlich ihre Frauen als Baby-Maschinen und behandelten sie wie irgendeine andere Maschine: mechanisch und ohne Liebe. Die Sexualität der Frau diente nur der Produktion einer standardisierten Ware – in diesem Fall nicht Geräte, sondern männliche Erben" (1979: 96). Insgesamt war die Stellung der Frau – mindestens was den Außenkontakt anbelangte – untergeordnet, passiv und zweitrangig (was eine geschlechtsspezifische Arbeitsteilung innerhalb und außerhalb des Hauses nicht ausschließt).

Dieselbe gefühlsunterkühlte Atmosphäre gilt auch hinsichtlich der *Kinder*. Kinder als potentielle Produktionsfaktoren wurden auf relativ schnelle Verwendbarkeit im Wirtschaftsprozeß hin erzogen. Eine lange, geschützte Kindheit, Adoleszenz und Post-Adoleszenz sind höchst moderne Erfindungen. In der Vormoderne sind emotional geladene Zuneigung und Liebe weniger gefragt als Respekt, Ehrerbietung und Pflichterfüllung. Die Erziehung ist im allgemeinen hart und auf Unterwerfung angelegt. Damit kommt auch der gefühlsbetonten Mutterliebe keine zentrale Rolle im Familiendasein der Ehefrau zu (vgl. Badinter 1981).

Mag auch die historische Familienforschung mit schwerwiegenden Problemen der Quellenlage kämpfen, und mag auch aus der Sicht der Betroffenen (d.h. vor allem der Frauen und Kinder) die ausgetrocknete Gefühlskultur nicht als solche empfunden worden sein, da die Erwartungen in dieser Hinsicht eben nicht hoch gesteckt waren, die Ergebnisse sind dennoch erstaunlich. Sie bestätigen allesamt, daß das heute gültige Bild der sogenannten traditionellen Familie weitgehend verklärt ist. Es ist das Produkt einer noch nicht sehr weit zurückreichenden Vergangenheit und einer Schicht. Erst die *bürgerliche* Familie, die dem permanenten Kampf um die Knappheit entronnen war, konnte die Familie als „Gemeinschaft", „Zufluchtsstätte" und „Erholungsraum" idealisieren. Tatsächlich erlaubte nur hier die ökonomische Lage, daß die Familie erstmals für größere Bevölkerungsteile (von der adligen Oberschicht abgesehen) mehr eine Konsum- und nicht so sehr eine Produktionseinheit darstellte. Bürgerliches Leben zog sich denn auch aus der Öffentlichkeit und ihrer Kontrolle zurück, schloß sich gegen die Familienfremden ab und bildete ein privatisiertes Familiendasein mit hohen Gefühlsbindungen der Mitglieder aneinander aus. Heiratsmodi, Aufgabenteilung zwischen Mann und Frau und Erziehungsstile bildeten sich allmählich um. All dies stärkte die Autonomie der Familie, aber auch das Streben der einzelnen nach größerer Individualität. Damit wurde eine Situation angestoßen, deren Auswirkungen heute mit vollem Gewicht spürbar sind.

2. Der Mythos von der Großfamilie

Ähnliche sozialhistorische Korrekturen sind nötig, wenn man die Größenverhältnisse betrachtet. Wir haben es uns angewöhnt, unsere Bedenken gegenüber den Entwicklungen der modernen Familiensituation an ein quantitatives Argument zu knüpfen. Wir meinen häufig, daß die Familie als Lebensmodell früher auch deswegen weniger zum Problem wurde, weil sie angeblich eine umfassende, mehrere Generationen integrierende Haushaltsgemeinschaft war, in der überdies für das „ganze Haus“ (W. H. Riehl 1855) – also auch für Knechte, Mägde, Gesellen, Lehrlinge usw. wie für Familienangehörige – gesorgt wurde (extended family). Unter *Großfamilie* (joint family) wird eine Form familialen Zusammenlebens verstanden, bei der die Brüder (im Sinne einer weiteren klassifikatorischen Verwandtschaft) oder die Söhne in engerem Sinn jeweils mit ihren Frauen, Kindern und Enkelkindern nicht nur nach Verheiratung zu Lebzeiten des Vaters unter dessen Herrschaft bleiben (generationale Familie, generational family), sondern auch nach dessen Tod nicht auseinandergehen; sie bleiben in ungeteilter Erbengemeinschaft beieinander und wirtschaften gemeinsam. Die Großfamilie ist also eine Mehrgenerationen-Familie mit einem befestigten Platz (z.B. einem Familiensitz) oder eine dörfliche Siedlungsgemeinschaft.

Noch René König (1974a: 40f.) war der Meinung, daß dieser Familientyp seit der Seßhaftigkeit der Menschheit den Prototyp der bäuerlichen Familie darstellte, weil er an die Überlebensbedingungen besonders angepaßt war. Das galt für China und Indien ebenso wie für Ost- und Südosteuropa („Zadruga“), die Alte und die Neue Welt. Allerdings schränkt König ein, daß es früher nicht nur einen einzigen Familientypus, eben die erweiterte Familie, gegeben habe, sondern daß in bestimmten Schichten auch Kleinfamilien anzutreffen waren. Er ist jedoch der Meinung, daß erst in der neueren Zeit diese Differenzierung in den Industriegesellschaften zugunsten der Nuklearfamilie aufgegeben worden sei. Er stützt damit das schon von Emile Durkheim formulierte *„Kontraktionsgesetz“*, das von einer typisch modernen Entwicklung von der erweiterten Großfamilie zur isolierten Kernfamilie als Restbestand und funktionsgeschwächter Familienform ausgeht.

Nun hat auch hier die historische Familienforschung gründliche Korrekturen angebracht:

(1) Die Auswertung von Einwohnerlisten in englischen Dörfern durch Laslett ergab beispielsweise, daß die Durchschnittsgröße des dortigen Haushalts auch in der Vergangenheit eher klein war (4,75 Personen) und überdies seit dem 16. Jahrhundert bis Anfang des 20. Jahrhunderts ziemlich konstant blieb (1972: 159f.). Für Laslett ist die Mehrgenerationen-Familie in Westeuropa und Nordamerika nie die vorherrschende Familienform gewesen. Vielmehr war auch vor der Industrialisierung und Verstädterung – ganz im Gegensatz zu aller Modernisierungskritik – die Kernfamilie die bedeutsamste Familienform. Sicherlich haben neuere Forschungen diese These geographisch etwas eingeschränkt, da in Ost- und Südosteuropa tatsächlich komplexe, mehrgenerationale Hausgemeinschaften von 40–50 Personen nicht selten waren. Hingegen bleibt Lasletts Aussage für weite Teile Mittel- und Westeuropas gültig (England, Nordfrankreich, Benelux-Staaten, deutschsprachiger Raum) (vgl. Mitterauer/Kagan 1982: 110f.).

(2) Überdies legten die durchschnittliche Lebensdauer im 17. und 18. Jahrhundert (von rund 55 Jahren) und das an die Erbgewohnheiten gebundene hohe Heiratsalter auf dem Land dem Zusammenleben von zwei generationsmäßig aufeinanderfolgenden Eltern-Kinder-Gruppen entscheidende Hindernisse in den Weg (vgl. Lenz 1982: 440). Umgekehrt setzen auch das Stadtleben mit seiner begrenzten Haushaltskapazität sowie die knappen Ressourcen der Lohnarbeiter einer trigenerationalen Familienform deutliche Grenzen. Der im 19. Jahrhundert zu beobachtende allgemeine Anstieg an Mehrgenerationen-Familien dürfte weniger mit der Besinnung auf eine vermeintliche frühere Familientradition zusammenhängen, als auf den Anstieg der Lebenserwartung, auf Konjunkturmomente und auf die Familienauffassung des dominierenden Bürgertums zurückzuführen sein.

Zwei Ergebnisse sind festzuhalten:

Erstens waren die innerfamiliären Beziehungen und die Familienzusammensetzung vielfältiger, als wir meinen. Interessanterweise ist trotz zunehmender Individualität heute die

Komplexität der innerfamilialen Beziehungen nicht höher als im 17. und 18. Jahrhundert. In Verbindung mit dem Ergebnis, daß Mehrgenerationen-Familien sich in Mitteleuropa erst relativ spät verbreitet haben, stützen die Ergebnisse der historischen Familienforschung auch in keiner Weise die Auffassung, das Familienleben sei einfach, stabil, hoch integriert und harmonisch gewesen. Vor allen Dingen läßt sich aus der in der Vergangenheit angeblich vorherrschenden vorindustriellen Großfamilie kein Krisenszenarium der modernen Kleinfamilie ableiten (vgl. Lenz 1982: 445), wie das so häufig getan wird. Da die modernen Veränderungen der Familiengröße gegenüber früher nicht so einschneidend sind, kann eine allgemeine Evolution von mehrgenerationalen Verwandtschaftsverbänden zu isolierten Kleinfamilien nicht behauptet werden (vgl. Mitterauer 1980b: 62).

Damit sind wir beim dritten ideologischen Moment der Familiensoziologie angelangt: dem Defizienzmythos der Kernfamilie.

3. Der Mythos vom Funktionsverlust

Die traditionelle Festlegung der Debatte auf den Stabilitäts- und den Größenmythos vormoderner Familien legte beinahe zwangsläufig den Schluß nahe, daß mit dem Entstehen der modernen Familie nur noch defiziente Formen des familiären Zusammenhalts zu erwarten wären. Das scheint auf den ersten Blick einzuleuchten. Wenn die Familie ihre „natürliche" Größe verloren hätte, mit dieser Größe aber eine Reihe von wichtigen Stabilitätsleistungen verbunden gewesen waren, dann müßte das bedeuten, daß heute wohl eine Reihe von Funktionen, die die Familie früher wahrgenommen hat, von dieser Institution nicht mehr oder nicht mehr adäquat ausgefüllt werden können. Der bekannteste Vertreter dieser Auffassung war William F. Ogburn (1969: 238f.). Er und andere meinten, daß die Familie im Laufe der Zeit sozusagen den Wettbewerb gegen die Gesellschaft verloren habe, denn sie sei drauf und dran, ihre angestammten Funktionen entweder ganz einzubüßen oder radikal einzuschränken:

(1) In den Agrargesellschaften war die Familie schließlich nicht nur eine Konsum-, sondern auch eine Produktionseinheit für Wohnung, Nahrung und Kleidung. Heute sind diese Aufgaben an spezifische Produktionsbetriebe abgetreten worden. Die Do-it-yourself-Bewegung ist zu einer eigentlichen Kurskorrektur natürlich nicht imstande.

(2) Weitere Ausfälle ergeben sich für die klassische Schutzfunktion der Familie. Diese wird heute vom Sozialstaat und vom öffentlichen Gewaltmonopol, der Polizei etc., wahrgenommen. In ähnlicher Weise werden religiöse Dienste nicht mehr im Hause ausgeführt (Ahnenkult), sondern auf spezialisierte Organisationen der Heilsvermittlung, die Kirchen, übertragen.

(3) Eine ähnliche Tendenz sieht Ogburn bei der Sozialisationsfunktion. Die formale Ausbildung ist heute Sache der Schule, die Berufsausbildung Aufgabe der Industrie, die religiöse Erziehung – wenn überhaupt – Bemühung der Kirche. Teile der Sozialisation werden also öffentliche Aufgaben.

(4) Teilweise gilt dies auch für die Funktion des Spannungsausgleichs und der Erholung. Freizeitaktivitäten werden nicht mehr von der Familie und in der Familie organisiert, sondern auf Medienkonsum oder in Verbindung mit dem modernen Transportsystem auf außerfamiliäre Felder (z.B. Sportveranstaltungen) verlagert.

Dieses Szenarium hatte Barrington Moore schon 1966 dazu veranlaßt, vom Ende der sozialen Institution Familie zu reden. Seit es für die ehemalige Familienfunktion gesellschaftliche Profis gebe, sei die Familie in modernen Gesellschaften nicht mehr nötig, ja wahrscheinlich sogar dysfunktional. So wie die Adligen früher auch noch die Kinderaufzucht den Bediensteten überlassen haben, können wir heute alle „Adlige“ sein.

So weit will Ogburn natürlich nicht gehen. Als einzige Familienfunktion bleibt für ihn die *affektive Stabilisierung* übrig. Diese Funktion scheint sich sogar heute noch verstärkt auf die Familie zu konzentrieren. Goode nennt das in guter

Durkheimscher Tradition die „Mediatisierungsfunktion". Danach ist die Familie ein unerläßlicher Puffer zwischen dem Individuum und dem modernen Gesellschaftsleben. Ohne erstere können Spannungen kaum verarbeitet werden. Die Familie wird heute in größerem Ausmaß Quelle von psychischem Komfort und persönlicher Aufmerksamkeit. Sie wirkt als Band des Zusammenhalts innerhalb der engeren und weiteren Verwandtschaftsgruppe sowie mit dem Freundeskreis. Dadurch kommen ihr auch weiterhin wichtige gesamtgesellschaftliche Aufgaben zu. Ein emotional bedeutsamer Ersatz für diese affektive Stabilisierung ist gar nicht in Sicht.

(1) Als *Kritik* wird der These vom Funktionsverlust entgegengehalten, daß nicht klargemacht würde, ob die genannten Familienfunktionen insgesamt ersatzlos auf andere Institutionen übertragen worden seien, oder ob sie sich nur in ihren Inhalten gewandelt, also an eine sich verändernde Gesellschaft angepaßt hätten. So stimmt hinsichtlich der Wirtschaftsfunktion wohl, daß die Produktion weitgehend extrafamiliär erfolgt, hingegen ist die Familie auf der Ebene der Konsumentscheidungen überaus wichtig geblieben. Das gleiche gilt auch für die Sozialisations- und Spannungsausgleichsfunktion.

(2) Überdies fragt König mit Recht (1974a: 70), ob die unbestreitbare Abgabe von Funktionen der Familie an wesentlich besser spezialisierte Organisationen für die Gesellschaft und die Familie wirklich ein Verlust ist. Man darf hier nicht idealisieren. Großfamilien waren *auch* Stagnationsfaktoren, die die individuelle Entfaltung und Innovation häufig verhinderten. Da nun die Stabilitäts- und Größenvorstellungen der traditionalen Familie heute als überholt gelten, manche der genannten Funktionen auch nur von Großfamilien wirklich übernommen werden konnten, trifft der Funktions*verlust* hauptsächlich nur den *Großhaushalt* und kann schon deshalb keine universale Geltung beanspruchen.

(3) Schließlich läßt sich bei Ogburns Feststellung von der bedeutsamen affektiven Funktion noch genauer einhaken. Man kann mit guten Gründen die Auffassung vertreten, daß mit der Spezialisierung die eigentliche institutionelle Leistung der

Familie, nämlich der Aufbau der sozialkulturellen Person des Menschen (Sozialisierung, Spannungsbewältigung usw.) um so deutlicher an Profil gewinnt. Funktionswandel, -übertragung und -verlagerung haben zwar nicht dazu geführt, daß Familien dafür andere Funktionen hinzugewonnen hätten, wohl aber dazu, daß eine Spezialisierung und Konzentration auf einige wenige Funktionen stattfand, die dann aber besonders intensiv als die ihr eigenen Leistungen wahrgenommen werden. Die Familiensoziologie ist deswegen heute überwiegend der Auffassung, daß man nicht vom Funktionsverlust, sondern vom *Funktionswandel* und der Funktionsdifferenzierung sprechen sollte (vgl. Nave-Herz 1988b: 61). Von der *Kern*familie ist anzunehmen, „daß sie aufgrund ihrer Strukturverfassung (enger Personenkreis) früher wie heute ungefähr gleich wenig (oder gleich viel) Funktionen ausgeübt hat" (Zigann 1977: 78). Im übrigen muß beachtet werden, daß die Funktionsentlastung, sofern sie für einen bestimmten Familientyp zutrifft, mit der Überwindung hausrechtlicher Abhängigkeiten einhergeht (Patriarchalismus, Gerichtsfunktion, Mobilität etc.), welche die individuelle Lebensplanung und den partnerschaftlichen Umgang innerhalb der Familie förderten, wenn nicht gar erst ermöglichten. Es soll aber nicht geleugnet werden, daß neben den Chancen, die dies in sich birgt, auch die Risiken erheblich angewachsen sind.

Rückblickend auf das bisher Erarbeitete stellen wir fest, daß wir für das Verständnis der modernen Familie von einer Reihe von *Mythen* Abstand nehmen müssen. Ein wichtiges Ergebnis ist, daß die Kleinfamilie kein typisch modernes Ereignis ist. Modern ist vielmehr, daß diese Kleinfamilie „privatisiert" ist. Das hängt damit zusammen, daß gesellschaftliche und innerfamiliäre Kontrollinstanzen in ihren Einwirkungsrechten beschnitten oder überhaupt gestrichen wurden. Die Zentren der Kontrolle haben sich verschoben. Damit ist aber ein wesentliches Moment der *vormodernen* Zeit angesprochen. Wie Imhof in „Die verlorenen Welten" an eingehenden Fallstudien zum vormodernen Alltag eindringlich schildert, war unseren Vorfahren wegen der rundherum instabilen Lebensverhältnisse (Pest, Hunger, Krieg, Kindersterblichkeit, Naturkatastrophen etc.) sehr daran gelegen, ihr Stabilitätsbedürfnis nicht auf Personen zu konzentrieren, sondern generationsüberdauernd anzulegen. „Damals hatten notgedrungen andere Werte Vorrang; Dinge, welche das einzelne unsichere Menschenleben überdauerten. Nicht der jeweilige Hofbesitzer und sein individuelles Wohlbefinden waren damals das entscheidend Wichtige, sondern das Wohl und Ansehen des Hofes selbst, nicht die zu diesem oder jenem Zeitpunkt gerade auflebende Familie, sondern die Familienabfolge, das Geschlecht. Generation um Generation kreiste um diesen Mittelpunkt, Hofbesitzer nach Hofbesitzer, aber eben weniger als Individuum denn als Rollenträger. Eine Idee, ein Wert stand im Zentrum, nicht ein Ego. Unser heute so ausgeprägter Individualismus und Egoismus scheint somit auch eine der zahlreichen Folgen der sicherer und länger gewordenen irdischen Lebensspanne zu sein“ (Imhof 1985: 20).

Mit anderen Worten: Man bewältigte den Alltag dadurch, daß man sich an haltgebende Rahmenbedingungen (Heiratsstrategien, Namensgebungen, Festtage, um nur einiges zu nennen) hielt. So wurde das durchwegs bedrohte Menschenleben mit einem Sinn versehen. Diese Bewußtseinsstrukturen schufen ein mentales Gehäuse, das dem Alltag Form gab. Die Normen mußten nicht dauernd reflektiert werden. Man war an sie gebunden, aber sie verliehen auch Sicherheit. Man dachte institutionell und wurde von den Institutionen „gehalten“. Dies muß in seiner ganzen Tragweite verstanden werden, um den Umbruch zu begreifen, der mit dem Heraufziehen der modernen oder gar „post-modernen“ Gesellschaft in Gang kam.

„Das Wort ‚modern‘ steht bei mir immer in Anführungszeichen; denn es ist die unverbindlichste Plattheit.“
(Theodor Heuss)

Zweiter Teil

Moderne Gesellschaften als Umbruch

Eines der besten, vielleicht sogar das einzige Mittel zum Verstehen von Phänomenen ist der Vergleich. Für die Soziologie ist er gänzlich unerläßlich. Wer eine Gesellschaft verstehen will, blickt am besten über deren Grenzen hinaus. Dann wird Selbstverständliches, Nicht-Hinterfragtes plötzlich fraglich. So erst merkt man, daß das Leben jeweils auch anders interpretiert und gelebt werden kann, und daß dieses andere auch wieder als selbstverständlich betrachtet wird. Darüber hinaus muß man natürlich auch nach den übergreifenden Gemeinsamkeiten fragen. Wer sich folglich mit der Familie im Umbruch befaßt, muß ebenfalls einen „Blick über die Grenze“ tun. Das kann einerseits durch einen Sozialstrukturvergleich geschehen, indem man unterschiedliche Ausprägungen von Familien synchron nebeneinanderstellt. Andererseits führt auch jene Betrachtung zu bemerkenswerten Einsichten, die Familienmodelle diachron, d. h. im historischen Zeitablauf hintereinander, anordnet.

Wer die Entwicklung der modernen Familie und ihre Entwicklungschancen in der heutigen Gesellschaft verstehen will, muß sich aber dabei nicht nur mit der Sozialgeschichte der Familien, sondern auch mit der Geschichte der Moderne als solcher befassen. Denn die „moderne“ Familie erhält ihre fundamentale Prägung eben von der modernen Gesellschaft, in der sich die Familie als Institution und Lebensmodell bewährt, in der und mit der sie sich wandeln muß und in der allein sie ihre Zukunft haben kann. Steht die Gesellschaft im Umbruch, dann wird auch die Familie „umbrechen". Deswegen müssen wir uns in diesem Teil nun fragen, was wir eigentlich unter „moderner" Gesellschaft zu verstehen haben und inwiefern sich „die Moderne" als ein revolutionäres Ereignis darstellt, das zu einem fundamentalen Wandel des Denk- und Lebensstils geführt hat. Aus einer solchen Analyse dürfte dann abzulesen sein, in welchem Ausmaß die Institution Familie in diesen Umbruch miteinbezogen ist.

Es ist hier nicht der Ort, um die besonderen Lebensverhältnisse der vormodernen Welt im Detail zu analysieren. Daß darunter ganz unterschiedliche Epochen und Existenzweisen fallen, versteht sich von selbst. Zieht man nur den Feudalismus als das unmittelbare Vorläufer-Modell der Neuzeit zum Kontrast heran, dann springt allein schon die gänzlich andere Auffassung von „erfülltem Leben" ins Auge: die agrarische, hausbezogene, weitgehend immobile Wirtschaftsform, die sakrale Deutung des Kosmos und die „vorgegebene", hierarchische Ständeverfassung. Daß diese Nutzungs- und Orientierungsmuster nicht nur die gesellschaftliche und politische Ordnung beeinflußten, sondern bis hinein in das Familienleben prägend wirkten, ist unmittelbar einleuchtend. Es gibt auch zu denken, daß sich diese kleinräumigen, nicht-städtischen, nicht-industriellen Gesellschaftsstrukturen immerhin während mehr als 30 Generationen als europäische Sozialordnung festsetzen und erhalten konnten.

I. Der Durchbruch der Moderne und die großen Revolutionen der Neuzeit

Die Vorbemerkung zur „longue durée" schließt nicht aus, daß trotzdem schon relativ früh, aber mit einer langen Inkubationszeit, die Grundlagen gelegt wurden, die schließlich die alten Ordnungsvorstellungen aus den Angeln heben sollten. Mit dem Aufkommen der Städte, der Geld- und Verkehrswirtschaft wurde der Keim für die Zerstörung einer Gesellschaftsordnung gelegt, die im allgemeinen nicht imstande oder nicht interessiert war, den Menschen, die Welt und die Gesellschaft in Kategorien der Entwicklung zu fassen. Das galt auch für die Einstellung des Menschen zu sich und zu seiner inneren Welt. Der Mensch war vielmehr Mitglied einer Gruppe und Träger einer ihm darin übertragenen Funktion. Sie programmierte seinen Lebensweg. Die Entwicklung der Städte mit ihren neuen Kommunikationsformen und gesellschaftlichen Räumen, die neuen Lebenschancen für händlerische, „abenteuerlustige", mobile Stadtbürger und die Geldwirtschaft mit ihrem Zwang zur Sachlichkeit und Rechenhaftigkeit wirkten als „formale Kulturenergien", die die Hemmschwellen individueller Entfaltungsbereitschaft beseitigten, von denen die bäuerliche Gesellschaft mit ihrer kosmisch geprägten Vorstellung vom gottgefälligen, guten Leben umgrenzt war. „Erst die Geldwirtschaft hat in das praktische Leben – und wer weiß, ob nicht auch in das theoretische – das Ideal zahlenmäßiger Berechenbarkeit gebracht" (Simmel 1989: 614). So wird die Stadt in Verbindung mit der Geldwirtschaft und dem sich entwickelnden neuen Stand der Bürger zum Träger eines neuen Weltverständnisses.

Die von der antiken Denktradition herkommende Gesellschaftsauffassung setzte nicht bei der Rechtspersönlichkeit des Individuums an, kannte diese vielfach auch gar nicht. Dies ändert sich nun nachhaltig. Wenn wir von der bürgerlichen Gesellschaft sprechen, meinen wir vor allen Dingen die mit dem Aufstieg der großbetrieblichen Industriewirtschaft verbundene Veränderung der Bewußtseinslage des denkenden Bürgers.

Diese Verschiedenheit erklärt sich aus den *zwei* Revolutionen der Neuzeit, der wirtschaftlich-industriellen, die von England ihren Ausgang nahm, und der politischen, für die Frankreich (1789) verantwortlich zeichnete. Durch beide wurde das Ständewesen definitiv zerstört. Der Bruch zwischen der Lebens- und Gesellschaftsauffassung des ausgehenden Mittelalters bzw. der frühen Neuzeit und derjenigen der modernen, bürgerlichen Gesellschaft ist tatsächlich revolutionär, auch wenn er nicht auf einen Schlag erfolgte. „Die geistige wie die materielle Distanz zwischen diesen beiden herrschenden, einander ablösenden

Kontingenten der europäischen Geschichte (ist) schlechthin unübersehbar. Die am deutlichsten faßbare Konfliktlinie verläuft zwischen den zerbrechenden Formen des ,ancient regime' und jenem Neuen, das sowohl in der sozialgeschichtlichen Wirklichkeit als auch in der Antizipation durch Ideen, die kritischen und programmatischen Entwürfe einer perennierenden intellektuellen Bewegung, eine länger schon latente Existenz führte und das ,Zeitalter der Revolution' einleitete" (Schulz 1969: 15).

Die alte Ordnung stützte sich auf sechs Säulen:
(1) das ländliche Leben;
(2) die Familien- und Verwandtschaftsstruktur;
(3) die lokale Gemeinde;
(4) die ständischen Grenzziehungen;
(5) die Monarchie und
(6) die Religion.

Durch sie wurden Status, Wohlstand und Macht verteilt, aber auch die Koordinaten der Weltvorstellung und Wirklichkeitsdeutung gespannt. Im Laufe der Neuzeit – bedingt durch revolutionäre wirtschaftliche, politische und bewußtseinsmäßig-theoretische Veränderungen – knickten diese Säulen ein und wurden selber zum Problem.

Das ganze 18., 19. und 20. Jahrhundert kann als ein Versuch gewertet werden, den Stellenwert der einzelnen „Säulen" zu ergründen oder sie durch neue zu ersetzen. Zwar bediente man sich häufig der alten Begriffe, versuchte sie aber mit neuem Sinn zu füllen, dessen Vorstellungsgehalt aber bald wiederum verblaßte.

Gefragt wird nun neu
(1) nach der Natur der Gemeinschaft;
(2) nach der Lokalisierung der Macht;
(3) nach der Verteilung von Wohlstand und Privileg;
(4) nach der Rolle der Individuen, d.h. der Bürger oder des Volkes.

Gesucht wird

(5) die Richtung des gesellschaftlichen Fortschritts oder der Vernunft und

(6) die Verbindung der ökonomisch-politischen Wirklichkeit mit den „letzten Werten".

Tatsächlich läßt sich kein Lebensbereich mehr finden, in dem diese Themen und Neubewertungen nicht voll zum Tragen kämen. Nisbet (1967: 23f.) hat das hervorragend dargestellt:

Die neuen Themen und Herausforderungen der *Industriegesellschaft* waren

(1) die Lebensbedingungen der Arbeiterklasse (die Verarmung, Entfremdung, Deklassierung);

(2) die Rolle des Eigentums und seines Einflusses auf die Gesellschaftsordnung;

(3) die verstädterte Lebensform (Isolierung, Radikalisierung, Entwurzelung vom Land);

(4) die Rolle der Technologie und des Fabriksystems (die Trennung von Familien- und Berufsleben, die „Tyrannei" der Maschine).

Die *Themen der politischen Revolution* seit 1789 lassen sich mit Karl Mannheims Konzept der „Fundamentaldemokratisierung" (und der Auseinandersetzung um deren Folgen) gut umschreiben. Da Politik Sache aller wird, erhält sie eine intellektuelle und moralische Aufwertung. Wiederum lassen sich mit Nisbet (1967: 35f.) vier Hauptthemen formulieren:

(1) die Entstehung, Bildung und Bindung des Volkswillens;

(2) die mit der Abschaffung der Zünfte und Gilden ermöglichte Bildung von Interessenverbänden (Gewerkschaften, Vereine, Koalitionsfreiheit);

(3) die Neubewertung der Familie als Vertrag entsprechend dem Muster einer kleinen Republik (Regulierung der elterlichen Gewalt, die Lösbarkeit des Ehekontrakts, die Kontrollrechte des Staates über die familiäre Sozialisation);

(4) die Rolle der Religion und der Kirche in einer aufgeklärten Gesellschaft (Besitzrechte, Lenkungsfunktionen, Staatstreue).

An all diesen Themenstellungen und den jeweiligen institutionellen Neuentwürfen für eine moderne Gesellschaft wird deutlich, daß der Bruch zwischen den Lebensauffassungen einer vormodernen und einer modernen Gesellschaft tatsächlich abgrundtief, dramatisch und höchst konfliktreich ist. Vor allen Dingen aber wurden Prozesse angestoßen, die eine Eigendynamik entfalteten, welche bis ins 20. Jahrhundert (und vermutlich noch weiter) hineinreicht. Die besondere Spannung liegt darin, daß die Bezugspunkte der Loyalität und der Wahrnehmung sich auf Großaggregate (Nation, Klasse, Weltgesellschaft) ausweiten, andererseits aber auch entpersonalisieren und mechanisieren. Die moderne Welt hat die Individuen von ihren dörflichen, ständischen, patriarchalen und religiösen Bindungen in erheblichem Ausmaß freigesetzt, ohne daß diese Befreiung im gleichen Maß zu einer individuellen und kollektiven Stabilisierung beiträgt. Modernisierung ist ein weiterlaufender Prozeß, der damit auch zu hohen individuellen und sozialen Kosten führen kann.

II. Die Charakteristika des Modernisierungsprozesses

Die Soziologie hat es sich immer zu einer ihrer Hauptaufgaben gemacht, den Wurzeln, den Charakteristika und den Folgen des Modernisierungsprozesses nachzuspüren. Sie kann in weiten Teilen sogar als der Versuch resümiert werden, eine Antwort auf die moderne Lebensweise zu finden. Alle Klassiker dieses Faches, ja alle bedeutenden Soziologen ganz generell, haben sich mit dieser Thematik auseinandergesetzt. Ohne dies im einzelnen ausführen zu wollen, sollen hier nur einige wenige Hauptgesichtspunkte zur Darstellung gelangen.

1. Der Verlust des sakralen Kosmos

Peter L. Berger, einer der großen Religionssoziologen unserer Zeit, hat in seinem Buch „Zur Dialektik von Religion und Gesellschaft" (1988) die Problematik der Moderne auf den Verlust des schützenden kosmologischen Baldachins der Religion bezogen. Er zeigt, daß unsere Welt notwendigerweise von ideellen Konstruktionsmerkmalen durchzogen ist. Um uns Sinn zu verschaffen, verwenden wir Symbole, Bilder etc. und machen aus der Welt im Rohzustand eine verarbeitbare Wirklichkeit. Ohne die Ausschaltung des Zweifels, ohne die Konstruktion von Relevanzsphären, ohne das Einklammern dessen, was irrelevant ist, könnten wir uns in einer pragmatischen, geordneten, effizienten Welt nicht bewegen. Die Herstellung solcher Sicherheit und die Ausschaltung alternativer Welten der Reflexion oder Phantasie sind jedoch für die Interaktion im Alltag unverzichtbar.

Und doch macht Berger darauf aufmerksam, daß wir von Zeit zu Zeit dem Hier und Jetzt entfliehen müssen, daß wir uns grundsätzliche Fragen über unseren Tod, über den Sinn des Lebens, über die Wahrheit, das Schöne, das Gute, über die Qualität menschlicher Beziehungen usw. stellen müssen. Eine gelungene Persönlichkeit kann den Warum-Fragen nicht entgehen, welche das tägliche Leben transzendieren. Unsere Fragen bekommen nur einen Sinn in einem größeren Zusammenhang. Berger nennt dies die symbolischen Universen. Er bezeichnet damit theoretische Traditionen, die verschiedene „Sinnprovinzen" integrieren und die institutionelle Ordnung in einer symbolischen Gesamtheit umfassen. Sie verschaffen Integration und Legitimation für unser Handeln auf der höchsten Ebene. Der höchste Typus eines Sinnuniversums ist die Religion. Dadurch, daß sie das Handeln einer allumfassenden, sakralen Ordnung, einem „heiligen Kosmos" unterstellt, kann der Mensch sich bei seiner Suche nach der letzten Realität vor dem allgegenwärtigen Chaos bewahren (P. L. Berger 1988: 50). Die Ungesichertheit unserer alltäglichen Lebensweise wird immer dann besonders deutlich, wenn wir dem Tod begegnen. Religiöse Rituale (Übergangsriten, Hochzeiten, Begräbnisse usw.) verschaffen den Grenzerfahrungen unseres Lebens einen Rahmen. Sie beziehen diese auf sakrale und kosmische Bezugspunkte.

Es ist nun das Kennzeichen der Moderne, daß dieses Sinnuniversum seine Kraft eingebüßt und der Säkularisierung Platz gemacht hat. Die religiösen Institutionen (d.h. der erste Stand mit seinen Funktionen) haben ihren Einfluß auf die Gesellschaft weitgehend verloren und an eine Vielzahl von anderen Agenturen der Wirklichkeitsdefinition abgetreten (Wissenschaft, Medien, Mode). Wichtiger als die Säkularisierung ist dabei die Pluralisierung von Bewußtseinslagen, denn diese kann die benötigte Sicherheit des Sinnuniversums nicht mehr herbeiführen. Die Folge davon sind Relativierung, Sinnkrise und eine tiefe Antwortlosigkeit. Die religiösen Erfahrungen sind gestrichen oder aber müssen unter dem Ansturm des sozialen Drucks der Säkularisierung verdrängt werden. Mit der „Gesamtplausibilität" der christlichen Theorie ist auch die gesellschaftliche Ordnungspraxis des Christentums weitgehend ersatzlos zusammengebrochen. So stellt sich das Problem der Sinnhaftigkeit der gesellschaftlichen Institutionen und der Routine des Alltagslebens auf radikal „humanisierte", also auf innerweltliche Erlösung angelegte Weise. Die meisten dieser Versuche erwiesen sich als völlig unfähig, die Leiden des individuellen Lebens zu begründen und zu verstehen. Sie haben die existentiellen Ängste deswegen auch keineswegs zu lindern vermocht (vgl. P. L. Berger 1988: 120f.).

2. Die Rationalisierung der Welt

Den Gegenpol zum Verlust des kosmologischen Baldachins bildet das radikale Verwiesensein auf die innerweltliche Sinnbeschaffung. Bekanntlich hatten die Naturwissenschaftler des 16. und 17. Jahrhunderts bei ihrer Loslösung von der Metaphysik immer noch einen absoluten Wahrheitsanspruch, nämlich mit Hilfe eines neuen Wissens zur Erkenntnis von Gottes Wirken zu gelangen, wenn schon der Weg zu Gott auf dem klassischen Weg nicht zu beschreiten sei. Erst vergleichsweise spät kam es zur Abkoppelung der Naturwissenschaft von einer heilsrelevanten Naturphilosophie bzw. zur Verselbständigung und Eigenwirksamkeit ursprünglich religiös motivierten Wissens im modernen Rationalismus.

Die bekannteste Studie dazu ist Max Webers vielfach kommentierte Abhandlung „Die protestantische Ethik und der Geist des Kapitalismus" (1922, 1964). Der Grundgedanke ist folgender: Wir können einen jahrhundertelang dauernden religionsgeschichtlichen Prozeß der Systematisierung, Vereinheitlichung, damit aber auch Rationalisierung und Entzauberung der religiös-ethischen Sinninterpretationen im Weltmaßstab beobachten. Während das magische Weltbild noch einem „Zaubergarten" glich, der hinter allen Dingen persönlich wirkende Geister, Dämonen oder Götter vermutete, tritt im Laufe der Zeit langsam eine dualistische Welterklärung auf den Plan. Die Welt wird teilweise dadurch „entzaubert", daß die magische Götterwelt in einen Götterpantheon bzw. eine Überwelt ausgegliedert wird (ebd.: 329f.). Diese Entwicklung beschleunigt sich in der jüdisch-christlichen Tradition in beachtlicher Weise. Insbesondere in der protestantischen Ethik treten die beiden Welten derart auseinander, daß eine immer abstraktere Stützkonstruktion gefunden werden muß, um der verselbständigten Welt noch eine religiöse Note zu verleihen. Dies wird für Weber schon im Luthertum deutlich, insbesondere aber im Calvinismus und in der puritanischen Sektenreligiosität. Gemäß der calvinistischen Prädestinationslehre kann der Mensch in dieser Welt keine absolute Heilsgewißheit erlangen. Die Kluft zwischen Mensch und Gott ist zu groß. Also muß er auf Erden nach Anzeichen der Gottgefälligkeit suchen. Er findet sie in der asketischen Berufsarbeit und dem wirtschaftlichen Erfolg. Der durch Konsumverzicht, Investitionsbereitschaft und methodische Lebensführung erzielte Gewinn ist zwar nicht Realgrund, aber Erkenntnisgrund der Erwählung (Weber 1920, 1972: 1, 105f.). Rastlose Arbeit und sparsame Lebensführung sind göttlich geboten und innerweltlich nützlich. So ergibt sich eine auffällige Übereinstimmung zwischen religiös-(wert)-rationaler und wirtschaftlich-(zweck)rationaler Lebensgestaltung. Letztere hat damit die „Chance", sich von der Dominanz religiöser Welterklärung zu befreien und eine eigengesetzliche

Entwicklung der Versachlichung einzuschlagen, so weit, daß es schließlich der religiösen Welterklärung für die praktische Lebensführung nicht mehr bedarf.

Die interessante Folge des ursprünglich religiös motivierten Verhaltens ist, daß sich die Handlungskontrolle über die ganze Biographie erstreckt und verselbständigt. Sie führt zu einer Selbstdisziplinierung des Individuums, zur gesteigerten Affektbeherrschung, zur systematischen Dämpfung der Spontaneität, zur Introspektion und Reflexion, also zu einem historisch einmalig durchorganisierten („zivilisierten") Verhaltensstil, der sich auf alle Lebensbereiche ausdehnt. Ursprünglich religiös motivierte Ideen verselbständigen sich und werden relativ autonom wirksam im „Berufsmenschentum" als innerstem, ethischen Kern der Persönlichkeit (Weber 1910, 1972: 319). Da der ursprüngliche „Geist" aus diesem Gehäuse gewichen ist, entsteht erst eigentlich jenes zentrale Kulturproblem der Moderne, ganz individualistisch und „aufgeklärt", „den Sinn des Weltgeschehens ... selbst zu schaffen, imstande sein zu müssen..." (Weber 1922, 1973: 154). In dieser modernen Anthropozentrik sind „nicht mehr Gott und die Welt, sondern Person und die Welt ... nun mehr die Antagonisten" (Gabriel 1979: 39). Hier gilt es nicht mehr, „gesinnungsethisch" verpflichtende Grundwertentscheidungen kompromißlos in die Tat umzusetzen, sondern nur noch darum, „verantwortungsethisch" auf die Handlungsfolgen der praktischen Weltbeherrschung zu sehen und dabei das jeweils geringere Übel zu wählen. Das zweckrationale Handeln kommt diesem Gesellschaftsmodell und diesem Persönlichkeitstyp am nächsten, denn es steigert die Möglichkeit, eigenverantwortliche Sinnentwürfe zu entwickeln und sie der gesellschaftlichen Reflexion auszusetzen. Allerdings sieht Weber die Spannungen sehr gut: Denn die als zunehmende Personalisierung gedachte Eigenrationalität der gesellschaftlichen Sphären, der kapitalistischen Wirtschaft und des bürokratischen Staates kreiert den „Ordnungsmenschen" (Weber 1924: 414), der ganz an der entzauberten Versachlichung orientiert, also entpersönlicht ist.

3. *Die Trennung der Lebensbereiche*

Das neue Weltbild und die neue Verhaltensreglementierung dringen nicht nur in alle Sphären des häuslichen und öffentlichen Lebens ein, sie dividieren die Sphären auch auseinander. Die Soziologie hat dieses Phänomen als Steigerung der strukturellen Differenzierung bezeichnet. Einfache Gesellschaften folgen dem Lokalitätsprinzip. Dieses erlaubt in der Tendenz, daß alle miteinander in direktem Kontakt stehen und nur alters- und geschlechtsbedingte Rollen ausbilden. Je größer die Gesellschaft, desto stärker auch die kulturelle und schichtmäßige Gliederung. Da die lokale Erlebnisgemeinschaft nicht mehr gegeben ist, müssen verschiedene Träger die „Reflexion kultureller Objektivationen", also die Bereiche der Religion, des Rechts, der Moral usw. – kurz: die gemeinsame Kultur – repräsentieren und trotz sozialer Differenzierung kulturelle Identität garantieren (vgl. Tenbruck 1962: 117; vgl. auch Parsons 1966).

Die moderne Gesellschaft nun hat die strukturelle Differenzierung noch weiter getrieben. Der moderne Mensch ist in seiner Produktions- und Konsumtätigkeit aus der örtlichen Einbettung weitgehend freigesetzt worden und fühlt sich institutionell unabhängig. „Für die Individuen heißt das, daß sie nun nicht mehr in einer einzigen Lebensgruppe verbleiben, in der alle Daseinsfunktionen erfüllt werden können, sondern, daß die einzelnen mit je verschiedenen Rollen an je verschiedene Funktionskreise angeschlossen sind, die sachlich und personell getrennt sind" (Hahn 1984: 187). Indem immer mehr Verhaltenserwartungen an flüchtige, funktionsspezifische Gruppen, Organisationen oder großräumige Zusammenhänge gebunden werden, werden die Lokalgruppen, die ständischen Orientierungen an einheitlichen Lebensstilen, aber auch die sozialen Schichten und Klassen als Kommunikationsgemeinschaften selbst gegenstandslos. Übrig bleibt nur die funktionale Differenzierung als nunmehr bestimmende Kraft der Interaktionssysteme. Mit anderen Worten: Es gehört im wesentlichen zur europäischen Modernität, daß sich gesellschaftliche Teilbereiche (Religion, Recht, Wirtschaft, Wissenschaft, Kunst, Politik) herausbilden und verselbständigen. Dies kommt einer – wie Luhmann es ausdrückt – „Gesamttransformation des semantischen Apparats einer Kultur" (1981: 33) gleich. Die Folgen liegen auf der Hand:

(1) Der ehemals hohe Grad an Symmetrie zwischen objektiv zugeschriebener und subjektiv erworbener *Identität* trägt sich ab und wird tendenziell ein Übergangsphänomen. Der Lebenslauf ist eingespannt in verschiedene soziale Welten und mögliche andere, jedenfalls unabgeschlossene Identitäten.

(2) Die soziale Erfahrung wird zwischen einer öffentlichen und einer privaten Sphäre aufgespalten. Während die vormoderne Welt noch viel einheitlicher und festgefügter war, überwiegt heute die Erfahrung der *Pluralität* sozialer Welten. Da diese keinen einheitlichen Geltungsanspruch mehr aufrechterhalten können, sich also relativieren lassen müssen, wird das Individuum gezwungen, sich auf die private, von der öffentlichen Sphäre abgegrenzte Wirklichkeit der Familie und der intimen Sozialbeziehungen zu konzentrieren, um eine stabile Identität auszubilden. „Das hat u.a. zur Folge, daß die subjektive Wirklichkeit des einzelnen (was man gewöhnlich als seine Psychologie bezeichnet) für ihn zunehmend differenzierter, komplexer und ‚interessanter' wird. Die Subjektivität erlangt bislang ‚ungeahnte' Tiefen" (Berger/Berger/Kellner 1975: 71). Allerdings hat er der inhärenten Spannung nichts mehr entgegenzusetzen, die darin liegt, daß der einzelne auch hierbei von der fortlaufenden Pluralisierung immer wieder eingeholt wird.

(3) Auch die Institutionen der *Privatsphäre* werden nämlich de-institutionalisiert. Infolge der Pluralisierung ehemals stabiler Lebensentwürfe hinsichtlich Ehe, Familie, Kindererziehung, religiöser Praxis usw. gerät auch die Privatsphäre unter ständig gesteigerten Plausibilitätsdruck. Religion und Familie sind zu schwach institutionalisiert, um einen kognitiven Halt zu bieten, während die öffentliche Sphäre als überinstitutionalisiert erscheint. Folglich kann man sich nicht mehr auf den stabilen Horizont der Agrarzeit verlassen, sondern ist auf die

Dauerreflexivität hinsichtlich möglicher Identitäten, Lebenspläne und Lebensstile verwiesen. Da die durchgängige Individualisierung der Rechte, moralischen Imperative und Werte als solche zwar hoch legitimiert ist, sich aber in der inhaltlichen Ausprägung der jeweiligen sozialen Konkurrenz stellen muß, gewinnt hier David Riesmans Kategorie der „Außenlenkung" an Bedeutsamkeit. Was man wirklich ist, wie man leben soll, wird subjektiv real nur insoweit, als es von anderen bekräftigt wird. Entgegen dem äußeren Anschein gelangt man in der Privatsphäre keineswegs zur Ruhe und Abgeschiedenheit, sondern befindet sich auf einem den öffentlichen Ansprüchen keineswegs entzogenen Identitätsmarkt. Die Folge des „Wandercharakters" der Gesellschafts- und Selbsterfahrung ist das, was man einen „metaphysischen Heimatverlust" nennen könnte (Berger/Berger/Kellner 1975: 74). Diese Identitäts- und Sinnkrise ist keineswegs ein zufälliges, sondern ein zwangsläufiges Ergebnis des modernen Gesellschaftslebens.

(4) Ähnliche Analysen der Trennung von Lebensbereichen lassen sich auch innerhalb der *öffentlichen Sphäre* selbst vornehmen. Daniel Bell (1976) hält es für die Schwierigkeit der zeitgenössischen Gesellschaften, daß sie „disjunktiv" sind, d.h. aus unterschiedlichen Bereichen bestehen, die jeweils anderen legitimierenden Normen oder sogar gegensätzlichen Verhaltensweisen gehorchen. Die *techno-ökonomische Ordnung* folgt dem Prinzip der funktionalen Rationalität, d.h. der Effizienz, der Kostenminimierung, der Ertragsmaximierung, der Optimierung usw. – und zwar so stark, daß die Sozialstruktur hier wie eine verdinglichte Welt und die Menschen als Rollen und nicht als Personen erscheinen. Personen sind in Organisationsschemata eingebunden und werden zum Objekt, „nicht deshalb, weil ein Unternehmen unmenschlich ist, sondern weil die Durchführung einer Aufgabe den Zwecken der Organisation untergeordnet wird" (Bell 1976: 20). Die *politische Ordnung* hingegen ist die Arena der rechtmäßigen Machtanwendung und Konfliktregelung. Ihre Struktur ist die der Repräsentation oder Partizipation. Der Bereich der Kultur ist derjenige der Symbolisierung existentieller Situationen. Das Problem nun

ist, daß es keine einfachen Beziehungen unter den drei Bereichen (mehr) gibt. Vielmehr kommt es zu erheblichen Spannungen zwischen dem techno-ökonomischen, d.h. bürokratisch und hierarchisch geordneten Bereich und den politischen Gleichheitsforderungen. Beide Ordnungen mit ihren jeweiligen Rollenspezialisierungen liegen wiederum im Konflikt mit dem kulturellen Bereich und seinem Anspruch auf Überhöhung des Selbst (vgl. Bell 1976: 23). So prallen autonom gewordene Ansprüche unvereinbar aufeinander und schaffen erhebliche politische Steuerungsprobleme bei der Wohlfahrt, den Sozialleistungen, der Erziehung, dem öffentlichen Haushalt usw.

Auf der Ebene der *Kultur* selbst wird die „Totalität eines sittlichen Lebenszusammenhangs" (Habermas 1985: 104) weiter aufgebrochen. Die Sphären der Wissenschaft, der Moral und der Kunst verselbständigen sich in unterschiedliche Wertsphären, wodurch sich die Probleme der praktischen Gesellschaftspolitik „eigengesetzlich" in Erkenntnis-, Gerechtigkeits- und Geschmacksfragen auseinanderdividieren lassen. Was für den Bereich der Wirtschaft schon relativ früh deutlich wurde, greift nun auf den Kultursektor als Verlust der Bindungen gemeinschaftlicher Art über. Zwar wachsen die Optionen, aber gleichzeitig zerreißt das bindende kulturelle Netz, welches die traditionale Lebensform zusammengebunden hatte. „Während traditionale Gesellschaften normintegriert sind, existiert in modernen Gesellschaften kein vergleichbares normatives Zentrum mehr, das den Anspruch etablieren könnte, die Entfaltung von Potentialen, die den einzelnen Handlungssphären innewohnen, zu steuern" (J. Berger 1986: 88f.). Nicht daß das Leben nun normfrei wäre; vielmehr hat die Gesellschaft den verbindlichen Gesamtrahmen verloren. Die gesellschaftlichen Subsysteme sind in der Wertgenerierung ganz auf sich selbst verwiesen, also „voraussetzungslos". Dadurch besitzen sie auch keine „subsystemspezifischen Stopregeln, die ein ausdifferenziertes System an der Verfolgung seiner Ziele hindern würden" (J. Berger 1986: 90). So wie es keine wirtschaftsimmanenten

Gründe gegen die Verfolgung von Gewinnzielen gibt, so auch keine kunstimmanenten Gründe gegen das Produzieren immer neuer Geschmacksrichtungen. Daraus resultiert die Erfahrung einer außerordentlichen Dynamik von Neuerungen, einer Revision von Beständen und einer Beschleunigung der Lebensverhältnisse insgesamt. Da in modernen Gesellschaften alles hochgradig kontingent geworden ist und es keinen Bestand mehr gibt, an dem nicht gerührt werden darf, werden – analog zu den neuen Produkten und Produktionsverfahren – die Sitten und Gebräuche aufgelöst, verändert, „verbessert". Alles steht unter einem Wandlungszwang. Beispiele dafür lassen sich nicht nur aus dem Wissenschaftssystem, sondern auch aus der „Kunstszene" gewinnen. Nichts verändert sich so schnell wie diese. Wer heute den „Musikmarkt" einige Monate lang nicht beobachtet, kennt kaum noch die Namen derjenigen, die jetzt „in" sind. „Noch nie war die Durchlaufgeschwindigkeit durch die jeweiligen Musikmoden so hoch, respektive der ‚In-Status' der entsprechenden Bands und Trends so kurz wie in den Achtzigern" (Berg 1990: 33). Sie ist in gewisser Weise eine notwendige Funktionsbedingung der Rockmusik überhaupt, die ihre Geltung – ganz im Gegensatz zur Klassik – aus dem direkten Ausdruck der jeweiligen momentanen Zeitstimmung bezieht. Das macht sie so aktuell, aber auch so flüchtig. Eine zusätzliche Beschleunigung erfährt sie durch die Vermarktungsprinzipien der Schallplattenindustrie. „Wie sonst nirgends im gesamten Musikgeschäft hat sie ihre Verkaufsstrategien bei der Rockmusik auf die Permanenz einer unendlichen Folge von kurzfristigen, punktuellen Mega-Hits und Mega-Trends aufgebaut. Die Rasanz, mit der diese Trends abwechseln, sorgt hier einerseits für optimale Vermarktbarkeit nach der oberflächlichsten Zeitgeistströmung, macht auf der anderen Seite aber eine gewisse Wiederholung unumgänglich: Je schneller das Karussel sich dreht, um so häufiger muß es schließlich wieder beim altbekannten Ausgangspunkt landen. Strukturell ist das seit jeher ein Kennzeichen der Rockmusik. Freilich hat sich inzwischen die Situation dramatisch verschärft" (Berg 1990: 33).

III. Die Folgen der Moderne

Zweifellos haben die Lebensverhältnisse der modernen Gesellschaft für den einzelnen eine Reihe von Vorteilen gebracht. Der auffälligste ist der Wohlstand der industrialisierten Gesellschaften, der trotz ungleicher Verteilungen für so viele Mitglieder eine Versorgung mit Gütern und Dienstleistungen gebracht hat, wie sie keine Gesellschaft vorher in dieser Breitenwirkung gekannt hat. In diesem Zusammenhang sind die Wahlmöglichkeiten im Hinblick auf die Lebensgestaltung, die Teilnahme an Bildungsprozessen, Freizeitmöglichkeiten, Freiheiten politischer Partizipation – kurz: die Lebens-Optionen und Emanzipationschancen – so angewachsen, daß kaum jemand auf diese sozialen Leistungssteigerungen verzichten will. Dennoch ist die Fortschrittseuphorie der rationalistischen Aufklärung und die Planungs-, ja Revolutionsmanie in unserem Jahrhundert weitgehend einer modernisierungskritischen Ernüchterung gewichen. Aus dem sozio-ökonomischen Wohlstand ist keine psychische Wohlfahrt geworden. Mehr denn je stehen wir heute der Moderne skeptisch gegenüber, wenn wir die offenen oder versteckten sozialen Kosten ihrer Eigendynamik betrachten. Seitdem wir uns der ökologischen Fundamentalbedrohung stärker bewußt werden, steht auch die Frage im Raum, ob die moderne Gesellschaft nicht nur an ihren natürlichen, sondern auch an ihren kulturellen Grundlagen Raubbau betreibt. Ist nicht paradoxerweise die Aufklärung selbst verantwortlich für das „Unbehagen in der Modernität" und arbeitet sie nicht im dialektischen Umschlag an ihrer eigenen Zerstörung? Zumindest treffen, wie die neuen sozialen Bewegungen zeigen, nunmehr ganz unterschiedliche Forderungen von Rationalismus und Irrationalismus, Aufklärung und Magie, Utilitarismus und Gemeinschaftsdenken, Individualismus und präventiver Kollektivverantwortung aufeinander. Zumindest werden Persistenzkerne von Denk- und Verhaltensmustern sichtbar, die aus einer anderen, vormodernen Tradition genommen sind (vgl. Hettlage 1989). Die jüngste soziologische Literatur hat dies unter der Thematik der Entdifferenzierungsprozesse, der Remoralisierung von Entwicklung und der reflexiven Selbstbeschränkung von Eigeninteressen zu fassen versucht (vgl. J. Berger 1986: 93f.). Offensichtlich besteht das Grundproblem der Gegenwart gerade in der Dynamisierung jener Prozesse, die die Aufklärung einst als den Durchbruch zum wirklichen Leben pries: In der Freisetzung, Differenzierung und Autonomisierung – zumindest insoweit als die nötigen Bindungen erzeugt werden müssen, ohne daß man sich der „Vorratskammer der Tradition" (J. Berger 1986: 93f.) bedienen kann (und will).

1. Die Modernitätsrisiken

Faßt man die genannte Ernüchterung unter dem Titel „Unbehagen, Widersprüche, Dilemma oder Zäsuren" zusammen, dann lassen sich drei Risikobereiche angeben, die auch auf die Gestaltung des modernen Familienlebens durchschlagen:

a) Das Risiko der gesellschaftlichen Abstraktheit

Wie schon Tönnies vor mehr als einem Jahrhundert bemerkte, stehen wir in einem Ablösungsprozeß, der relativ stabile und selbstverständliche Struktur- und Kulturvorgaben (die „Gemeinschaft") durch eine Lebensform ablöst, der kulturelle Bindungen und strukturelle Fixierungen über Bord wirft (die „Gesellschaft"). „Gemeinschaft" wurde offensichtlich zum Problem. Heute stehen wir allerdings vor der Folgeerscheinung, daß auch „Gesellschaft" zunehmend problematisch wird. Insbesondere sind es die differenzierten und komplexen Strukturen, die zur Kritik Anlaß geben. Die moderne Gesellschaft mit ihren bürokratischen Organisationen, ihren Märkten, ihren abgekoppelten Teilsystemen macht das Leben abstrakt (vgl. P. L. Berger u.a.). Unsere Lebenswelt steht unter dem Rationalitätszwang, d.h., daß alle öffentlichen Rollen weitgehend an affektive Neutralität gebunden sind. Die ganzen Normsysteme sind – was durchaus Vorteile bringt – flexibel darauf ausgerichtet, spezielle und immer neue Zwecke zu erreichen. Sie bringen aber auch den Nachteil, daß die Menschen nicht als Personen, sondern nur als soziale Kategorien (etwa „Sozialhilfeempfänger", Alte etc.) bedeutsam werden. „Das Zusammenleben wird von Märkten und Bürokratien geprägt, in denen Regeln und Verfahrensweisen Geltung haben, deren Ergebnis und Voraussetzung die moderne ‚Anonymität' des einzelnen ist. Der Stellenwert sinnlich konkreter Erfahrung menschlicher Lebenszusammenhänge (der ‚Lebenswelt') tritt hinter diesen anonymisierenden Handlungszusammenhängen zurück. Ein ganz wesentlicher ‚Mechanismus' ist z.B. der des Geldsystems, das weit auseinanderliegende Menschenschicksale, Räume und Völker miteinander verbindet, Menschen also in Abhängigkeit voneinander bringt, die sie aber in ihrem jeweiligen Alltag kaum durchschauen und noch weniger beeinflussen können. Zur Abstraktheit der Moderne gehören dann ... der vorwiegend technologische Charakter der modernen Ökonomie wie auch der nicht-ökonomischen Bereiche: die moderne Großstadt und die heutigen Mittel der Massenkommunikation" (Kuzmics 1989: 46). P. L. Berger u.a. haben mit Recht darauf hingewiesen, daß diese Abstraktheit jene traditionale, historisch gewachsene Gemeinschaft der Familie und des Dorfes, die die Mitglieder immerhin mit einem gewissen Gefühl der Solidarität, des Eingebettetseins und der Sicherheit versah, grundlegend geschwächt hat. An ihre Stelle ist ein kalkulierender Lebensstil getreten, der der Logik des Produktionsprozesses folgt. Damit solche hoch abstrakten Tätigkeitskomplexe überhaupt in Gang kommen, müssen die anderen als bloße Funktionsträger anonymisiert werden. Zugleich aber wird auch die Selbsterfahrung davon nicht ausgespart. Das eigene Ich wird ebenfalls als Komponente desselben technologischen Prozesses erlebt. Die Folge ist eine wenigstens partielle „Selbstanonymisierung" (Berger/Berger/Kellner 1975: 35), die der Erfahrung eines privaten, einzigartigen Ichs gegenübersteht. Dieses aber ist in Nischen zurückgedrängt, es läßt sich nur bewahren, wenn man die übrigen Beziehungen auf Distanz hält, kontrolliert und emotional lenkt; eben als bloße austauschbare, vielfältig abrufbare „Rollen" versteht. Von dieser rationalen Haltung der Gefühlsökonomie und ironischen Rollendistanz färbt dann vieles auch auf jene Lebensbereiche ab, die ursprünglich als privat, familiär, vertraut, von den „gesellschaftlichen" Ansprüchen freigehalten worden waren. Der Gewinn an Offenheit, sozialer Mobilität und nur partieller Inanspruchnahme durch gesellschaftliche Institutionen ist also durchaus gegen die Folgen abzumessen, die aus Isolierung, sozialer Entwurzelung, Vereinsamung, Verlust an gemeinsamer sozialer Erfahrung und tiefer Lebensangst resultieren. „Ebenso wie Mobilität als struktureller Faktor der Stabilität von Lebensformen abträglich ist, ist dies auch ihr kulturelles Pendant, die Leistungs- und Konkurrenzideologie, wenn sie die Lebenswelt von Primärgruppen ‚kolonisiert'. Das eine wie das andere beeinträchtigt die Gründung wie die Aufrechterhaltung dauerhafter Beziehungen. Ebenso dürfte der Wunsch nach Kindern von den geschilderten Lebensbedingungen unterdrückt werden" (Hoffmann-Nowotny 1988: 10).

b) Das Risiko von Individualisierung, Pluralisierung und Anomie

Fraglos ist die Moderne das Zeitalter des Individuums. Nie zuvor in der Geschichte waren die Möglichkeiten größer, sich aus den umgebenden Kollektiven herauszulösen und sich wirklich als ein „Selbst" mit eigenen Lebens- und Profilierungschancen zu erleben. Individuelle Freiheit, Autonomie und subjektive Rechte haben sogar eine Art sozialethischen Status angenommen. Keiner darf mir das Recht streitig machen, mein Leben so frei wie möglich zu planen. Deswegen muß ich auch ihm dasselbe Recht zugestehen. Von daher ergibt sich, daß der Gesellschaft in ihrer strukturellen, aber relativ offenen Komplexität ein kultureller Pluralismus entspricht. Den vielfältigen („multirelationalen") und partiellen Mitgliedschaften in verschiedenen Strukturen kann nur noch eine geteilte soziale Integration und Kontrolle entsprechen.

Allgemein bindende Orientierungen werden immer stärker inhaltlich ausgehöhlt. Wer sich nur partiell durch gesellschaftliche Institutionen (d.h. als spezialisierter Rollenträger) in Anspruch nehmen läßt, reserviert sich seine Distanz auch im weltanschaulichen Bereich. Dies ist umso eher möglich, als das hohe Wohlstandsniveau Abhängigkeiten beseitigt und die Chancen individueller Profilierung ermöglicht. Allerdings ist der Preis der als Ent-Bindung verstandenen Freiheit hoch. Dieser Zustand der Destabilisierung von Normen wird in der Soziologie als „anomische" Tendenz beschrieben (Durkheim). Da man in seinem Leben andererseits auf Normen nicht verzichten kann, ist man gezwungen, sie selbst zu erzeugen. Diese Selbstbezüglichkeit („Selbstreferentialität") pflanzt sich in einer weiteren Pluralisierung von handlungsstabilisierenden Orientierungen fort (die sich nur noch zu statistischen Regelmäßigkeiten zusammenfügen), was seinerseits die Handlungsentwürfe und Legitimationsversuche der öffentlichen Diskussion aussetzt. All das heißt nichts anderes, als daß die gesellschaftliche Gesamtordnung, ihre Teilordnungen, aber auch die Bewußtseinslagen notwendigerweise instabil werden. Die Emanzipation *von* Ordnung fällt erfahrungsgemäß leichter als das Gewinnen von (neuer) Ordnung.

Daß von solchen Entwicklungen Ehe und Familie nicht freigehalten werden können, liegt auf der Hand. „Wenn in vielen Bereichen partielle Mitgliedschaften dominieren, dann mag zudem die Tendenz bestehen, sich Gemeinschaften mit ihrem totaleren und umfassenderen Anspruch zu entziehen oder deren Charakter und Anspruch zu verkennen. Die Konsequenz dürfte ein Rückzug daraus und die Meidung neuer verpflichtender gemeinschaftlicher Bindungen sein" (Hoffmann-Nowotny 1988: 10). Von den neuen Bindungsformen weiß man, daß sie im Vergleich zur „Gemeinschaft" als weniger verpflichtend empfunden werden und auch weniger dauerhaft als diese sind. Die Tatsache, daß die frühere, bürgerliche „Lebensgemeinschaft" – wahrscheinlich aus Protest gegen diese Lebensform – „heute meist den Namen ‚Wohngemeinschaft' führt, mag als ein weiteres Indiz für das Dargelegte sprechen" (Hoffmann-Nowotny 1988: 10). Wenn man in Betracht zieht, daß Ehe und Familie von spezialisierten „gesellschaftlichen"

Organisationsformen Konkurrenz erhalten, also von dieser Seite her die Zwänge zur Eheschließung nachgelassen haben, andererseits die Individualisierung hier Platz greift, dann fragt man sich tatsächlich, was denn die Stabilität dieser Institution noch garantieren soll.

c) Das Risiko des veränderten Zeithorizonts

Es lohnt sich, das über das Zeitverständnis der Vormoderne Gesagte auch auf unsere Frage hin zu untersuchen. Wie wir sahen, ist die Moderne auch durch ein neues Verhältnis zur Zeit gekennzeichnet. Lineare Zukunftsorientierung ist ihr wesentliches Charakteristikum. Im Zusammenhang mit der Individualisierung und dem Offenhalten der Existenz für möglichst viele Beziehungen wird einsichtig, daß nicht nur die gesellschaftliche Gesamtordnung unter das Diktat des Planens gerät, sondern auch die Biographie des Individuums. Sie steht im Zeichen des Vorwärtskommens, der individuellen Erfüllung, des Aktivismus, der Karriere usw. Auch gegen diesen Emanzipationsgewinn müssen die Kosten aufgerechnet werden. Da ist einerseits die genannte *Tempobeschleunigung* der Lebensverhältnisse, die die institutionellen Bestände unter Druck bringt. Tatsächlich besteht aufgrund der Differenzierung, Spezialisierung und Komplizierung der modernen Zivilisation ein Zwang zur Beachtung der linear gegliederten Zeit und zur Vorausdisposition. Nur so können die vielen verteilten Rollen reibungslos zusammenwirken. Dazu gehört auch die Notwendigkeit der *Zeitdisziplin*. Norbert Elias beschreibt das so: „Was den Zivilisationsprozeß des Abendlandes zu einer besonderen und einzigartigen Erscheinung macht, ist die Tatsache, daß sich hier eine Funktionsteilung eines so hohen Ausmaßes, Gewalt- und Steuermonopole von solcher Stabilität, Interdependenzen und Konkurrenzen über so weite Räume und Menschenmassen hergestellt haben wie noch nie in der Erdgeschichte … Dem entspricht die Notwendigkeit einer Abstimmung des Verhaltens der Menschen über so weite Räume hin und eine Voraussicht über so weite Handlungsketten wie noch nie zuvor" (1978, II: 336f.). Ob bei Beamten, Unternehmern, Arbeitern oder Familienmitgliedern, überall „ist das Tempo ein Ausdruck für die Fülle der Handlungen, die voneinander abhängen, für die Länge und Dichte der Ketten, zu denen sich die einzelnen Handlungen zusammenschließen wie Teile zu einem Ganzen, und für die Stärke der Wett- und Ausscheidungskämpfe, die dieses ganze Interdependenzgeflecht in Bewegung halten. Hier wie dort erfordert die Funktion im Knotenpunkt so vieler Aktionsketten eine ganz genaue Einteilung der Lebenszeit; sie ist gewöhnt an eine Unterordnung der augenblicklichen Neigungen unter die Notwendigkeiten der weitreichenden Interdependenz; sie trainiert zu einer Ausschaltung aller Schwankungen im Verhalten und zu einem beständigen Selbstzwang" (Elias 1978, II: 337f.). Es versteht sich von selbst, daß die Schnelligkeit möglicher Veränderungen, die ständige Vorbereitung auf das Neue zu einem Sicherheitsschwund führen. Da die Gegenwart sowieso nur ein Punkt ist, der in jedem Fall von der Zukunft überholt wird und dann schon Vergangenheit ist, lohnt es sich kaum, sich mit ihr zu identifizieren. Man ist in einer Art „kognitiven Nervosität" (Berger/Berger/Kellner 1975: 10) immer dabei, das Bestehende zu „überwinden", was einerseits zu nostalgischen Abwehrreaktionen, zu fatalistischer Hinnahme von Entwicklungen oder aber auch zu einem kulturellen Gedächtnisschwund bzw. zu einer aktiv herbeigeführten Traditionsverleugnung („Amnesie") führen kann. Man springt sozusagen in die Zukunft hinein, indem man sich des kulturellen und institutionellen Ballastes entledigt.

Weitreichende Folgen hat dies für unsere Thematik. Man muß es nur im Zusammenhang mit den von der Säkularisierung angestoßenen Tendenzen zur Ich-Stilisierung betrachten. Wenn nach unserer persönlichen Lebenszeit keine für uns relevante „zweite Zeit" anbricht, dann haben wir nur dieses *eine* Leben zur Verfügung. Wir sind dann also darauf angewiesen, hier und jetzt zum Ziel unserer Wünsche, zur Ich-Identität, zur Emanzipation etc. zu gelangen. Wer auf den schnell fahrenden Zug nicht aufspringt, hat seine Chance verwirkt. (Dieselbe Lebenshektik muß allen marxistisch inspirierten Gesellschaftsordnungen eigen sein, da der Mensch sich ja dort selbst durch *Arbeit* überhaupt erst „schaffen" soll.) Unter diesen Deutungsmustern der Lebensplanung erscheint es nicht gerade plausibel, Verzicht zu leisten, zugeschriebene Rollen zu akzeptieren und sich auf Bindungen einzulassen, die das Individualitäts- und Emanzipationsstreben, das berufliche Fortkommen, die Arbeit, die Mobilität und die Offenheit behindern könnten. Auch derartige soziokulturelle Umfelder begünstigen also institutionelle Bindungen und Bewußtseinsformen nicht, wie sie die Ehe und die Familie fraglos voraussetzen.

2. Der neue Sozialtypus als Ausdruck der Ent-Institutionalisierung

Im Rückblick auf die Charakteristika und die Folgen der modernen Gesellschaft scheint das Problem dieses Gesellschaftstyps darin zu liegen, daß er zugleich Ursache und Konsequenz eines Sozialisationstypus ist, der der „Unterinstitutionalisierung" (Gehlen 1957) Vorschub leistet, die wichtigsten Institutionen des Privatbereichs schwächt und damit dem menschlichen Tun die ihm wesentliche Verläßlichkeit und Handlungsentlastung entzieht. Fromm hat ihn als den anal fixierten Typus bezeichnet, der ein hortendes „Haben-Ich" und einen „Marketing-Charakter" (1979: 134f., 141) ausgebildet hat. Die Angst vor Liebesentzug ist so übergewichtig, daß alle sozialen Beziehungen notwendigerweise labil werden. Sie gewähren keine Erfüllung, man ist immer auf dem Weg, ein nächstes, wiederum enttäuschendes Objekt aufzuspüren. Alles, das eigene Ich eingeschlossen, wird zur Ware auf dem Persönlichkeitsmarkt. Riesman hat in seinem Buch „Die einsame Masse" (1958) vom außengeleiteten Gesellschaftscharakter gesprochen. Er verwendet dafür das Bild der Radaranlage, die ständig in Funktion ist, um von außen kommende Signale zu orten, damit man sich geschmeidig und umgänglich den Erfordernissen der modernen Umwelt anpassen kann. Allerdings kann ein „unsicheres Schielen auf Rezepte, egal woher sie kommen ... die prägende Kraft der traditionellen Verhaltensmuster nur unzureichend ersetzen" (Kuzmics 1989: 161).

Von diesen Vorarbeiten ist die moderne Narzißmustheorie geprägt. Nach Lasch (1982) degeneriert der moderne Bürger zum narzißtischen Größenphantasten ohne stabiles Wertgerüst. Er ist von anderen abhängig, aber beziehungsunfähig. In seiner rastlosen und gelangweilten Selbstbespiegelung muß er die anderen manipulieren, weil er einen Bedürfnisaufschub nicht gelernt hat. Seine Spontaneität und Permissivität ist mit Angst und Selbstzweifeln gekoppelt. Eigentlich ist er zutiefst „anethisch" eingestellt, da er die Regelungen nur soweit begrüßt, als sie ihn nicht selbst in die Pflicht nehmen. Lasch bürdet die Verantwortung für diesen Sozialcharakter der modernen Familie auf, die als überprotektiver Privatraum den harten Selbstzwang, die Versagung, die Bedürfnissublimierung und die Übernahme von Verantwortung außer Kurs gesetzt habe. Allerdings übersieht er auch nicht, daß die Familie selbst wiederum in einem größeren gesellschaftlichen Veränderungszusammenhang steht. „Dieselbe historische Entwicklung, die den Bürger zum Kunden machte, verwandelte den Arbeiter aus einem Produzenten in einen Verbraucher. So ging der medizinische und psychiatrische Angriff auf die Familie als technologisch rückständigem Sektor Hand in Hand mit dem Bestreben der Werbewirtschaft, die Menschen davon zu überzeugen, daß industriell gefertigte Produkte den hausgemachten Erzeugnissen überlegen seien. Die Vergrößerung des Managements und die immer zahlreicheren Experten repräsentieren eine neue Art der kapitalistischen Aufsicht, die zuerst in der Fabrik ausgeübt wurde und anschließend die ganze Gesellschaft erfaßte" (Lasch 1982: 292).

Vermutlich hat Sennett (1983) recht, wenn er diese Entwicklung mit dem Verfall des öffentlichen Engagements und der Diffusität der öffentlichen Anforderungen in Zusammenhang bringt. „Nach und nach wurde jene geheimnisvolle, gefährliche Kraft, das Selbst, zum Maßstab der gesellschaftlichen Beziehungen. Das Selbst wurde zum Grundprinzip der Gesellschaft. Der Verfall der öffentlichen Sphäre, in der es nicht-personale

Bedeutung und ein nicht-personales Handeln gab, setzte an diesem Punkt ein. An den Folgen dieser Geschichte, der Veränderung der res publica durch die Annahme, gesellschaftlicher Sinn erwachse aus dem Gefühlsleben der Individuen, hat die Gesellschaft, in der wir heute leben, schwer zu tragen" (Sennett 1983: 381).

Alle jene Zeitkritiker sind meist stärker in der Darstellung der Modernisierungsfolgen als in der Analyse der Ursachen. Sie treffen aber zweifellos eine wichtige Realität, wenn man sie von ihrer Absicht her begreift, die Kosten oder Paradoxien der Modernität beschreiben zu wollen. Das Ursachenbündel ist außerordentlich komplex. Einige der Verknüpfungen haben wir versucht, vorweg aufzuzeigen.

Man soll aber das Bild auch nicht überzeichnen. Es ist relativ leicht, bestimmte Aspekte und Erscheinungen überzustilisieren und daraus ein gesellschaftliches Verfallsszenarium zu konstruieren – davor sei gewarnt. Deswegen ist auch besser von *Tendenzen* die Rede als von unverrückbaren Ergebnissen. Es ist aber sicher nicht übertrieben, wenn wir all diese Tatsachen dahingehend bündeln, daß sie eine tiefgehende Legitimationskrise von Ordnungen – d.h. ihrer Geltungsansprüche gegenüber Individuen – und eine Unfähigkeit bzw. Unwilligkeit dieser Individuen beschreiben, sich auf überindividuelle Steuerungsansprüche einzulassen. Es gibt in der Soziologie keine Wirkung ohne Gegenwirkung (Simmel). Deswegen verbietet es sich, die De-Institutionalisierung ohne gleichzeitige Re-Institutionalisierung zu betrachten. Ratsam ist es folglich, nur von Tendenzen zur Unter-Institutionalisierung zu sprechen. Ob sie zum Verfall von Institutionen führen, mögen andere beantworten. Daß daran hingegen ein Unbehagen zum Tragen kommt, ist – glaube ich – nicht von der Hand zu weisen. Zweifellos beschreibt dies ein gesellschaftliches und personales Risiko, das einer eingehenden Beobachtung und Analyse bedarf. Das Beispiel der modernen Familie ist hierfür der geeignetste Einstieg.

„Die Familie ist die Zeit in Beziehungen gefaßt."

Dritter Teil

Familie im Umbruch – Der gesellschaftliche Wandel und die Folgen für die Lebensform „Familie"

Der 1. Teil gab uns Auskunft darüber, daß die Familie ein wesentliches Element für das Funktionieren einer Gesellschaft darstellt, denn sie sichert die biologische, soziale und kulturelle Reproduktion. Jedes Kollektiv hat also ein Interesse daran, die Familie der sozialen Kontrolle zu unterwerfen, d.h. Regeln aufzustellen, durch die die Familienstruktur, das Sexualverhalten und die Verwandtschaftsbeziehungen normgerecht gestaltet werden. In vorindustriellen Zeiten bis hinein ins 20. Jahrhundert erschien es als eine anthropologische Gegebenheit, daß die Familie eine stabile Beziehung zwischen einem Mann und einer Frau darstellte, aus deren Vereinigung mehrere Kinder hervorgingen, die während ihrer Kindheit in diesem Rahmen lebten und diesen stabilisierten. Die heutige Situation in den westlichen Industriegesellschaften zumindest muß von ganz anderen „Gegebenheiten" ausgehen. Die Beziehung zwischen Vater und Mutter ist nicht mehr so stabil, die Zahl der Kinder hat drastisch abgenommen und die soziale Reproduktionsfunktion ist eingeschränkt. Das alles deutet darauf hin, daß offenbar ganz andere gesellschaftliche Kontrollfaktoren normbildend geworden sind, die ihren Niederschlag im Lebensmodell „Familie" finden müssen.

Offensichtlich haben familiäre Anpassungsvorgänge an gesamtgesellschaftlichen Entwicklungen stattgefunden, die ihrerseits wiederum diese Entwicklungsprozesse zirkulär beeinflussen. Das gilt für das staatliche Interventionssystem ebenso wie für die Berufssituation, für das Gesundheitswesen ebenso wie für das Rechtssystem. Es kann nicht ausbleiben, daß Entwicklungen in der Wirtschaft, in der Rechtsauffassung, in der Technisierung, in der Hygieneentwicklung bis hin zur medizinischen Versorgung von den Menschen, die schließlich aus Familien stammen und gewöhnlich in familiären Netzen leben, wahrgenommen werden und Reaktionen auslösen, die die Lebensplanung insgesamt aufs tiefste beeinflussen. Man denke nur an den Bruch im Fortpflanzungsverhalten westlicher Familien, der durch die Entwicklung kontrazeptiver Mittel hat Platz greifen können. Die Definitionen von Elternschaft, Familie und sogar Verwandtschaft besitzen eben nicht nur eine biologische Komponente, sondern werden vielmehr durch eine soziale, juristische und auch weltanschauliche Konzeption überlagert.

Das gilt in noch stärkerem Maße, wenn es zutreffen sollte, daß die moderne Zeit durch die Richtungslosigkeit, Mehrdeutigkeit und perspektivische Zersplitterung der „Postmoderne" abgelöst worden ist. Eine solche Entwicklung muß Auswirkungen auf die Beziehungen zwischen den Familienangehörigen, auf die gesellschaftliche Funktion und auf die Anerkennung der Familie als bisher dominanter Beziehungsform von Eltern und Kindern besitzen (vgl. Gerhardt et al. 1995). Nun scheint die Familienkonstitution selbst perspektivisch zu werden, indem sie aus der überindividuellen, institutionellen Regelung in das individuelle Dispositiv rückt. Optionen des Zusammenlebens, des Alleinlebens, der Familiengründung, der Familiendauer müssen gegeneinander abgewogen werden, ohne daß man sich auf die Kraft hilfreicher, weil selbstverständlich verbindlicher Muster verlassen könnte. „Die Entwicklung hat nicht mehr die Gradlinigkeit der Modernisierung, sondern ist mehrdeutig und umfaßt die Erfahrungen in den avantgardistischen Grenzbereichen menschlicher Kreativität, in der Kunst ebenso wie Erfahrungen mit den traditionellen Aufgaben der alltäglichen Lebensführung in der Familie; diese Entwicklung beeinflußt die Entwürfe für eine neue Gesellschaftsordnung ebenso wie das schlichte Bemühen, sich von Mensch zu Mensch zu verstehen. Wir vermögen heute diese Dynamik zu durchschauen, können sie radikal kritisieren und müssen uns ‚gleichzeitig' eingestehen, daß es nicht möglich scheint, ihr zu entrinnen" (Lüscher 1988: 35).

Welche Folgen die wechselseitigen Einflüsse zwischen gesellschaftlicher Dynamik und individueller Selbstdefinition auf die Handlungsmöglichkeiten der Familienmitglieder und damit auf die Gestaltung familiärer Lebensformen haben, soll im folgenden unter den vier Gesichtspunkten der Frauenfrage, Ehefrage, Kinderfrage und Stabilitätsfrage resümiert werden.

„Frauen sind einander Kameraden in der Gefangenschaft.
Sie bereiten sogar gemeinsam den Ausbruch vor:
der Befreier jedoch wird ein Mann sein."
(Ignace Lepp)

I. Die Frauenfrage

Es entspricht der gesellschaftlichen Realität, daß das Thema „Frau" auch in der Soziologie bis zum Anfang der 70er Jahre nur in familiensoziologischen Untersuchungen zum Zug kam. Dabei interessierte man sich überdies vorwiegend nur für ihre Stellung im arbeitsteiligen Berufs- und Familiensystem. Seit Ende der 60er Jahre – genauer seit Betty Friedans „Feminine Mystic" („Weiblichkeitswahn") (1963), Simone de Beauvoirs „Das andere Geschlecht" (dt. 1968), Kate Millets „Sexus und Herrschaft" (1970) und Shulamit Firestones „The Dialectic of Sex" (1971) – ist ein sich zunehmend beschleunigendes Bemühen in Gang gekommen, der veränderten Stellung der Frauen in der Gesellschaft auch wissenschaftlich Rechnung zu tragen. Nun häuften sich die Untersuchungen zur geschlechtsspezifischen Sozialisation, zum Rollenwandel und Rollenkonflikt im Lebenszyklus von Frauen. Zentrales Diskussionsthema in Wissenschaft und Alltag werden die Diskriminierungen von

Frauen im Berufsleben und die vom Geschlecht abhängigen Machtdifferenzierungen. Vor allem versuchte man, den rollenspezifischen Ansatz selbst zu sprengen. Aus der Erkenntnis heraus, daß Frauenrollen nicht isoliert ausgeformt werden, wird der Horizont heute auf den gesamten Lebenszusammenhang von Männern und Frauen, also auf die typischen Frauen- und Männerbiographien, ausgedehnt. Die Frauenfrage ist formuliert worden zum Problem der Geschlechterrollen. Die Wissenschaft hat hier sozialen Wandel beschrieben, zugleich aber auch weiter verstärkt (vgl. auch die neuere Diskussion in Becker-Schmitt/Knapp 1995).

Die Tragweite dieser Entwicklung ist für das Lebensmodell „Familie heute" von kaum zu überschätzender Bedeutung.

1. Die weibliche und männliche „Normalbiographie"

Die Familien- und Arbeitsrollen vorindustrieller Gesellschaften waren sicher noch nicht so komplex wie moderne Gesellschaften. Dennoch ist es bezeichnend, daß fast überall eine ziemlich strikte geschlechtsspezifische Arbeitsteilung vorherrschte. Männer und Frauen regieren über genau definierte und gegen das andere Geschlecht abgegrenzte Bereiche (vgl. Shorter 1979: 90ff.). Mit dem Aufkommen des modernen Industriesystems und seiner Wirtschaftsgesinnung werden die Geschlechtsrollen noch ausgeprägter stilisiert, denn Mobilität, Zeitökonomie, Technisierung, Wettbewerb und Kalkulation trennen die Lebenssphären in Berufs- und Hausarbeit. Erstere wird die eigentliche Realität, deren Härte und emotionale Austrocknung unbedingt eines Gegengewichts im Familienleben mit seinen Loyalitätsbindungen, Gefühlskontakten und seinem Verzicht auf Beziehungskalküle bedürfen. Dennoch bleiben die Familiennormen dem „eigentlichen Leben" in der Berufswelt untergeordnet.

Dieses Auseinanderziehen der Lebenssphären hat zur Folge, daß grundsätzlich zwei geschlechtsspezifische Welten konstruiert werden: die Welt der Männer und die Welt der Frauen. Die

Männerwelt ist die Welt der Härte, Schläue und Durchsetzungsfähigkeit, in der nur „richtige“ Männer bestehen können, während die Frauen als das „schwache Geschlecht“ in einem Rückzugsbereich emotional gegensteuern, auf den Lebensraum der Männer aber keinen eigentlichen Einfluß haben, sondern gänzlich von diesem abhängig sind. Die Familie ist dabei, wie Pretzschner (1997: 72) herausstellt, Bestandteil der Welt der Frauen: „Die Familie wird nun zur Zufluchtsstätte vor der Öffentlichkeit, zur Gegenwelt gegenüber der Gesellschaft, der gegenüber sie emotionale und psychische Geborgenheit gewähren soll. Im Gefolge der Trennung von Wohn- und Arbeitsstätten, von haus- und erwerbswirtschaftlicher Tätigkeit reduziert sich der Funktionsbereich der Frau auf die drei großen K: Kirche, Küche, Kinder“.

Soziologisch bedeutsam ist, daß sich diese Verschiebung in der Leistungs- und Verantwortungsbilanz der Familie zu Rollendefinitionen von Mann und Frau verfestigt. „Mann“ und „Frau“ werden *Typisierungen*, denen man sich nur unter hohen sozialen Kosten entziehen kann. Die Definition der Geschlechtsrollen ist also ein sozialer Vorgang. Wer den Erwartungen von Normalität, also dessen, was angemessen, typisch oder eben abweichend und abstoßend ist, zuwiderläuft, muß damit leben, nicht als „richtiger“ Mann, also als weibisch, oder nicht als rechte Frau, also als Mannweib, zu gelten. Die „richtige“ Frau hingegen widmet sich ganz der Familie, der Kindererziehung, der Pflege der Innerlichkeit und der Kultivierung des weiblichen Wesens. Ihre Domäne ist das Heim, ihre Tugenden sind Häuslichkeit, Treue, Liebe, Gefühl und Verzicht. Ihre Aufgabe ist es, zu harmonisieren, während der Mann kontrolliert und diszipliniert (vgl. Zahlmann-Willenbacher 1979: 60ff.). Er macht Objekte und Menschen verfügbar, er knüpft Außenbeziehungen und hat die Kompetenz für den Umgang mit der eigentlichen Welt. Dieses kulturell vorherrschende, „patriarchalische“ Leitbild hatte zur Folge, daß das männliche Geschlecht wegen seiner Doppelorientierung nach außen und innen höher bewertet wurde, während „der Frau“ nur eine ergänzende und dienende Rolle zukommen konnte.

Die Geschlechterdifferenzierung bildete sich nicht nur in den Berufsrollen ab, sondern grub sich auch tief in das Selbstverständnis und die Alltagserfahrung des einzelnen ein. Sie formte sich zu einem Weltbild vom Wesen des Männlichen oder Weiblichen. Wie stark dieses Weltbild in der Identität der jeweiligen Geschlechter verankert war, zeigten Untersuchungen aus den 60er und 70er Jahren, in denen Frauen sich selbst überwiegend positive soziale Orientierung (Freundlichkeit, Zärtlichkeit, Emotionalität, Sensitivität), Attraktivität und Abhängigkeit zuschrieben, während Männer für sich höchstens eine neutrale soziale Orientierung und die klassische Instrumentalität (Durchsetzungskraft, Unabhängigkeit, analytische Fähigkeiten etc.) gelten ließen (vgl. Neuendorf-Bub 1979: 82ff.).

Die genannten Geschlechtsrollendefinitionen wurden gesellschaftlich auch in bestimmten *biographischen Mustern* verankert. Wenn es sozusagen naturhaft klar ist, was ein „richtiger" Mann und was eine „richtige" Frau sind, dann würde deren jeweilige Identität gefährdet, wenn Frauen zu viel von männlichen Attributen und Männer zu viel von fraulichen Attributen in sich aufnehmen würden. Deswegen wurde normalerweise im Sozialisationsvorgang – meist sogar unbewußt – ein bestimmtes Rollenschema festgeschrieben, das Jungen und Mädchen den Gefährdungen der Rollenvermischung nicht so stark aussetzt. Häufig geschieht das allein durch die Ausgestaltung der Elternrolle selbst, die für die Kinder bestimmte Rollenbilder verfestigt und erfahrbar macht. Es setzt sich fort in Schulbiographien und geschlechtsspezifischen Berufskarrieren.

Dies spiegelt sich auch in der lange vorherrschenden Praxis der Sozialstrukturforschung wider, die Schicht- bzw. Statuszuordnungen nur aufgrund des Berufsstatus des Mannes vorzunehmen. Durch die „Gender and Class Debatte" (vgl. Crompton 1993) ist dieses Vorgehen mittlerweile etwas „in Verruf geraten", wobei über alternative Lösungen bisher keine Einigkeit erzielt werden konnte.

Wie auch immer man zur „biologischen Restkomponente" steht, es ist unbestreitbar, daß in den letzten 20 Jahren die scheinbar fixen Rollenbilder erheblich an Überzeugungskraft und Geltung verloren haben. Nicht nur schleifen sich die Profile tendenziell ab, sie werden zunehmend als soziale Konstrukte und damit als veränderbar wahrgenommen. Das gilt nicht nur für die Vaterdominanz, sondern ganz generell für die Männerdominanz. Es ist auch nicht nur für eine veränderte Weiblichkeitserziehung bedeutsam, sondern – mit Verzögerungen – gleichfalls für die Zugangschancen von Frauen zu gesellschaftlich einflußreichen Positionen insgesamt. Dieser Wandel in den Rollendefinitionen eröffnete den Frauen jedoch nicht nur Lebensbereiche, die ihnen lange vorenthalten geblieben waren. Er stellt sie in der Moderne auch vor die Problematik, sich zwischen den neu vorhandenen Möglichkeiten entscheiden zu müssen; die nachfolgend beschriebene „Frauenemanzipation" ist gerade auch von dieser Problematik der „Doppelorientierung" (zwischen traditionellen und modernen Lebensverläufen) geprägt.

2. Die Frauenemanzipation

Einer der auffälligsten Mega-Trends in der Dynamik fortgeschrittener Industriegesellschaften ist der, daß sich weibliche und männliche Normalbiographien tendenziell anzugleichen begonnen haben. Natürlich gibt es noch die Männer- und die Frauenwelt, dennoch ist durch den „Individualisierungsschub" (Beck 1986, Beck/Beck-Gernsheim 1994) das bisherige Schema der Rollenzuweisung in den letzten 20 Jahren unter Dauerbeschuß geraten. Seither müssen sich diese Gesellschaften mit der „Frauenfrage" auseinandersetzen, d.h. damit, daß sich Frauenbiographien als gestaltbar, individuell machbar erweisen und aus der Festschreibung an familienbezogene, „expressive" Aufgabenstellungen herauszulösen beginnen. So gesehen gibt es die „alte Eva" nicht mehr. Da jedoch für eine neue Identitätsbildung ein hoher Aufwand an Selbstthematisierung – verbunden mit hohen Freiräumen – nötig ist, ist zu erwarten, daß die Entdifferenzierung der Geschlechtsrollen in den oberen Mittelschichten am größten, in den Unterschichten hingegen am geringsten ist (vgl. Hahn 1982: 99). Tatsächlich finden die entscheidenden Weichenstellungen der Frauenemanzipation bei den weiblichen Jugendlichen und jungen Frauen statt, die ihre Kräfte nicht völlig gegen materielle Zwänge verausgaben und nicht vom tagtäglichen Überlebenskampf absorbiert sind. Damit sind wir auf gesellschaftliche Entwicklungen im Bereich der Bildung, des Berufs und der Partnerbeziehung verwiesen.

a) Die Bildungsrevolution

Im 19. Jahrhundert war die öffentliche Bildung von Mädchen und Frauen weitgehend unterentwickelt. In der Unterschicht beschränkte sie sich auf die Grundfertigkeiten, in der Mittel- und Oberschicht auf das standesgemäße, schöngeistige Wissen „höherer Töchter". Es war ganz auf die künftige Mutter, die passende Heirat und die Standesinteressen des Ehemanns ausgerichtet. Dazu war die Hochschulreife normalerweise nicht erforderlich. Erst zwischen 1900 und 1909 konnten in den deutschen Ländern die ersten Frauen vollgültig ein Hochschulstudium aufnehmen. Die Nationalsozialisten blockierten das Frauenstudium wieder. In den 60er Jahren erst kam eine Bildungsexpansion in Gang (gefördert durch Ausbildungsbeihilfen, 9. und später 10. Schuljahr), von der insbesondere die Mädchen als Zielgruppe profitierten.

Tabelle 1: Anteil von Mädchen/Frauen an höheren Bildungsanstalten in der Bundesrepublik Deutschland (1990 bis 1994; Angaben in Prozent)

Früheres Bundesgebiet

	1990	1991	1992	1993	1994
Gymnasien (Oberstufe)	51,0	51,5	52,0	52,4	52,5
Universitäten	41,0	41,3	41,9	42,4	42,8
Diplom (Universität) und entsprechende Prüfungen (ohne Lehramt)	37,3	37,8	38,2	39,0	—

Neue Länder

	1990	1991	1992	1993	1994
Gymnasien (Oberstufe)	—	59.2	60.1	60.2	60.3
Universitäten	45.3	44.9	47.1	47.8	48.3
Diplom (Universität) und entsprechende Prüfungen (ohne Lehramt)	45.0	41.1	44.4	38.8	—

Deutschland

	1990	1991	1992	1993	1994
Gymnasien (Oberstufe)	—	52.4	53.1	53.6	53.9
Universitäten	41.4	41.7	42.3	42.9	43.3
Diplom (Universität) und entsprechende Prüfungen (ohne Lehramt)	38.7	38.3	39.0	39.0	—

Quelle: Bundesminister für Bildung und Wissenschaften (Hg.), Grund- und Strukturdaten. Bonn, diverse Jahrgänge

Die Angleichung der Bildungschancen von Mädchen setzte mit einer derartigen Schnelligkeit ein, daß von einer „*stillen Revolution*" gesprochen wurde (Seidenspinner/Burger 1982: 9). Gemeint sind damit jedoch weniger die Gleichberechtigung und die egalitäre Chancenverteilung beim Zugang zu allgemein bildenden Schulen (Geißler 1996: 259ff.), auch nicht nur die Gleichbehandlung (Koedukation, einheitliche Lehrpläne), sondern vor allen Dingen die *Bewußtwerdungsprozesse*. „Dabei gewinnen sie ihre eigentliche Brisanz gerade daraus, daß sie nicht isoliert verlaufen, sondern historisch zusammentreffen mit umfassenden Veränderungen der weiblichen Normalbiographie. Pointiert auf einen Nenner gebracht: Früher waren Frauen ganz aufs ‚Dasein für andere' verwiesen und sozialstrukturell war ihnen die Möglichkeit verwehrt, sich ihrer Lage bewußt zu werden. Heute löst sich die Einbindung ins Familiendasein teilweise auf, und mit der Erweiterung der Bildungschancen gewinnen Frauen mehr Möglichkeiten, die Besonderheiten und Beschränkungen im weiblichen Lebenszusammenhang zu erkennen. Genau hier, im Schnittpunkt dieser Entwicklungslinien, kann ein neues, privates und politisches Selbstbewußtsein von Frauen entstehen“ (Beck-Gernsheim 1983: 313). Schon die Verlängerung der Pflichtschulzeit und die Abkehr von weiblichen Bildungsinhalten sorgen dafür, daß Frauen sich in neue Denkformen einüben, die auf Selbständigkeit und eigene Leistung abgestellt sind. In Verbindung mit der schulischen Konkurrenzsituation und dem Abbau des Bildungsvorsprungs der Männer führte die Bildungsexpansion für Frauen zwangsläufig zu einem *Politisierungseffekt* im Beschäftigungssystem (vgl. Beck-Gernsheim 1983: 314). Da man mit besserer Ausbildung und zunehmender Selbstbehauptungsfähigkeit nicht mehr auf die Ehe als sicheren Hafen angewiesen ist, kann man sich und *muß* man sich auch für die eigenen Interessen einsetzen. Frauen werden somit zwangsläufig zu Partnern *und* Konkurrenten der Männer, besonders dann, wenn „Geschlechterpolitik“ betrieben wird.

In der Tat ist das heute zunehmend der Fall. Die Frauenfrage ist ein Politikum geworden, d.h. eine Konstante der Politik, im engen Sinn (z.B. Quotenregelung) der Gesellschaftspolitik (in fast allen Bereichen) und in der Beschäftigungspolitik. Sie ist das Thema der *sozialen Bewegungen*, welche heute stark vom Feminismus besetzt sind. Der älteren Frauenbewegung zu Anfang dieses Jahrhunderts ging es vornehmlich um Gleichheitsrechte, der zeitgenössischen Frauenbewegung nach 1968 ging es dagegen um neue Einstellungen und konkrete Handlungsfolgen. Sie wollte einen neuen Lebensstil durchsetzen, der zuvor neuer Denkinhalte, also des Kampfes um das Bewußtsein bedarf. Die Grundeinsicht, um die der Geschlechterkampf intensiver denn je ausgebrochen ist, weil sich über Weltanschauungen und Partei hinweg eine breite Frauenkoalition gebildet hat, war eine anti-biologische und soziologische. Darüber hinaus wurde eine wesenhaft „andere“ Bedeutung und Bestimmung der Frauen abgelehnt. Die restlichen, bis heute zementierten Unterschiede der Geschlechter seien eine historische Verzerrung seitens der Männer, die die Frauen zum Opfer oder zur fügsamen Mittäterin deklassiert hätten. An ihre Stelle müßte ein gesellschaftliches Innovationsmodell treten, das die biologische und „expressive" Wesensbestimmung der Frau in einen offenen, experimentellen Umgang mit der Geschlechtergeschichte, also eine post-konventionelle Identität, überführt. Experimentier- und Kampffeld ist die ganze Gesellschaft, wenngleich die jüngeren Frauen wegen ihrer längeren und höheren Schulbildung bzw. Berufsausbildung größere Chancen hätten als ihre Mütter, diesen Kampf zu gewinnen. Tatsächlich sind viel mehr junge Frauen motiviert, ihren Beruf zumindest ein paar Jahre auszuüben oder ein Studium zu ergreifen. Denn das ökonomische, kulturelle und soziale Kapital ihrer Bildung übt einen gewissen „Amortisationsdruck" aus (Grossenbacher 1990: 15), die Qualifikationen trotz des vorhandenen Ehewunsches nicht brach liegenzulassen.

Wie aus Tabelle 1 ersichtlich, hat sich die Chancengleichheit von Männern und Frauen hinsichtlich formaler Bildungsabschlüsse mittlerweile durchgesetzt. Diesem Durchbruch hinsichtlich der Bildungsqualifikationen steht allerdings eine nur wenig modifizierte Studien- und Berufswahl entgegen. Im Jahre 1993 waren die Frauen in Westdeutschland nur zu 16% in den Ingenieurwissenschaften vertreten (Ostdeutschland: 21%), Rechts-, Wirtschafts- und Sozialwissenschaften oder Humanmedizin dagegen waren zu knapp 50% mit weiblichen Studierenden besetzt. Auch hinsichtlich der Berufsausbildung zeigen sich nach wie vor geschlechtsspezifische Differenzen. Frauen absolvieren deutlich häufiger eine Berufsausbildung in Dienstleistungsbereichen der Pflege, des Verkaufs oder der Betreuung (Geißler 1996: 280).

In den 90er Jahren kann zudem auch nicht mehr von „der" Frauenbewegung gesprochen werden. Eine Zunahme von konservativen Bewegungen und eine „Pluralisierung" von sozialen Bewegungen im allgemeinen hatten zur Folge, daß sich die Frauenbewegung heute sehr stark zersplittert hat und die feministischen Kampfparolen der 60er und 70er Jahre der Lebenswelt junger Frauen heute oft nicht mehr gerecht werden.

b) Die Frauenerwerbstätigkeit

Wie wir im 2. Teil sahen, wurde mit der Industriegesellschaft die traditionelle Verbindung von Berufs- und Familienleben auseinandergezogen. Es entstand ein „segmentierter" Lebenszusammenhang, in dessen Gefolge sich die geschlechtsspezifische Arbeitsteilung zwischen Haus- und Berufsarbeit, Wirtschafts- und Sozialisationsfunktion herausbildete. Typisch „bürgerliche" Einstellung war, die Berufstätigkeit von Frauen, wenn sie denn schon sein mußte, als notwendiges Übel zu betrachten, von dem man sich durch Heirat nach Möglichkeit befreien sollte.

Erst seit den 50er Jahren zeichnete sich hier ein grundsätzlicher Wandel dadurch ab, daß nicht mehr die Heirat, sondern die Geburt des ersten Kindes Anlaß zum Rückzug in die Familie war (vgl. dazu die Vorstellung eines dreiphasigen Familienzyklus von Berufseinstieg, -unterbrechung und -wiedereinstieg). Die Tatsache, daß sich ein Einstellungswandel vollzogen hat, wird am deutlichsten aber dadurch, daß die Dispositionsfreiheit auch vor der sogenannten Familienphase nicht haltmachte, sondern zu einer ansteigenden *Müttererwerbstätigkeit* weiterführte. Dem hat die deutsche Rechtsprechung 1977 mit dem Prinzip der freigestellten Rollenabsprachen Rechnung getragen (vgl. auch Barabas/Erler 1994). In Verbindung mit den Ausbildungstrends kann man deswegen heute davon ausgehen, daß Berufstätigkeit für ältere und jüngere Frauen zur Normalsituation geworden ist. Frauen sind berufsmotiviert, richten sich auf eine lebenslange Berufstätigkeit und den Erwerb ihres Lebensunterhalts ein. Arbeitsplatz und eigenes Einkommen gelten als Schlüssel der Frauenemanzipation. Immer weniger Frauen betrachten das Hausfrauen-Dasein als naturgegeben. Immer mehr streben nach einer ökonomischen Position und nach bezahlter Arbeit. Das läßt sich mit Zahlen illustrieren.

In allen hochindustrialisierten Ländern hat während der vergangenen 20 Jahre die *Erwerbsquote* der Frauen beinahe stetig zugenommen. 1992 waren 42,6% der Erwerbspersonen in Deutschland Frauen (Schwarz 1993–94: 543), wobei der Anteil der erwerbstätigen Frauen in den neuen Bundesländern mit 48,2% deutlich höher lag als in den alten Bundesländern (41,1%). Starke Veränderungen ergaben sich auch hinsichtlich der Art der Erwerbstätigkeit: Während vor dem ersten Weltkrieg die Hälfte der Frauen in der Land- und Forstwirtschaft tätig waren, sind das heute (in den alten Bundesländern) nur noch knappe 4%.

Auch die Wirtschaftskrise 1974/75 hatte den Trend einer zunehmenden Frauenerwerbstätigkeit nirgends gebrochen. Dennoch differieren die Quoten der einzelnen Länder erheblich. Die Länder mit der höchsten Frauenerwerbsquote waren im Jahre 1996 Dänemark und Schweden, am geringsten war die Erwerbstätigenquote in Spanien, Griechenland und Italien. Deutschland liegt mit einer Erwerbstätigenquote der Frauen von 43,1% etwas über dem Durchschnitt in der Europäischen Union. (vgl. folgende Tabelle).

Tabelle 2: Frauenerwerbstätigkeit in 15 Ländern (1996, soweit nicht anders angegeben; alle Angaben in Prozent)[1]

Land	Erwerbs-tätigen-quote	darunter:		tätig in:		
		Vollzeit	Teilzeit	Landwirtschaft	Industrie	Dienstleistungen
Belgien	35,5	69,5	30,5	2,2	13,3	84,6
Dänemark	53,8	65,5	34,5	2,1	15,1	82,8
Deutschland	43,1	66,2	33,8	3,0	20,2	76,7
Griechenland	30,9	91,0	9,0	23,9	13,7	62,4
Spanien	25,5	83,0	17,0	6,4	13,6	79,9
Frankreich	41,5	70,5	29,5	3,5	14,4	82,0
Irland	36,7	77,9	22,1	3,7	16,2	80,1
Italien	28,9	87,3	12,7	6,4	21,7	72,0
Luxemburg	35,3	81,6	18,4	1,6	6,7	91,6
Niederlande	45,3	31,7	68,3	2,3	9,6	88,1
Österreich	46,3	71,2	28,8	8,6	15,6	75,8
Portugal	45,2	87,0	13,0	13,5	22,0	64,5
Finnland	46,1	84,4	15,6	5,7	13,9	80,4
Schweden	52,4	60,3	39,7	1,7	12,0	86,2
Vereinigtes Königreich	49,5	55,2	44,8	1,2	13,9	85,0
EUR 15	39,7	68,5	31,5	4,3	16,5	79,3

Land	darunter mit: befristetem Arbeitsvertrag	unbefristetem Arbeitsvertrag	Arbeitsstunden bei:[2] Vollzeit-beschäftigten	Teilzeit-beschäftigten	Arbeits-losen-quote
Belgien	8,0	92,0	37,1	21,5	12,4
Dänemark	11,8	88,2	37,6	21,2	8,4
Deutschland	11,0	89,0	39,1	19,7	9,6
Griechenland	11,9	88,1	38,9	22,5	15,4
Spanien	36,7	63,3	39,6	17,6	29,5
Frankreich	13,8	86,2	38,8	22,7	14,5
Irland	11,8	88,2	38,0	18,5	11,8
Italien	8,9	91,1	36,4	22,6	16,5
Luxemburg	3,1	96,9	37,7	19,6	4,7
Niederlande	15,9	84,1	39,0	18,5	8,1
Österreich	7,9	92,1	39,8	22,0	5,2
Portugal	10,9	89,1	39,3	20,9	8,4
Finnland	20,5	79,5	38,0	21,3	15,6
Schweden	13,3	86,7	39,9	24,9	8,6
Vereinigtes Königreich	8,0	92,0	40,6	18,0	6,3
EU 15	14,7	85,3	38,9	20,0	12,4

[1] Die Daten für Deutschland stammen aus dem Jahre 1995
[2] (pro Woche)
Quelle: Eurostat (1997, Nr. 8: 8 f.)

Die Folge zunehmender Berufstätigkeit ist nicht nur die, daß Frauen über mehr selbst verdientes Geld für eigene Zwecke verfügen, sondern vor allem, daß dieses Geld die gesamte biographische Selbstinterpretation verändert. Berufsposition und Einkommen sind – wie bei den Männern – Maßstäbe für die Wichtigkeit des eigenen Handelns. Geld erzeugt Selbstbewußtsein und Anerkennung. Um das Einkommen muß gekämpft werden; es verschafft Macht und Unabhängigkeit, auch gegenüber der Familie. Berufstätigkeit trennt für die Frau – wie für den Mann – das Berufsleben vom Familienleben. Es macht letzteres zu einem Teilbereich, der gegebenenfalls auch hinter den Anforderungen des ersteren – beispielsweise in Fragen der Berufsmobilität – zurückstehen muß.

Damit wird die Familie und deren relatives Gewicht auch bei der Lebensplanung für Frauen in den Bereich der freien Wahl einbezogen. Allerdings fehlen die Verhaltensvorbilder:

„Was für die Mütter selbstverständlich war an Lebensplänen, damit verbundenen Erwartungen und Einstellungen, das ist für viele Töchter fraglich geworden. Sie sind, um es überspitzt zu sagen, eine ‚Generation ohne Rollenvorbilder', ohne die stützende Kraft selbstverständlich vorgegebener Bezugspunkte und Orientierungen" (Beck-Gernsheim 1983: 323).

Inwieweit dieser *Selbstzwang zur Selbständigkeit* und größeren Erfahrungshorizonten wirklich gelingt, läßt sich an der Frauenerwerbsquote allein nicht ablesen. Es muß auch die Art der Arbeit untersucht werden. Hier zeigt sich nun, daß Frauen ihre Berufstätigkeit zum großen Teil auf den Dienstleistungssektor konzentrieren (wie aus Tabelle 2 hervorgeht, waren im europäische Durchschnitt (EU 15) knappe 80% der Frauen im *Dienstleistungssektor* beschäftigt, 16,5% in der Industrie und etwas über 4% in der Landwirtschaft) – und hier wieder auf jene Aufgabenkreise, die personenbezogen sind, umsorgende und erzieherische Qualitäten erfordern, also dem traditionalen „fraulichen" Einfühlungsvermögen entsprechen. Hinzu kommt ein geschlechtsspezifisch geteilter Arbeitsmarkt („Segregation") insofern, als Frauen ein geringeres Einkommen und ein höheres Arbeitsplatzrisiko besitzen (vgl. auch Keiser 1997: 240). Ebenso muß in Betracht gezogen werden, daß der Anstieg der weiblichen Erwerbstätigkeit seit den 60er Jahren vor allem ein Anstieg der teilzeitbeschäftigten Frauen war (Schwarz 1993–94). Dies hatte zur Folge, daß sich zwar die Zahl der erwerbstätigen Frauen erhöht hat, das Arbeitsvolumen jedoch weitgehend gleichgeblieben ist. Die übergroße Mehrheit der Teilzeitbeschäftigten sind Frauen. Im europäischen Vergleich liegt der Anteil in den Niederlanden am höchsten: Hier sind über 68% aller erwerbstätigen Frauen teilzeitbeschäftigt, am geringsten in den südeuropäischen Ländern. Wenn Frauen erwerbstätig sind, so haben sie in Griechenland, Spanien, Italien und Portugal zumeist eine Vollzeitbeschäftigung. Insbesondere Mütter mit betreuungsbedürftigen Kindern fragen Teilzeitarbeitsplätzen nach. In der Bundesrepublik waren 1984 83% aller teilzeitbeschäftigten Frauen verheiratet, 48% hatten Kinder unter 16 Jahren. Teilzeitbeschäftigung impliziert aber niedrige Einkommen, so daß diese eher den Stellenwert eines Zusatzeinkommens für die Familie als den einer Absicherung der Unabhängigkeit besitzt. Teilzeitbeschäftigte haben überdies geringere Aufstiegsmöglichkeiten, da höhere Positionen von Vollzeitbeschäftigten besetzt werden, wenn man von den sicherlich vorhandenen Vorurteilen und offenen oder versteckten Diskriminierungen einmal absieht. In Verbindung damit, daß Frauenberufe (z.B. ungelernte kaufmännische Angestellte) geringer entlohnt werden als vergleichbare Männerberufe (ungelernte Arbeiter), ergeben sich zum Teil die alten geschlechtstypischen Spaltungen. „Der Kern dieser Arbeitsteilung ist immer noch jener zwischen der sorgenden Hausfrau und Mutter und dem erwerbstätigen Vater. Ihre Basis sind u.a. Geschlechtsrollenidentitäten, die sich zwar in einem Prozeß der Erosion befinden, aber offensichtlich immer noch eine Institution darstellen“ (U. Becker 1989: 31).

Eine besondere Spannung ergibt sich daraus, daß Anspruch und Wirklichkeit so weit auseinanderklaffen. Der hohe Wunsch nach Selbständigkeit, die starke Berufsmotivation und das bildungsmäßige Gleichziehen mit den Männern schafft gerade bei jungen Frauen große *Frustrationen*, woraus zum Teil ihre kämpferischen Töne resultieren. Denn „im Bildungsbereich stehen den Mädchen die Türen offen, auf dem Beschäftigungs- und Arbeitsmarkt werden sie wieder zugeschlagen“ (Seidenspinner/Burger 1982: 11).

3. Die Männerfrage

Obwohl der typisch weibliche Lebenszusammenhang bei den Frauen nicht mehr auf ungeteilte Zustimmung stößt, zeigen die konkreten Umsetzungsschwierigkeiten beruflicher Emanzipation, daß die Freisetzung von der Rolle gegen die Männer nicht gelingen kann. Wie aus der Interdependenz der Rollen nicht anders zu erwarten ist, haben die Männer eine regulative Bedeutung bei der Rollenumverteilung. Frauenemanzipation kann kaum gegen die Männer durchgesetzt werden. Insofern ist die

Frauenfrage auch eine „Männerfrage". Wenn die Männer nicht mitspielen und die berufstätigen Frauen – statt sie zu entlasten – mit Doppelarbeit in Beruf und Familie bzw. mit dem Hintergrundverständnis belasten, daß Frauen nicht zu erfolgreich werden dürfen und die familiären Entscheidungen letztlich doch nach dem Wertvorrang der männlichen Berufsarbeit auszurichten sind, dann werden die Aspirationen der Frauen offen oder versteckt unterlaufen.

Das scheint, international gesehen, tatsächlich in einem hohen Maße der Normalfall zu sein. Drei große Zeitbudgetstudien, die in den 80er Jahren durchgeführt wurden, zeigten, daß sich die Beteiligung der Männer an der Hausarbeit auf einem konstant niedrigen Niveau bewegt: „Daß die Hausarbeitszeit des Mannes bei ca. 10 Wochenstunden liegt, scheint geradezu eine Naturkonstante zu sein" (Künzler 1995: 115). Dabei wurde in zahlreichen Studien immer wieder herausgestellt, daß die Beteiligung des Mannes an der Hausarbeit u.a. auch von der Tatsache abhängt, ob die Ehefrau bzw. Partner vollzeiterwerbstätig ist oder nicht. Die Schlußfolgerung jedoch, daß mit steigender Erwerbstätigkeit der Frauen auch die Männer mehr im Haushalt mitarbeiten, konnte, wie Künzler (1995: 118) herausstellt, nicht gezogen werden: „Das ist ein eklatanter Fehlschluß, der sich auch mit ihren eigenen Daten nicht abdecken läßt. Veränderungen in der relativen Verteilung der Hausarbeit gehen fast gänzlich auf ein verändertes Verhalten auf Seiten der Frauen, auf die Reduktion ihres Aufwandes, zurück". Eine leichte Annäherung der Geschlechter bezüglich Hausarbeit findet also nicht dadurch statt, daß sich die Männer der 90er Jahre mehr am Haushalt beteiligen, sondern daß die Frauen weniger Zeit für den Haushalt aufwenden. Dies ist allerdings kein Phänomen, das für deutsche Verhältnisse alleine bezeichnend ist. Wie aus Tabelle 3 hervorgeht, liegt die Beteiligung der Männer an der Hausarbeit international auf recht geringem Niveau. Die deutschen Männer schneiden zudem im internationalen Vergleich nicht besonders gut ab. Der Anteil derjenigen, die während der 80er Jahre keine Tätigkeiten im Haushalt übernommen hatten, lag bei über 59%. Eine noch geringere Beteiligung war bei den britischen, portugiesischen und spanischen Männern zu verzeichnen. Dementsprechend niedrig war auch der Anteil der deutschen Männer, die zwei oder mehr Tätigkeiten im Haushalt übernommen hatten (25%). Dagegen lag der Anteil der Männer, die im Jahre 1970 zwei oder mehr Tätigkeiten im Haushalt übernommen hatten, relativ hoch (19,4%). Während sich also bei vielen europäischen Ländern die Beteiligung der Männer im Haushalt während der letzten 20 Jahre erhöht hat, ist diese bei den deutschen Männern – relativ betrachtet – eher gesunken. Zudem zeigen Studien zur innerfamilialen Arbeitsteilung (Beck-Gernsheim 1992; Demo/Acock 1993), daß sich Männer nur sehr selektiv an der Hausarbeit beteiligen. Sie beschränken sich zumeist auf Verschönerungs- und Reparaturarbeiten, während die Frauen nach wie vor für die täglich anfallenden Arbeiten (Kochen, Putzen, Wäsche) zuständig sind.

Tabelle 3: Anteil der Männer, die während des Vorschulalters des ersten Kindes keine, eine oder zwei und mehr Tätigkeiten im Haushalt regelmäßig übernommen haben (Angaben in Prozent)

Geburt des ersten Kindes

Land	keine	eine	zwei oder mehr	keine	eine	zwei oder mehr	keine	eine	zwei oder mehr
Frankreich	70,8	13,5	15,7	59,3	16,9	23,8	43,0	18,1	38,9
Belgien	63,7	21,1	15,2	53,0	18,5	28,5	42,8	21,1	36,4
Niederlande	58,1	22,6	19,4	50,8	33,1	16,1	35,8	24,3	39,2
BRD	62,9	17,7	19,4	65,2	13,6	21,2	59,4	15,6	25,0
Italien	67,7	19,8	12,5	53,2	26,3	20,5	44,0	30,6	25,4
Dänemark	61,1	23,6	15,4	39,9	29,7	30,4	29,0	22,2	48,8
Irland	25,7	70,7	3,6	28,0	50,7	21,3	30,4	44,3	25,2
Großbritannien	76,7	10,0	13,3	73,3	10,8	15,8	62,4	12,2	25,4
Griechenland	55,5	32,8	11,8	48,8	16,4	24,8	39,8	32,2	28,0
Spanien	88,0	4,8	7,2	77,2	7,6	15,2	68,3	7,9	23,8
Portugal	79,3	10,9	9,8	63,7	15,0	21,2	62,5	17,0	20,5
DDR	64,8	15,1	20,1	64,2	11,3	24,5	52,0	12,7	35,3
EG	64,7	21,4	14,0	56,6	21,5	21,8	46,7	21,6	31,6

Quelle: Künzler 1995: 127

Zu den Paradoxien der neuen Ehe- und Familiensituation gehört, daß die Männer – wie 20 Jahre zuvor (vgl. Pross 1975) – der Entscheidungsautonomie der Frauen einen hohen Stellenwert beimessen und bereit sind, einige alte Stereotypen hinsichtlich des Frauenbildes aufzugeben, andererseits aber kein Interesse an der Änderung der bestehenden Aufgabenteilung zeigen. Daß dies zu einem hohen *Konfliktpotential* führt, ist selbstverständlich.

Auch eine Studie über die Lebenssituation und das Frauenbild 20–50 jähriger Männer in der Bundesrepublik von 1986 (Metz-Göckel/Müller 1986) bestätigt, daß die Männer zwar Einstellungsveränderungen bei den Frauen bemerken, aber weiterhin auf dem hierarchischen Modell des Geschlechterverhältnisses beharren. Die Gleichberechtigungsidee wird nur von einer verschwindenden Minderheit von 5% uneingeschränkt vertreten. Ein Fünftel stimmt dem egalitären Eheverständnis in etwa zu. „Nehmen wir die Reaktionen auf andere Egalitätsaussagen hinzu, so können wir nur höchstens jeden 10. Mann als egalitär charakterisieren. Männer können demnach ein hierarchisches Verständnis des Verhältnisses zwischen den Geschlechtern ablehnen, ohne jedoch zugleich ein egalitäres damit zu meinen, oder anders ausgedrückt: Ein Mann kann ausdrücklich gegen die Vormachtstellung der Männer in den meisten Lebensbereichen sein, ohne zugleich wirklich die Gleichstellung der Frau zu unterstützen. Das Lebensalter und der Bildungsgrad spielen für die Einstellung zum anderen Geschlecht eine wichtige Rolle. Im allgemeinen gilt: Je jünger und gebildeter die Männer, desto frauenfreundlicher äußern sie sich. Das gilt jedoch in wichtigen Einzelfragen nicht ... Einig sind sich alle Alters- und Bildungsgruppen darin: Zugunsten einer Frau wollen die meisten nicht zurückstecken“ (Metz-Göckel/Müller 1986: 16).
Dies zeigt sich auch in den Ergebnissen des International Social Survey Programme (ISSP) 1994 (Family and Changing Gender Roles II).* Über 70% der befragten Männer und Frau-

* Die hier verwendeten Daten wurden vom Zentralarchiv für empirische Sozialforschung in Köln zur Verfügung gestellt. Die Daten des ‚ISSP‘

en in Deutschland unterstützten die Aussage, daß Erwerbstätigkeit das Beste für die Eigenständigkeit einer Frau sei. Trotzdem sind aber über 50% der befragten Männer und auch 50% der befragten Frauen der Meinung, daß das Familienleben darunter leidet, wenn eine Frau erwerbstätig ist. Obwohl also die Erwerbstätigkeit von Frauen auf der Einstellungsebene generell positiv betrachtet wird, scheinen sich auf der konkreten Handlungsebene wieder Einschränkungen bezüglich der Gleichberechtigung bemerkbar zu machen. Dies zeigt sich auch daran, daß ein „Rollentausch" keine breite Unterstützung bei den Befragten fand: Der Aussage „Es ist nicht gut, wenn der Mann zu Hause bleibt und die Frau in die Arbeit geht" stimmten 43% der Männer und 36% der Frauen zu.

Die Zeit- und Gruppenkonstanz dieses Ergebnisses ist deswegen so beachtlich, weil heute sehr viel mehr Frauen berufstätig sind und Männer die Norm der Partnerschaftlichkeit häufiger anerkennen. Dennoch tun Väter – von Ausnahmen abgesehen – wenig dafür, daß die Kinder ein anderes Rollenverhalten lernen können. Das ist auch kaum verwunderlich, da nur 3% aller Männer den „Hausmann" für eine wünschenswerte Existenzform halten.

Die Autorinnen der Studie „Der Mann" resümieren ihre Ergebnisse denn auch so: „Ohne Zweifel ist das Handeln der Männer nicht allein durch ihr ‚Wollen' zu erklären. In der Tat reagieren sie auf Sachzwänge ... Wir können auch sagen, sie handeln innerhalb von Rahmenbedingungen, die ihnen die Gesellschaft setzt. Aber sie zweifeln diese Rahmenbedingungen nicht an. Die Trennung von Berufs- und Privatleben ist die Bedingung für den beruflichen Aufstieg der Männer. Die einseitige Verantwortlichkeit der Frauen für alles, was – außer dem Beruf – sonst noch zum Leben gehört, folgt in den Augen der meisten Männer selbstverständlich daraus, und zwar deshalb, weil es ihrer Meinung nach keine Alternative dazu gibt

werden von unabhängigen Institutionen in den jeweiligen Ländern zusammengestellt. Weder diese Institutionen, noch das Zentralarchiv sind für die hier vorgenommenen Analysen und Interpretationen verantwortlich.

und weil die Masse der Männer von diesen strukturellen Imperativen profitiert, während die Masse der Frauen davon benachteiligt wird."

Dennoch: „Das Leben mit einer Frau zu teilen, verlangt von vielen Männern heute andere Fähigkeiten als früher. Als ‚Ernährer' bzw. Alleinverdiener nicht mehr unbedingt benötigt, aber als Kinderbetreuer mit häuslichen Fähigkeiten, Fertigkeiten und Kenntnissen gefragt, als ‚Partner' im emphatischen Sinn – diese Anforderungen scheinen sich für eine wachsende Anzahl von Männern zu stellen. Wie sie darauf reagieren, hat heute öfter spürbare Konsequenzen für ihr privates Glück als früher. Ein Leidensdruck durch die traditionelle Männerrolle scheint aber bisher nur für eine Minderheit der Männer der Anlaß zur Veränderung zu sein. Und wenn, dann meist erst durch Anstöße von der Frau ... Dieser Leidensdruck (wurde) immer dann spürbar, wenn es um die drohende Aufkündigung der Beziehung von seiten der Frau ging. Die Autonomie der Frau, die sich hierin ankündigte, schien manchen Männern schlagartig ihr eigenes Eingezwängtsein in Verhaltenserwartungen deutlich zu machen" (Metz-Göckel/Müller 1986: 34 f.).

Zweifellos hat die Problematisierung der geschlechtsspezifischen Arbeitsteilung bei den Männern zu *Ängsten vor Machtverlust* geführt. Nicht selten erahnen sie die Unzulänglichkeit des Rollenklischees vom „starken Mann" gerade dann, wenn die Frauen Karriere machen und mit ihrer Doppelbelastung fertig werden. Das Auseinanderklaffen zwischen Emanzipationsdiskurs und Alltagsrealität zeigt auch, daß das Frauenbild der Männer diffus geworden ist: Welche Frau suchen sie eigentlich? Die reine Hausfrau vielleicht nicht mehr, aber eine, die wegen ihrer außerhäuslichen Tätigkeiten „schwierig" wird? Sicherlich ist bei Männern und Frauen eine bleibende Verunsicherung zu registrieren, was denn nun richtig und was zu tun sei, was realistischerweise verwirklicht werden könnte und welche Opfer wem zuzumuten seien. In dieser Hinsicht ist das Zusammenleben sicher nicht leichter geworden. Ohne die Berechtigung der Emanzipationsbestrebungen in Zweifel ziehen zu wollen, bleibt auf der anderen Seite doch fraglich, wieweit das egalitäre Rollenverteilungsmodell als „moderne Errungenschaft" schon zur Realität erklärt werden kann. Zu undurchsichtig ist, was im Ehealltag aus der Sicht der Betroffenen Gleichberechtigung heißt. Der darin unterstellte faktische Dissens muß mit den individuellen Realitätserfahrungen von Mann und Frau gar nicht übereinstimmen. So ist erklärbar, daß Frauen häufig die Entscheidung dem Mann überlassen, sich aber dagegen wehren, bevormundet zu werden (vgl. Hahn 1982: 108f.). Zu stark ist das egalitäre Rollenmodell auch von der Schicht, der Bildung und der kulturellen Tradition der jeweils Befragten abhängig. Im allgemeinen ist der Wunsch nach Entscheidungsdelegation an den Mann in der Unterschicht und in der unteren Mittelschicht wesentlich ausgeprägter als bei der Mittel- und Oberschicht.

Erschwerend kommt hinzu, daß der heute gesellschaftlich propagierten Vaterrolle kein adäquates, alternatives Männerbild gegenübersteht. Das Vaterbild gerät mit vorherrschenden Vorstellungen von „Männlichkeit" (beispielsweise Stärke, Rationalität, Härte, Dominanz etc.) in Konkurrenz. Man muß davon ausgehen, daß die Rollen „Vater" und „Mann" sich in der Lebenswelt der Betroffenen nicht trennen lassen. So stehen den veränderten Anforderungen, denen sich Väter im Familienleben gegenübersehen, andere Wert- und Normvorstellungen von Männlichkeit (z.B. im Berufsleben) gegenüber, was einen Teil der empirisch belegbaren Rollenverunsicherungen bei Männern erklären kann.

„Daß zwei Menschen zusammenleben können,
ist eines der größten Wunder.
Meistens können sie es auch gar nicht,
was dadurch verdeckt wird,
daß sie auch nicht auseinander können."
(Ludwig Marcuse)

II. Die Ehefrage

Es ist ohne weiteres einsichtig, daß Veränderungen, die sich im gängigen Rollenmodell abzeichnen, sich auch in einer neuen Eheproblematik niederschlagen. Dann nämlich, wenn sich Männer und Frauen fragen, ob und unter welchen Bedingungen sie überhaupt noch eine Ehe eingehen wollen bzw. ob nicht andere alternative Formen des Zusammenlebens unter Umständen attraktiver sind. Um das in seiner Tragweite und seinen Konsequenzen zu verstehen, muß man einen kurzen Blick zurück auf die gewandelten Beziehungsformen werfen.

1. Die Veränderung der Beziehungsform

Das Übergewicht der Subjektorientierung über die Institutionenorientierung in der Moderne hat die sozialen Beziehungsformen wesentlich aus ihrer bisherigen Verankerung gelöst. Man sagt heute wenig Neues, wenn man feststellt, daß die Zweier- und Gruppenbeziehungen informeller, offener und enthierarchisierter geworden sind. Der geringere Druck von Verhaltenskonventionen und die Reduktion von Machtpotentialen eröffnen einesteils größere Gestaltungsfreiräume, auf die wohl keiner mehr verzichten will.

Auf der anderen Seite aber macht es das Zusammenleben außerhalb und innerhalb von Familien nicht unbedingt leichter. Denn wenn das moderne Selbst „heilig" wird, wie Goffman feststellte, dann hat das Konsequenzen für das Beziehungsmanagement in der Form, daß der Kosmos nun mit einer anderen

Gesetzmäßigkeit durchzogen werden muß. Oberste Norm der „Egologie" ist der Erhalt der Selbstdarstellungsmöglichkeiten und die Kommunikationsorientierung. Brinkgreve (1982) hat das am Beispiel der Ratgeber-Literatur in Zeitschriften analysiert. Er stellt dabei eine auffällige Verschiebung von der offenen Normierungsbereitschaft zur Psychologisierung der Beziehungsgehalte fest. Die Kenntnis der Psyche kann an sich gar nicht groß genug sein. Natürlich muß man in Beziehungen auch auf die Gefühle hören. Nur tritt bei der durchgängigen Psychologisierung der Beziehungen eine Art versteckter Norm und ein neuer Gruppendruck zutage, ohne daß diese verläßlich mit Inhalt gefüllt werden können. Die Norm des „höre ganz auf dich und deine Gefühle" sagt nichts darüber, welche Gefühle im Konfliktfall Priorität haben, für wie stabil und wie ernst sie also zu nehmen sind. Der Verweis auf die absolute Freiheit des Ego und die Betonung von Kommunikation kann in Partner-, Ehe- und Familienbeziehungen eigentlich nur noch persönliche Meinungen nebeneinanderstellen und Beruhigungsstrategien bei Dissens zutage fördern. Urteile über Verhalten werden tendenziell eingeschränkt oder sind überhaupt ausgeschlossen. *Einklammerung von Dissensthemen* gehört zum gut erzogenen Umgangsstil. Moralisieren gilt im Nahbereich als peinlich; nur wenn es sich auf entfernte Handlungsfelder (z.B. Politik) richtet, ist es „in". So zeigt sich auch, daß die Ratgeber-Kolumnen nicht mehr sagen können, was richtig oder falsch ist, was ein Soll ist oder nicht. Von Fehlern und Pflichten wollen oder können sie nicht mehr reden.

So führt der „Kult der Offenheit" unter dem Titel „Toleranz" ungewollt vielleicht zu einer Moral des Nicht-Engagements, der Halbbindung, der Gefühlskontrolle und der neuen Vorsichtigkeit. Die Suche nach Unabhängigkeit um jeden Preis kann natürlich für ein so enges Beziehungsnetz wie das der Ehe und Familie nicht ohne Folgen bleiben. Die Schwierigkeit besteht darin, daß man nun in Gefahr ist, überzukompensieren und sich aus Angst vor dem Scheitern überhaupt nicht mehr richtig einlassen will. Wenn die gegenseitigen Erwartungen auf grenzenloses Verstehen und Akzeptieren, auf prinzipielle Berechtigung aller Wünsche und Tendenzen ausgerichtet sind, dann hängt vieles von der Vorausplanung und Kontrolle der Beziehungen, das meiste aber von der eigenen psychischen Eignung zu dieser Offenheit oder von der heimlichen Durchsetzungsfähigkeit ab. Diese Entwicklung hat ihre entschiedenen Kritiker gefunden.

Lasch (1982, 1987) kritisiert vor allen Dingen, daß in der permissiven Gesellschaft der Staat, ganz im Gegensatz zur Freiheitsrhetorik, das äußere und innere Leben, den öffentlichen und privaten Bereich in einem Maße steuert, daß selbst die Sozialisierungsfunktion in der Familie einer immer wirksameren Kontrolle unterworfen wird. Anstatt die Fähigkeit zur Selbstbestimmung zu fördern, wird gerade die Selbstkontrolle als Voraussetzung der ersteren und als Quelle des sozialen Zusammenhalts entscheidend geschwächt. Es gibt genügend Belege, daß die Familie einem fremdbestimmten Ideal folgt und an ihm scheitert. Es ist das Ideal der Lenkung durch Experten. Diese sprechen im Namen der psychischen Gesundheit und der offenen Erziehung die Kinder, aber nicht die Eltern, von moralischer Verantwortung a priori frei. „Unter diesen Bedingungen ist es nicht überraschend, daß viele Eltern der Übernahme dieser Verantwortung zu entkommen suchen, indem sie Konfrontationen mit dem Kind vermeiden und sich von der Aufgabe der Disziplinierung und der Charakterbildung zurückziehen. *Permissive Ideologien* bieten scheinbar vernünftige Erklärungen für diesen Rückzug an. Wenn Eltern disziplinäre Entscheidungen nicht ganz vermeiden können, versuchen sie, sie an andere Autoritäten zu delegieren ... Beide Eltern schieben viel von der Verantwortung für die Entwicklung des Kindes dessen gleichaltrigen Freunden zu, an denen sie, weil ihnen selbst feste Maßstäbe fehlen, auch die Erfolge des Kindes in der Schule, im Sport, in seiner seelischen Entwicklung messen“ (Lasch 1987: 194f.).

Erziehungsunfähigkeit besteht nicht allein darin, daß die Orientierungsmaßstäbe fehlen, sondern auch in der Tatsache, daß die Kontrolle auf die Gruppe der Gleichaltrigen oder auf die diffuse, medienvermittelte Öffentlichkeit abgeschoben wird. Damit gleichen sich die Beziehungen in der Familie denjenigen außerhalb der Familie an, d.h. universalistische Richtlinien weichen einem partikularistischen Prozeß des Aushandelns. Münchmeier (1997: 128) stellt sogar infrage, ob die heutige Elterngeneration überhaupt den für die Erziehung notwendigen Vorsprung an Lebenserfahrung besitzt: „Angesichts gesellschaftlicher Problemlagen, ökologischer Krisenszenarien, angesichts wachsender Zweifel an der Logik des Fortschritts, der Grenzenlosigkeit des Wachstums sprechen Sozialwissenschaftler heute vom 'Erfahrungsabbruch' zwischen den Generationen, den neuartigen Verständigungsnotwendigkeiten um eine lebbare Zukunft und lebenswerte Gesellschaft".

Diese Erziehungsunsicherheit der Eltern läßt sich heute besonders im Bereich der *Sexualerziehung und -erfahrung* beobachten. Das gelebte Einverständnis, daß jeder individuelle Lebensentwurf grundsätzlich ebensoviel Wert hat wie ein anderer, oder anders ausgedrückt, daß „subjektiv gesehen jeder immer recht" hat (ein Grundsatz, der aus dem Handbuch für Animateure von Ferienclubs entnommen ist), hat auch die Sexualität von der institutionalisierten Führung durch Gebote freigesetzt. Man spricht mit Recht von der „sexuellen Revolution". In der Nachkriegszeit wurde das Sexualverhalten nicht nur zunehmend „veröffentlicht" (Kinsey-Report, O. Kolle), liberalisiert („die Pille"), sondern auch enttabuisiert und entethisiert. Das schlägt sich gerade in der jugendlichen Sexualität nieder. Auch die Unterschiede zwischen den Geschlechtern scheinen im großen und ganzen verschwunden zu sein, im Durchschnitt haben Frauen und Männer mit etwa 17 Jahren den ersten Geschlechtsverkehr (Starke 1997), wobei in Westdeutschland die Jungen und in Ostdeutschland die Mädchen etwas jünger sind. „Diese Vorverlagerung der Aufnahme sexueller Beziehungen bewirkt, daß Sexualität als Erfahrungsraum fest in die Jugendphase eingelagert ist; das lange vorfindbare Ideal des Aufschubs der Sexualität auf die Ehe ist damit obsolet geworden" (Lenz 1990: 226; vgl. auch Lenz 1997: 183ff.).

Die Daten für viele Industrieländer sehen nicht wesentlich anders aus: Während (und weil) sich die soziale Reife infolge längerer Ausbildungszeiten für immer größere Teile der Jugend hinausschiebt, wird das Sexualleben vom Erwachsenenstatus abgekoppelt. Das Eingehen und Auflösen intimer Beziehungen wird Gegenstand des jugendlichen Lernprozesses. Die normative Kraft faktischer Jugendsexualität wird von den Medien (Jugendzeitschriften, Fernsehen, Erziehungsratgebern) anerkannt, also „normalisiert" und der moralischen Kritik entzogen (schon Schelsky 1955: 53).

Allerdings kostet das seinen Preis. Gerade Jugendliche stehen bei diesen Normalitätsanforderungen unter einem hohen Leistungsdruck. Da die Eltern in den Industrieländern Mittel- und Nordeuropas die Partnersuche der Jugendlichen nicht mehr überwachen können (wollen?) und sich aus der Verhaltenssteuerung in Sachen Sexualität verunsichert zurückziehen, können sie nur hoffen, daß ihnen und allen das Gröbste erspart bleibt. D. h. nichts anderes, als daß die Altersgruppe der Jugendlichen anstelle der Eltern den Zensurierungsprozeß übernimmt, der gerade die jungen Mädchen und Frauen einem Gruppendruck auf „Hergabe des Körpers als Statussymbol für Modernität, Reife und Insidertum" aussetzt. Unter dem Deckmantel der Selbstbestimmung greift eine *Fremdbestimmung* und ein recht zweifelhafter Reputationsgewinn in das Leben der Frauen ein. „Ihre Situation ist dadurch nicht einfacher geworden, im Gegenteil: in mancher Hinsicht auch komplizierter. Denn während zumindest die Töchter des Bürgertums gegen Ende des 19. Jahrhunderts noch streng ‚bewahrt' und bewacht wurden, während sie auch vor zwei, drei Jahrzehnten noch klare Ge- bzw. Verbote von den Eltern erhielten, ist im Vergleich dazu heute ein offener, ja diffus unsicherer Verhaltensraum entstanden, der mehr Freiheiten, aber auch Unklarheiten und widersprüchliche Anweisungen enthält, nicht zuletzt auch erhebliche Risiken, der, wie es jetzt heißt, ‚Eigenverantwortung' fordert, in jedem Fall zu eigenen Entscheidungen zwingt. Das Bedürfnis nach Zärtlichkeit und Intimität, eingespannt ins Drehkreuz der Fragen nach dem ‚ob' und ‚ab wann' und ,wie weit', eng verbunden mit der Verwirrung von Gefühlen, Wünschen, Ängsten und Zweifeln: Damit sind die Mädchen jetzt mehr allein gelassen als früher. Nicht mehr ein von außen gesetztes hartes ,Nein': Die Regeln und Umgangsformen müssen sie zunehmend selbst finden" (Beck-Gernsheim 1983: 327).

Nach der anfänglichen, euphorisch begrüßten sexuellen Befreiung der Frau steht die Frauenbewegung heute der neuen Freiheit vielfach nachdenklich gegenüber. Denn sie hat erkannt, daß die Möglichkeit, Sexualität und Empfängnis voneinander abzukoppeln, die Frauen einem höheren Druck seitens der Männer auf sexuelle Verfügbarkeit aussetzt. Gleichzeitig baut sich eine Beziehungsfalle („double bind") dadurch auf, daß Frauen ihren Ruf gefährden, sofern sie eben „jederzeit zu haben" sind. Je „moderner" die Frauen hier agieren, desto mehr sinkt ihre Attraktivität als ernsthafte Partnerin. Die Risiken, nicht nur die biologischen, gehen eindeutig zu Lasten der jungen Mädchen und Frauen.

Wie groß die Bedenken auch immer sein mögen, der tiefgreifende Wandel in der öffentlichen Wahrnehmung und im konkreten Umgang mit Körper und Sexualität ist im Generationenvergleich gar nicht zu übersehen. Das schlägt sich auch in einer veränderten Einstellung zur Ehe und einer gewandelten Heiratspraxis nieder.

2. Die Skepsis gegenüber der Normalfamilie

Die neuen Gebote von Freiheit und Offenheit, die Ansprüche auf Individualisierung und Selbsterfüllung, narzißtische Bindungsängste, die nicht zu leugnenden Risiken der Partnerschaft im allgemeinen, die Schwierigkeiten der Normfindung, das Spiel mit den Chancen auf dem informeller gewordenen Kontaktmarkt, wenn nicht gar der zynische Verfügbarkeitswahn über Personen sowie schließlich die Verweigerung von Askese, Opfer und Triebverzicht durch die Lockerung religiöser Bindungen und die kritische Distanz zur kirchlichen

Sexualmoral sind heute für viele die subjektiv einleuchtenden Gründe, um sich zunächst einmal einer festen Bindung an einen Partner, vor allem aber einer legalisierten Bindung, also der Heirat, zu entziehen.

Zwei tiefgreifende Wandlungstendenzen in der Haushaltsstruktur haben die besondere Aufmerksamkeit der Kommentatoren unter dem Stichwort „alternative Lebensformen“ gefunden:

a) Die Singularisierungstendenz

Eine dem Individualisierungsschub innerhalb der modernen Gesellschaft besonders angepaßte Form der Lebensgestaltung ist der Trend zum Alleinleben. Je höher die wohlstandsbedingten Handlungsspielräume und Wahlmöglichkeiten, je qualifizierter die Ausbildung, je langfristiger die Planung und je wechselvoller die Berufskarrieren, desto mehr muß man sich gegen Risiken absichern. Von dieser Bemühung ist gerade die Paarbildung nicht ausgeschlossen. Zu Beginn der Industrialisierung bis hin zu ihrer Hochentwicklung war dieses Risikomanagement ganz auf die Männer und ihre Bewährung am Arbeitsmarkt bezogen. Frauen und Familie stellten dafür den Hort der Sicherheit und Stabilität dar.

Seit Mitte der 60er Jahre hat der Individualisierungsprozeß auch voll auf die weibliche Biographie übergegriffen. Frauen erheben heute selbstverständlichen Anspruch darauf. Sie stehen aber auch unter dem Druck des Freisetzungsprozesses. Planung des eigenen Lebens und Zwang zum eigenen Leben laufen zusammen. Dadurch wird das Zusammenleben entschieden komplizierter, denn es müssen die Bedürfnisse, Lebenskonstellationen, Ideale, Rechte und Entscheidungszwänge zweier selbständiger Individuen berücksichtigt und daraus eine gemeinsame Lebensplanung ausgehandelt werden. Eine, wenngleich extreme Form des Risikomanagements ist es, sich gar nicht für das Zusammenleben zu entscheiden. Es ist die Lebensform des „Single“, des nicht ehe- und familienbehinderten Individuums (vgl. Beck 1986).

Eine, in den 80er Jahren durchgeführte Untersuchung konnte zwei Hauptgründe für diese Lebensform festhalten: Erstens sind Alleinlebende der Meinung, daß eigenständiges Leben (zumindest als Lebensphase) zur Persönlichkeitsentwicklung gehört. Zweitens hatten sie fast alle negative Erfahrungen mit früheren Partnerschaften, die an gegensätzlichen Rollenauffassungen zerbrachen (vgl. Meyer/Schulze 1989: 79).

Umgekehrt hatten Männer wie Frauen als „Singles“ positive Erfahrungen mit ihrem Lebensstil gemacht (Kontaktfreude, Selbstsicherheit, Berufsentwicklung, kulturelle Aktivitäten). Die *eigene Wohnung* ist gefühlsmäßig hoch besetzt. Sie gilt als das private „Reich der Freiheit“, zu dem andere keine Zutrittsberechtigung haben (Meyer/Schulze 1989: 87). Sie ist der Ausdruck der Entfaltungsmöglichkeiten, ohne auf andere Personen Rücksicht zu nehmen. Typisch dafür ist die Aussage einer jungen Lehrerin, die nach einem Arbeitstag froh ist, allein zu sein: „Nämlich dann, wenn ich völlig kaputt aus der Schule komme und nicht für irgendeinen Mann fröhlich lächeln muß oder gar auf Kinder eingehen müßte. Da kann ich mich dann in Ruhe hinsetzen und alleine überlegen, was nun“ (ebd.: 91 f.).

Tatsächlich hat die Zahl der Einpersonenhaushalte in den letzten Jahren deutlich zugenommen. 1995 lebten knapp 13 Mio. Menschen in Deutschland in einem *Einpersonenhaushalt;* während der Anteil der Alleinlebenden 1972 nur 14% (aller Volljährigen) betrug, machte diese Bevölkerungsgruppe 1995 bereits 20% aus. Im europäischen Vergleich ergeben sich allerdings hier deutliche Unterschiede. Während Länder wie Dänemark, Belgien, Frankreich, Großbritannien oder auch die Bundesrepublik einen relativ hohen Anteil von Einpersonenhaushalten aufweisen, lebten in Spanien nur 4% der Bevölkerung, in Italien nur 7,5% der Bevölkerung in einer solchen Haushaltsform (vgl. Tabelle 4).

Vor allzu weitreichenden Alternativszenarien sollte man sich allerdings hüten. Schnell ist man bereit, von einer Verallgemeinerung eines Bohémien-Syndroms zu reden, wonach der heutige Mensch ein Eheflüchter ist, der sich alle Optionen freihalten will, emotionales Engagement vermeidet, Beziehungen als Spiel

Tabelle 4: In Privathaushalten lebende Bevölkerung nach Haushaltstypen (1994) im europäischen Vergleich (alle Angaben in Prozent)

	B	DK	D	GR	E	F	IRL	I	L	NL	P	UK	EUR 12
Einpersonenhaushalt	11,9	21,9	14,0	6,7	4,0	1,2	6,6	7,5	10,0	13,7	4,4	11,1	10,3
über 65 Jahre	5,2	8,3	5,9	3,3	2,4	4,8	3,5	4,2	3,7	5,2	2,8	6,0	4,8
30–64 Jahre	5,2	8,8	6,3	2,2	1,4	4,3	2,5	2,9	5,2	5,3	1,4	4,2	4,2
unter 30 Jahre	0,9	4,8	1,8	1,2	0,2	2,1	0,6	0,4	1,2	3,3	0,2	1,0	1,3
Einelternhaushalt	7,3	6,4	2,5	3,8	5,8	6,8	8,7	6,2	4,5	5,3	6,2	8,8	5,8
Kinderlose Paare	20,4	25,9	16,7	14,7	10,8	20,9	8,0	14,8	19,1	25,1	11,6	21,1	17,3
Paare mit Kindern	55,7	43,8	53,7	53,9	61,8	55,8	64,1	58,0	51,4	54,0	59,0	49,8	55,2
Sonstige Haushalte	5,4	2,1	13,0	21,0	17,7	5,3	12,6	14,5	15,0	31,9	18,9	9,2	11,4
Nur Verwandte	4,5	1,3	12,2	20,3	17,1	4,3	11,2	12,3	13,2	1,2	18,4	5,8	9,9
auch nicht verwandte Haushaltsmitglieder	0,9	0,8	0,8	0,7	0,6	1,0	1,4	2,2	1,7	0,7	0,5	3,4	1,5

Quelle: BiB-Mitteilungen (4/96: 25)

auffaßt, jedenfalls für die Konsequenzen einer Affäre nicht einstehen will und jederzeit die Offenheit, d.h. das Ende einer Beziehung, im Auge behält. Wenn heute von einem „drastischen Anstieg der Singlezahlen" die Rede ist, dann wird dabei meistens nur allgemein auf den Anstieg an Einpersonenhaushalten verwiesen. Dabei werden aber diejenigen, die freiwillig und diejenigen, die nicht freiwillig allein leben, zusammengeworfen. Wie schwierig die Bestimmung von „Single" überhaupt ist, haben Bender/Bien (1996) herausgestellt, die festhalten, daß der Begriff „Single" unterschiedlichste definitorische Zugänge hat, von welchen allerdings das Fehlen eines Partners als wesentlichste Determinante betrachtet wird. Untersucht man die Zahl der Alleinlebenden nach Altersgruppen und Familienstand, so zeigt sich, daß im Jahr 1994 die größte Gruppe der sogenannten „Singles" 65 Jahre und älter war (knapp 40% aller Einpersonenhaushalte). Auch die Untersuchungen nach dem Familienstand zeigen einen sehr großen Anteil an Verwitweten (38,1%), geschieden bzw. verheiratet getrennt sind 18,9%, der Anteil der ledigen Singles macht dagegen 43% aus (Statistisches Bundesamt 1996: 39).

Einer neueren Untersuchung von Bachmann (1994) zufolge sind die wenigsten dieser Singles allerdings freiwillig Alleinlebende. Der Eintritt in diese Lebensführung erfolgte zumeist aus der Not des Partnerverlusts, nur eine kleine Minderheit der befragten Männer und Frauen (15%) zeigte sich regelrecht bindungsdesinteressiert, bei vielen dominiert der Wunsch nach einer neuen Beziehung.

Gesondert zu betrachten sind auch diejenigen Ein-Personen-Haushalte, die aus älteren verwitweten Frauen bestehen, deren Alleinleben ja *keineswegs freiwillig* erfolgt. Dasselbe dürfte für einen Großteil der Geschiedenen zutreffen, die eine Wiederverheiratung nicht ausschließen. Übrig bleibt ein relativ kleiner Prozentsatz von freiwillig und dauerhaft Alleinlebenden („Dauer-Singles"), die ihre Unabhängigkeit zum Credo gemacht haben. Sie mögen sich als Speerspitze einer sozialen Bewegung verstehen, dürften aber, wenn man die genannten Abstriche macht, kaum eine generelle Entwicklung einläuten. Darüber waren sich die professionellen Warner meist im unklaren. Nicht übersehen haben sie, daß in diesem Typus die Modernität auf die Spitze getrieben wird. Hier wird Entfaltung der Persönlichkeit in bedenklicher Weise dann verabsolutiert, wenn eine potentielle Partnerschaft ins Spiel kommt. Das freiwillige Alleinleben, der dauerhafte Verzicht auf Heirat heißt natürlich nicht, daß „sexuelle" Partnerschaften ausgeschlossen wären. Auch „Dauer-Singles" suchen natürlich Kontakte und haben Kontakte, aber sie schätzen im heterosexuellen Umgang nur solche, die keine großen Ansprüche an Verfügbarkeit stellen bzw. (als Verheiratete) selbst nur begrenztes Engagement investieren und somit nicht eifersüchtig werden, Besitzansprüche stellen, geheime Kinderwünsche pflegen, kurz: nicht als Autonomiebremse wirken können. In dieser Einstellung ist ein gewisser angstbetäubender Zynismus insofern eingebaut, als nach dem „Prinzip des geringsten Interesses" derjenige die Bedingungen der Beziehung am besten diktieren und ausbeuten kann, der am wenigsten an der Dauer einer Affäre interessiert ist (vgl. Waller 1938: 276f., 362f., 415f.).

Natürlich kann dieses Prinzip in jeder sozialen Beziehung zum Tragen kommen. Für die auf dauerhaftes Desengagement angelegte „Single-Existenz" wird es jedoch zum Grundpfeiler. Schon deshalb dürfte dieser Lebensform eine geringere Bedeutung zukommen, als im allgemeinen prognostiziert wird.

Was die zukünftige Entwicklung der Singlezahlen anbelangt, so geht Hradil (1995) davon aus, daß im Jahre 2000 schon 24%, im Jahre 2010 sogar 30% der 25–35jährigen alleine leben werden (im Jahre 1990 waren es 18,7% in dieser Altersgruppe). Von einer „Singlegesellschaft" als bestimmendes Merkmal der zukünftigen Gesellschaft kann deshalb jedoch noch nicht die Rede sein: „Ob dieser Zuwachs langfristig anhalten wird, ist allerdings fraglich. Sowohl die oben skizzierten Differenzierungstheorien, die unseres Erachtens überzeugender sind als reine Individualisierungstheorien, als auch die Vorschau auf die künftige Entwicklung der Determinanten des Singletums mahnen zur Vorsicht. Abflachende Zuwachsraten sind wahrscheinlicher als anhaltende. Es wird aller Voraussicht nach keine

‚Single-Gesellschaft' geben, wenn man darunter eine Gesellschaft versteht, die überwiegend aus Singles besteht" (Hradil 1995: 135f.).

b) Die nicht-ehelichen Lebensgemeinschaften

Ähnliche Vorsicht im Umgang mit den Daten ist bei den sogenannten „Ehen ohne Trauschein", freien, ehe-ähnlichen Lebensverhältnissen (juristisch: Konkubinat) geboten. Auch Kohabitation oder unverheiratetes Zusammenleben scheinen das Risiko des Auseinandergehens schon einzuplanen und die Beziehung nicht auf Dauer, sondern auf Vorläufigkeit stellen zu wollen. So wie man sich heute als „Single" ein Leben ohne Partner vorstellen kann, so können Männer und Frauen ohne einen institutionalisierten Eheschließungsakt zusammenleben, ohne daß dies weithin noch als Abweichung erlebt würde.

Tatsächlich kommt hier so etwas wie ein Gegenentwurf zur traditionellen Familie zum Vorschein. „Familie" verstand sich bisher als legale, lebenslange, monogame Ehe zwischen einem Mann und einer Frau mit gemeinsamen Kindern, wobei der Mann Haupternährer und Autoritätsperson ist (vgl. Macklin 1987: 318). Die nicht-eheliche Lebensgemeinschaft hingegen ist eine Beziehungsform von Mann und Frau, die bezüglich der Intimstruktur (Liebesbeziehung, Freundschaft, Partnerschaft), des Zusammenwohnens und der Exklusivität der Ehe verwandt, hinsichtlich Eheschließung, der egalitären Rollenstruktur und der zeitlich offenen Terminierung jedoch alternativ ist. Eine schematische Gegenüberstellung soll die Abgrenzung leichter verständlich machen (siehe Seite 111).

Versucht man, im *europäischen Vergleich* die Entwicklung nicht-ehelicher Lebensgemeinschaften in Zahlen zu fassen, so steht man wegen der geringen Vergleichbarkeit bzw. unterschiedlicher Erhebungsziele schnell vor großen Erfassungsschwierigkeiten. Immerhin läßt sich ein großes Nord-Süd-Gefälle zwischen Skandinavien und den südeuropäischen Ländern ausmachen. Am weitesten fortgeschritten ist die Entwicklung zur nicht-ehelichen Lebensgemeinschaft in den skandinavischen Ländern. Seit den 60er Jahren hat sich diese Lebensform in Schweden und Dänemark und in geringerem Ausmaß in Norwegen rasch und in höherem Maße ausgebreitet als in den meisten übrigen europäischen Ländern (Lengsfeld/Linke 1988: 357f.).

Abbildung 1: Die Abgrenzung zwischen der „Normalfamilie" und ihren „nicht-traditionellen" Alternativen

Traditionelle Ehe und Familie	*Nicht-traditionelle Alternativen*
1. Verheiratung (Ehe): Legalisierung	– Alleinlebende („Singles") – Nicht-eheliche Lebensgemeinschaften
2. Haushalt mit 2 Erwachsenen	Haushalt mit mehreren Erwachsenen (Wohngemeinschaft)
3. Lebenslange Ehe	Fortsetzungsehe (Sukzession)
4. Monogame Ehe	– Monogame Partnerschaft – Außereheliche Beziehungen („swinging")
5. Mann als Ernährer (Haupternährer)	– Egalitäre Lebensgemeinschaft – Egalitäre Ehe
6. Gegengeschlechtliche Dyade	Gleichgeschlechtliche Dyade – Ehe mit Doppelkarriere
7. Ehe mit Kind (Kindern)	Kinderlosigkeit als Lebensstil
8. 2 leibliche Eltern im Haushalt	– Einelternfamilie – Bi-Nuklearfamilie – Stief-, Adoptivfamilie

Quelle: nach Peuckert (1989: 155)

Anfang der 90er Jahre lag die Rate derjenigen Paare, die ohne Trauschein zusammenlebten, in Dänemark und Schweden am höchsten, am niedrigsten in Griechenland, Spanien, Italien und Portugal, die Bundesrepublik und Frankreich nehmen eher mittlere Plätze in den Statistiken ein (Vaskovicz/Rupp/Hofmann 1997: 16f.).

In der Bundesrepublik lag der Anteil der nichtehelichen Lebensgemeinschaften (gemessen an allen Paaren) im Jahre 1995 bei 8,1%. Wie aus Tabelle 5 sichtbar wird, sind die nichtehelichen Lebensgemeinschaften in beiden Teilen Deutschlands ganz überwiegend eine Lebensform der unter 35jährigen. Ab dem 45. Lebensjahr sinkt der Anteil der nichtehelichen Lebensgemeinschaft ganz rapide ab. Während diese Lebensform im Westen Deutschlands vorwiegend eine Lebensform ohne Kinder ist, gibt es in den neuen Bundesländern doch zahlreiche nichteheliche Lebensgemeinschaften mit Kindern (40,2% bei den unter 25jährigen). Dies hängt unter anderem auch damit zusammen, daß die ostdeutschen Männer und Frauen in einem früheren Alter als in Westdeutschland eine Familie gründen, bzw. Eltern werden. Oft fällt die Gründung einer Familie in die Lebensphase, die (noch) vom nichtehelichen Zusammenleben geprägt ist (für einen detaillierten Vergleich familialer Lebensformen in den neuen und alten Bundesländern vgl. Bertram 1991 und Bertram 1992).

Sucht man nach der Verteilung der ehelichen Lebensgemeinschaften auf die Variablen der Sozialstruktur, so fällt auf, daß es sich dabei in den USA, in Frankreich und England eher um eine Lebensform höherer Schichten handelt, während in anderen westeuropäischen Ländern eine Streuung über alle Schichten hinweg zu konstatieren ist. Gesamthaft gesehen ist also die „Ehe ohne Trauschein" keine Angelegenheit von Akademikern, wenn allerdings in einigen Untersuchungen auch ein höherer Anteil an Paaren mit gehobener schulischer Bildung nachgewiesen werden konnte (vgl. Vaskovics/Rupp 1995). Allerdings gibt es deutliche Stadt/Land-Differenzen, wie etwa in Österreich (vgl. Haslinger 1981: 28), die durch religiöse Herkunft und Bindung noch verstärkt werden. Wichtiger als die Konfession (der Anteil der Protestanten ist deutlich höher als der der Katholiken) ist die religiöse Bindung. Diese minimiert die Tendenz zum unverheirateten Zusammenleben (vgl. Haslinger 1981: 24f.; Wingen 1981: 332f.).

In der Beurteilung des nicht-ehelichen Zusammenlebens gibt es heute kaum mehr signifikante Einstellungsunterschiede nach Geschlecht, Wohnort oder Region. Die Haltung zum Konkubinat ist weitgehend positiv und wird auch offensiv vertreten, wenngleich sie nicht immer ohne Schwierigkeiten (mit Eltern, Verwandten, Nachbarn und Vermietern) praktiziert werden kann. Im allgemeinen ist jedoch das unverheiratete Zusammenleben aus der gesellschaftlichen Diskriminierung entlassen. In Schweden ist es bereits institutionalisiert (vgl. Trost 1984: 304f.).

Tabelle 5: Anteil nichtehelicher Lebensgemeinschaften an allen Paaren (mit und ohne Kinder) nach Alter der Frau, 1995[1]

Alter der Frau (in Jahren)	Nichteheliche Lebensgemeinschaft je 100 Paare … ohne Kinder %	mit Kindern %	Insgesamt %
		Deutschland	
unter 25	60,2	14,4	42,0
25–29	45,2	9,1	23,0
30–34	32,7	5,6	10,8
35–44	17,9	3,5	5,8
45–54	6,0	1,8	3,8
55 und mehr	3,3	1,4	3,0
insgesamt	12,3	4,3	8,1
		Früheres Bundesgebiet	
unter 25	57,1	7,9	38,0
25–29	44,5	5,2	22,0
30–34	32,7	3,8	10,3
35–44	18,3	2,9	5,6
45–54	6,3	1,7	3,7
55 und mehr	3,3	1,3	2,9
insgesamt	12,8	3,0	7,8
		Neue Länder und Berlin-Ost	
unter 25	74,9	40,2	59,9
25–29	51,0	21,1	27,2
30–34	32,6	11,5	12,9
35–44	15,1	5,8	6,6
45–54	5,0	2,5	3,8
55 und mehr	3,4	2,2	3,3
insgesamt	10,1	9,3	9,7

[1] Die hier vorliegenden Zahlen beruhen auf Schätzungen des Mikrozensus
Quelle: Engstler (1997: 53)

Die Tendenz dazu ist auch in der Bundesrepublik zu beobachten, zumal die Rechtsprechung auf diese neuen Realitäten eingeht (vgl. auch Mühlfeld 1995: 77). Tyrell (1985: 115) sieht denn auch das Erstaunliche dieses Einstellungswandels gegenüber den 50er und 60er Jahren weniger in der deutlichen Zunahme dieser alternativen Lebensform und weniger darin, daß sich die meist Jüngeren dieses Recht zu einer gesonderten Existenzform herausnehmen, sondern eher noch darin, daß das ehedem Anstößige der „wilden Ehe" von der gesellschaftlichen Umwelt heute als salonfähig oder wenigstens als unabänderlich hingenommen wird. Ein erstaunlicher kultureller Bruch hat sich vollzogen, der etwas mit dem tendenziellen Bedeutungsverlust von Eltern für die Werte der nachwachsenden Generation zu tun haben muß. „Das Erstaunliche an dieser Generationendiskontinuität ist eben, wie ‚unverbindlich und folgenlos' die bürgerlich-traditionellen Einstellungen und Werthaltungen der Eltern (als der ‚Nächststehenden') im Hinblick auf die eher ‚jugend-kulturell' bestimmten Attitüden der nachwachsenden Generation (geblieben) sind" (Tyrell 1985: 115).

Für unsere Frage nach dem Lebensmodell „Familie" ist von besonderer Bedeutung, was diese alternativen Lebensformen hinsichtlich der Zukunftsaussichten von und Familie aussagen. Häufig wird argumentiert, daß sich hierin eine massive Abwertung der traditionellen Ehevorstellungen ankündigt. Nach der Scheidungshäufigkeit sei hierin der zweitwichtigste Indikator für den massiven Einstellungswandel zur Ehe zu suchen. Eine solche Vermutung erweist sich aber als ziemlich vorschnell: Dazu muß man zunächst wiederum die verschiedenen *Formen der nicht-ehelichen Lebensgemeinschaften* auseinanderhalten.

In der Bamberger Längsschnittstudie über nichteheliche Lebensgemeinschaften (Vaskovics/Rupp/Hofmann 1997) konnte festgehalten werden, daß ein großer Teil der Befragten einer Heirat aufgeschlossen gegenüberstand, in vielen Fällen sogar schon konkrete Heiratspläne bestanden. Der Anteil der „Ehegegner" lag mit 10% relativ niedrig, 30% waren sich noch nicht über eine Heirat im Klaren: „Die Heiratsneigung sprach dafür, daß die nichteheliche Lebensgemeinschaft für das Gros der jungen Paare nicht als dauerhafte Alternative zur Ehe konzipiert war. Entsprechend begründeten sie die gewählte Lebensform nur sehr selten (5%) mit einer grundsätzlichen Ablehnung der Ehe" (Vaskovics/Rupp/Hofmann 1997: 68). Daß die hohe Neigung zur Ehe auch tatsächlich in die Tat umgesetzt wurde, konnte sechs Jahre nach Beginn der Bamberger Studie festgestellt werden: zu diesem Zeitpunkt waren 87% der Untersuchungsgruppe verheiratet.

Das ist nur eine kleine Minderheit, von der nicht auf eine explizite Ablehnung der Ehe geschlossen werden kann. Dem steht gegenüber, daß der Prozentsatz der in Kohabitation Lebenden mit dem Alter rapide abnimmt (vgl. Tabelle 5). Immerhin ist auch für die 30–34jährigen Skandinavierinnen zu über 80% die Ehe die praktizierte Partnerschaft, während die 10 Jahre Jüngeren erst zu einem Viertel bis einem Drittel in einer ehelichen, also weit überwiegend in einer nicht-ehelichen Partnerschaft leben. Die Prozentsätze für Großbritannien und Frankreich schlagen noch weit eindeutiger für die Ehe zu Buche (98% bei den älteren Jahrgängen, 88 bzw. 83% bei den 20–24jährigen Frauen). Die Zahlen für die Bundesrepublik, Österreich und die Schweiz folgen mit kleinen Abweichungen diesen letzteren Zahlenwerten.

Daraus ist zu schließen, daß die nicht-ehelichen Lebensgemeinschaften zum größten Teil nicht als feste, dauerhafte Beziehung zweier Partner zu verstehen sind, die definitiv auf Heirat verzichten, sondern als ein probeweises Zusammenleben meist junger Leute, die vorerst keine dauerhafte Partnerschaft anstreben, sondern eine Art Probe- oder *Versuchsehe* eingehen. Diese „Vorbereitung" zur Ehe, wenngleich nicht unbedingt mit dem augenblicklichen Partner, gehört heute bei jungen Erwachsenen fast zur Norm. Dabei ist zu beachten, daß sich das nicht-eheliche Zusammenleben wohl erst in der Retrospektive als Vorbereitung, Probe und Versuch entpuppt. In der Intention der nicht-ehelichen Lebenspartner muß das Zusammenleben *zunächst* nicht als Vor-Ehe gemeint sein, die auf das

Modell Ehe hin konzipiert ist. Später kann sich die Absicht natürlich ändern. In Mittel-, West- und Nordeuropa scheint sich jedenfalls eine voreheliche Phase im Familienzyklus zu etablieren. Dahinter steht offenbar die Auffassung, daß derjenige der heiratet, vorher mit (s)einem Partner zusammengelebt haben sollte, was einerseits eine Verfrühung des Zusammenziehens, auf der anderen Seite ein zeitliches Zurückstellen der Ehe bewirkt. Das ist für die Familienentwicklung nicht ohne Bedeutung, wertet diese aber nicht unbedingt ab.

Höpflinger (1989a: 51f.) schlägt für diesen Wandlungsprozeß zwei Interpretationsmöglichkeiten vor: Die erste, die *These von der Rollenkluft*, geht davon aus, daß sich im Lebenslauf junger Erwachsener die früher gültigen biographischen Normen aufzulösen beginnen. Vor allem haben die Statuspassagen, also die Übergänge von der Herkunftsfamilie zur Gründung einer eigenen Familie, mit ihren zeitlichen, sozialen und rechtlichen Normen von Mutter- und Vaterschaft an Gewicht verloren und sind offenen Rollenexperimenten mit außerfamiliären Lebensformen gewichen. Zwischen die Rolle als Tochter und die Rolle als Ehefrau oder Mutter schiebt sich die mit dem Beruf verkoppelte Rolle als unabhängige Erwachsene. Je länger und tiefgreifender die Erfahrungen mit diesen nicht-familiären Rollen, desto umfassender geraten die Familiennormen unter Druck. Dies besonders dann, wenn der gesellschaftliche Wandel (ökologische Bedrohung, Wirtschaftsverläufe) zu Verunsicherungen führt und langjährige Bindungen – wie eine Ehe oder Familie – als problematisch erscheinen läßt. Der frühe Auszug von zu Hause führt mehrheitlich nicht gleich zu einer neuen Familiengründung wie noch vor 20 Jahren (vgl. Jugendwerk der deutschen Shell 1981: 107), sondern zum vorehelichen Zusammenleben mit einem festen Freund. Dabei ist nicht unwesentlich, daß Mädchen heute im Durchschnitt früher aus dem Elternhaus ausziehen als Jungen und auch eher sexuelle Erfahrungen machen (vgl. ebd.: 697f.).

Ob ehelich oder außerehelich zusammengelebt wird, scheint heute für die jungen Erwachsenen zweitrangig zu werden. Es macht den Anschein, als habe sich – wie Untersuchungen zeigen – in 20 Jahren ein rapider Mentalitätswandel vollzogen. Die Motive für eine Eheschließung, aber auch die prinzipiellen Gründe gegen sie, sind diffus geworden. Das Problem scheint sich ganz einfach in der Jugendphase nicht zu stellen. Die Entscheidung Ehe oder Nicht-Ehe wird nicht explizit getroffen, vielmehr werden beide als zwei Formen des Zusammenlebens einfach hintereinander geschaltet. Schon daraus wird ersichtlich, daß nicht-eheliche Lebensgemeinschaften keineswegs als grundsätzliche Alternativen zur Ehe angesehen werden. Sie sind höchstens Alternativen auf Zeit, einer Zeit des Experimentierens zwischen Jugend und Erwachsensein, zwischen Lernen, Arbeit und Änderungsbereitschaft. Hier werden verpflichtende Formen des Zusammenlebens als störend empfunden. Das gilt besonders für die Elternrolle.

Eine zweite, der ersten Theorie nur teilweise widersprechende Interpretationsmöglichkeit ist die *These von der Entstehung einer „Vor-Kinder-Phase"*. Diese Erklärung geht davon aus, daß sich in der hochentwickelten Industriegesellschaft zwischen dem Wegzug aus der Herkunftsfamilie und der Gründung einer eigenen Familie eine neue Lebensphase des noch kinderlosen Erwachsenendaseins institutionalisiert. Ohne an die Anforderungen der Elternschaft gebunden zu sein, können junge Erwachsene sich finanziell und beruflich absichern bzw. persönlich entwickeln. Deswegen werden in dieser Zeit Autonomie, Mobilität, Offenheit und Selbsterfüllung so stark betont. Es sind genau diese Vorteile, die die Befragten bei nichtehelichen Lebensgemeinschaften so hervorheben. Offensichtlich wird bei diesen jungen Erwachsenen eine frühe Elternschaft eher als Manko erlebt. So erscheint das Hinausschieben des Kinderwunsches wie ein rationales Kalkül, um sich noch eine Zeitlang die Vorteile der Jugendphase zu erhalten, gleichzeitig aber auch diejenigen des Erwachsenseins zu genießen.

Ein Hinweis für die Richtigkeit dieser Erklärung ist, daß mit Ausnahme der skandinavischen Länder die Konkubinate ohne Kinder bei weitem überwiegen. Das widerspiegelt sich näherungsweise in den Unehelichen-Quoten. Schweden und Dänemark weisen nicht nur weit höhere Raten des Konkubinats auf, sondern auch eine weit höhere „Reproduktionsrate" dieser unverheirateten Paare. In Italien, Griechenland, Belgien und der Schweiz ist die entsprechende Quote demgegenüber ganz gering, wenngleich sie überall, in unterschiedlichem Ausmaß zwar, im Ansteigen begriffen ist (vgl. Tabelle 6).

Tabelle 6: Außereheliche Geburten im Jahre 1993 in Westeuropa (in % aller Lebendgeburten)

Land	Außereheliche Geburten (in %)
Belgien	12,6
Dänemark	46,8
Deutschland	14,8
Griechenland	2,8
Spanien	10,5
Frankreich	33,2
Irland	19,5
Italien	7,3
Luxemburg	12,9
Niederlande	13,1
Portugal	17,0
Großbritannien	31,8

Quelle: Ditch et al. (1996: 37)

3. Die Entscheidung zur Heirat

Überblickt man die verfügbaren Daten, so fällt auf, daß sich trotz des recht dramatischen Wandels in den Lebensgewohnheiten Jugendlicher und junger Erwachsener hinsichtlich der Wertschätzung der Ehe gar nicht so viel Fundamentales geändert hat. Ein erstes Indiz dafür ist, daß die nicht-ehelichen Partnerschaften – entgegen dem ersten Anschein – recht ehelich leben, jedenfalls eheähnlicher, als es nach außen scheinen mag. Das wird an der hohen Konzentration der Partner auf die Gemeinschaftlichkeit deutlich. Hierin unterscheiden sie sich gar nicht von (kinderlosen) Ehepaaren gleichen Alters. Beide Gruppen sind partnerschaftlich organisiert und betonen bzw. praktizieren die Egalität der Aufgabenverteilung im gemeinsamen Haushalt. Der Anspruch auf emotionalen Gleichklang, offene Gefühlsäußerung und konsensuale Gleichheit zwischen Partnern ist besonders hoch (vgl. Bejin 1988: 183f.). Der Unterschied in der Kind-Fokussierung schlägt sich nicht, wie man manchmal befürchtete, in einem moralischen Vakuum nieder. Beide Gruppen betonen die Anerkennung der Abmachung. Dieser Anspruch bezieht sich auch auf die eheliche oder voreheliche *Treue* in der Zweierbeziehung. Er äußert sich in allgemein hohen Eifersuchtsraten. Etwa vier Fünftel aller Befragten sind ziemlich oder sehr eifersüchtig (vgl. Schulz W. 1983: 413).

Dauerhafte Nebenbeziehungen werden nicht geduldet. All das spricht gegen die von O'Neill (1972) propagierte offene Ehe. Deren völlige sexuelle Freizügigkeit („swinging") hat sich bisher als Lebensstil keineswegs durchgesetzt, auch nicht in der prinzipiell offeneren, nicht-ehelichen Lebensgemeinschaft.

Besonders in der jüngeren Generation scheint eine starke Zuwendung zu „traditionellen" Werten stattzufinden, wie Starke (1997) betont: „Gegenwärtig ist in Deutschland eine *Renaissance der romantischen Liebe* zu beobachten. Im Osten wie im Westen dominiert das Ideal der großen Liebe, die ausschließlich ist und ein Leben lang hält: Die Jugendlichen verlieben sich nicht auf Zeit, nicht vorläufig oder probehalber, sondern suchen die feste, dauerhafte Liebesbeziehung und wenden sich voll und uneingeschränkt der geliebten Person zu. Dieser Person wollen sie auch treu sein. Das Ideal der ewigen Liebe wird durch das Ideal der aktuellen Treue ergänzt. Partnermobilität ist dann nicht ein Durchbrechen der Liebe- und Treueideale, sondern die Folge davon. Ebenso kann die moderne Bindungsunlust nicht als Gegentendenz betrachtet werden: Sie ist ebenfalls die Folge des Ideals, sich (nur) mit einem bestimmten, einem geliebten und liebenden Partner einzulassen" (Stark 1997: 269).

Es trifft also keineswegs das Motto zu: „Un pour le chèque, un pour le chic, un pour le choc." Vielmehr hat Kaufmann recht, wenn er bemerkt, daß der Normkomplex „Partnerschaft" trotz der Ausdifferenzierung der Lebensformen weitgehend intakt geblieben ist (1988b: 398). Allerdings gilt – und das ist die Veränderung – die Monogamie-Vorstellung vor der Ehe nur auf Zeit. Nicht-eheliche Lebensgemeinschaften haben eine kürzere Dauer als die Ehe, während dieser Zeit aber gilt überwiegend die Praxis einer *Quasi-Ehe*.

Dafür gibt es ein weiteres Indiz: Wie schon angedeutet, sind die alternativen Eheformen überwiegend ein Phänomen der Post-Adoleszenz. *Auf Dauer* sind sie weniger attraktiv als die Ehe, denn – mit zeitlicher Verzögerung und nicht unbedingt mit dem anfänglichen Partner – geht das informelle Zusammenleben in der überwiegenden Zahl der Fälle in eine formelle Beziehungsform, d.h. die Ehe über. Sie sind vielleicht eine neue Form der Verlobung, wobei die Möglichkeit partnerschaftlicher Lernprozesse aus einer einmaligen Exklusivität herausgenommen wird. Bei sich nicht wiederverheirateten Geschiedenen ist die Partnerschaft von einem „Ehe-Training" weitgehend befreit, wenngleich andere Kriterien durchaus zutreffen.

Dieses stärker heraufziehende Phänomen ist in seiner Anlage hingegen weniger modern, als es scheinen mag. Die behördliche Mitwirkung (von Kirche und Staat) am Stiftungsakt einer legitimen, gegengeschlechtlichen Intimbeziehung und somit die Kontrolle von deren Bestand und Gültigkeit ist ein vergleichsweise spätes historisches Phänomen, das sich erst im 19. Jahrhundert voll durchgesetzt hat. Für manche Teile Europas hat die strikte Grenzziehung zwischen Ehe und Nicht-Ehe durch gesellschaftliche Akte der Institutionalisierung nie voll gegolten (vgl. Schwab 1981), sondern war je nach sozialer Schicht anders gelagert (vgl. etwa das Arbeitermilieu Mittel- und Nordeuropas, das rurale Konkubinat in Nordnorwegen). Auch in der Nachkriegszeit noch war die sogenannte „Onkel-Ehe" keineswegs unbekannt und wurde gesellschaftlich toleriert.

Wie sehr aber weiterhin die Norm der Ehe gilt, zeigt sich u.a. heute daran, daß die nicht-ehelichen Gemeinschaften in der *rechtlichen Behandlung* (z.B. bei der Auflösung des Haushalts) dem bürgerlichen Eheverständnis zunehmend gleichgestellt, d.h. ihm angeglichen werden (Vertragsintention, Rechtsfolgen, gemeinsame Entscheidungen). Auf der anderen Seite sprechen die internationalen Daten, sofern sie überhaupt verfügbar sind, vielleicht mit Ausnahme von Skandinavien, von einer erstaunlich hohen Zustimmungsrate zur Ehe. In Österreich erklärten zu Beginn der 80er Jahre 73% der Jugendlichen die feste Absicht, bis zum 30. Lebensjahr verheiratet zu sein (vgl. Schulz W. 1983: 409). In der Schweiz beurteilten 1988 84% der 20–39jährigen die Ehe positiv – positiver noch als 1986 (74%) und weit positiver als das Konkubinat (68% im Jahre 1988) (vgl. Höpflinger 1989a: 41).

In der Bundesrepublik akzeptieren nur 13% der Jugendlichen die Heirat als Station ihrer eigenen Lebensplanung nicht (vgl. Shell-Studie 1981: 204). Hingegen äußern 70% der Jungen und 77% der Mädchen im Alter von 16–18 Jahren einen deutlichen Ehewunsch. In der Shell-Studie '85 werden die Ergebnisse eindeutig bestätigt. Nur ist bei den Jungen der Prozentsatz der Ehe-Unwilligen angestiegen. Insgesamt dürfte die Anzahl der Heiratsverweigerer – von den genannten Ausnahmen abgesehen – unterhalb der 10%-Grenze liegen. Inwieweit die Ablehnung im übrigen unverrückbar ist, läßt sich aus den Daten nicht entnehmen. Hingegen ist der Schluß erlaubt, daß trotz aller Möglichkeiten zur alternativen Lebensgestaltung die Heirat weiterhin zur Normalbiographie gehört. Wie Allerbeck/Hoag (1986) betonen, hat sich in der Bundesrepublik zwischen 1962 und 1983 kein wesentlicher Wandel vollzogen, wenngleich der Heiratswunsch doch bei beiden Geschlechtern zwischen 10 und 15% zurückgegangen ist.

Sicher spielt das Ausprobieren von Lebensentwürfen und die freie Entscheidung für ein vorläufig ungebundenes Zusammenleben eine Rolle. Aber auch hier deuten die Befragungsergebnisse in Richtung Ehe. 91% der „informell Verheirateten" wollen schließlich formell heiraten oder schließen eine Heirat zumindest nicht aus. Der große Unsicherheitsfaktor scheint nicht die Ehe als solche, sondern der augenblickliche Partner zu sein (vgl. BMJFG 1985: 31f.).

Zwar kündigt sich auch bei jungen Mädchen eine gewisse Ehedistanz dadurch an, daß sie nicht mehr glauben, unter allen Bedingungen „unter die Haube" kommen zu müssen. Sie wollen schon wissen, ob sie mit dem künftigen Mann zusammenpassen. Dafür erscheint ihnen die nicht-eheliche Lebensgemeinschaft als eine ganz sinnvolle Zwischenlösung – eben so lange, bis sie zu wissen glauben, „ob es der Richtige ist" (Seidenspinner/Burger 1982: 9). Als entscheidend erweisen sich für diese hohe Ehewilligkeit die religiöse Bindung und das Vorbild der Eltern. Jugendliche aus geschiedenen Ehen sind deutlich ehe-unwilliger als solche aus vollständigen Familien (vgl. Allerbeck/Hoag 1986; Lenz 1989: 131 f.).

Ein ergänzender Hinweis auf die *Ehebereitschaft* im allgemeinen ergibt sich aus einem ganz anderen Zusammenhang. Der „Wohlfahrts-Survey" (1978) etwa, der u.a. auch nach der Zufriedenheit mit der Ehe oder Partnerschaft fragt, fördert eine sehr hohe „Glücksrate" der Verheirateten zutage. Auf einer 10stufigen Skala ordnen sich 88,7% auf den drei obersten Zufriedenheitsrängen ein (vgl. Siara 1980: 192). Im „Wohlfahrts-Survey" 1980 für die Bundesrepublik findet sich das Ergebnis, daß für Frauen aller Altersgruppen die Ehe/Partnerschaft der zweitwichtigste Grund für die eigene *Lebenszufriedenheit* ist (vgl. Glatzer 1984: 238). Der erste Glücksfaktor ist das intensive Lebensgefühl (Unabhängigkeit, Freiheit, Lebensgenuß) und die aktive Selbstverwirklichung (etwas erreicht zu haben). Der zweite Faktor hängt mit dem Gefühl der intensiven Partnerbeziehung, der Sicherheit und Geborgenheit, Wärme und Zuneigung, sexuellen Befriedigung und Kommunikation ab. Die Kindbeziehung ist davon unabhängig. Das dritte Glückselement ist der Beruf (vgl. Schulz et al. 1981). Ähnliche Ergebnisse erhält man für die USA und für die Niederlande.

Stellt man die Einschätzungen über die *Vorteile einer Ehe* bei Verheirateten und unverheiratet Zusammenlebenden gegenüber, so fällt auf, daß die Verheirateten den möglichen Vorteilen des Ehelebens (mit Ausnahme der Berufsprobleme!) sehr hohe Zustimmung erteilen. Das gilt insbesondere für das Zusammengehörigkeitsgefühl und die Kinderbetreuung.

Tabelle 7: Einschätzung der Vorteile einer Ehe bei Verheirateten und unverheiratet Zusammenlebenden (Angaben in Prozent)

Heiratsmotive	Verheiratete	Unverheiratet Zusammenlebende		
		Gesamt	davon mit fester Heiratsabsicht	davon ohne feste Heiratsabsicht
Materielle, finanzielle, berufliche Motive:				
– finanzielle Motive	65	63	68	54
– berufliches Fortkommen	34	35	35	35
– bessere Rentensicherung für beide	66	75	80	71
– man bekommt eher eine Wohnung	50	71	73	68
Soziale, familienexterne Motive:				
– Erwartungen der Freunde/Bekannten	41	25	28	28
– Erwartungen der Verwandten	56	54	58	53
– weniger Probleme mit Behörden	53	47	52	41
– besseres Auskommen mit den Nachbarn	45	32	33	31
– allgemeine Erleichterungen in der Gesellschaft	68	57	59	59
Partner- und familienbezogene Motive:				
– unabhängiger gegenüber Eltern	61	27	29	24
– größeres Zusammengehörigkeitsgefühl	70	32	47	22
– besseres Familienleben für Kinder	72	40	54	32

Quelle: nach BMJFG (1985: 45).

Diese Zustimmungshäufigkeiten werden von den unverheiratet Zusammenlebenden, auch von denen mit fester Heiratsabsicht, so nicht geteilt. Hier rücken die materiellen und sozialen Vorteile eher in den Vordergrund. Deutlich wird das beim Vergleich mit den ohne Heiratsabsicht Zusammenlebenden. Die Befragten, die ihren derzeitigen Partner nicht zu heiraten beabsichtigen, sehen die Institution Ehe grundsätzlich mit größerer Skepsis als die Befragten mit fester Heiratsabsicht. Die Vorbehalte gegenüber der Ehe bedeuten aber nicht unbedingt, daß die Befragten eine spätere Eheschließung grundsätzlich ablehnen. Vielmehr geht man meist davon aus, daß man eines Tages heiraten wird.

Von den Paaren mit fester Heiratsabsicht möchten 35% heiraten, wenn sie Kinder haben wollen und weitere 14%, wenn ein Kind kommt. Fragt man direkt nach den Gründen für eine Heirat, dann wird die hohe Bedeutung des Kinderwunsches im Zusammenhang mit der Eheabsicht noch deutlicher: 53% der Paare mit Heiratsabsicht nennen Kinder und richtiges Familienleben als Hauptgrund; 30% wollen durch die Heirat das Zusammengehörigkeitsgefühl stärken. Allerdings muß zuvor die materielle und berufliche Absicherung erfolgt sein. Etwa die Hälfte dieser Gruppe sieht die Bedingungen im Laufe der nächsten drei Jahre schon als gegeben an (vgl. BMJFG 1985: 37f.).

Diese Ergebnisse sind ein erster Hinweis darauf, daß auch der Normkomplex „Elternschaft“ neben dem Heiratsgrund „Zusammengehörigkeitsgefühl“ nicht, wie befürchtet, einem Vakuum Platz gemacht hat. Allerdings erfolgt die konkrete, auf Dauer ausgelegte und legalisierte Festlegung auf einen Partner deutlich im Hinblick auf ein Kind. Diese kindorientierte Ehegründung (vgl. Nave-Herz 1988b: 67, Vaskovics/Rupp 1995: 205) ist kein neuartiges Gesellschaftsphänomen. Das Neue dürfte sein, daß andere Gründe – etwa die Angst vor sozialer Ächtung, Benachteiligung und rechtlicher Sanktionierung – heute wegen der weithin möglichen Entkoppelung von Ehe und Zusammenleben weniger entscheidungsrelevant sind. Mit anderen Worten: Die externen Motive zur Eheschließung treten hinter die bewußte Entscheidung zum Kind zurück (vgl. BMJFG 1985: 15f.; Nave-Herz 1988b: 68).

Erst wenn die Rollenänderung eintritt, wird auch die institutionelle Stabilisierung gesucht. Die Konzentration auf Partnerschaft und Kind – oder besser: auf kindorientierte Partnerschaft – ist heute die Bedingung (der Möglichkeit) der Institution Ehe und Familie. Dieser Gesichtspunkt soll im folgenden weiter vertieft werden.

III. Die Kinderfrage

Die Tagesmeinung will es so, daß die moderne Familie „museumsreif“ geworden ist. Als Beweis wird die hohe Zahl der „Ehe-Muffel“ herangezogen. Wir haben versucht, die Daten etwas anders zu lesen. Dabei stellten wir fest, daß die Ehe nicht unbedingt abgewertet ist. Es kommt eben darauf an, ob man das Glas für halbleer oder für halbvoll hält. Auch im letzteren Fall soll deswegen nicht verkannt werden, daß die Ehe in einen Wettbewerb mit anderen Lebensformen geraten ist. Gleichzeitig – wiederum gegen die Alltagsmeinung – muß festgehalten werden, daß auch unter diesem Pluralitätsdruck Elternschaft ernstgenommen wird. Denn die Verknüpfung von Ehe und Fruchtbarkeit ist in den meisten europäischen Ländern weitgehend intakt. Wie anders ist es zu verstehen, daß ganz überwiegend Kinder nur in der Ehe geboren werden. Insofern mag man nicht unrecht haben, wenn man die nicht-ehelichen Lebensgemeinschaften junger Menschen als eine latente Vorbereitung auf Elternschaft ansieht. Man ist für Kinder erst dann bereit, wenn die Partnerbeziehung getestet und die Berufssituation genügend abgesichert ist (vgl. für die Schweiz auch Höpflinger 1989a).

Viel Aufregung um nichts also? Das auch wieder nicht! Dafür sind die demographischen Veränderungen in den modernen Industriegesellschaften zu gravierend. Hier scheint ein Einbruch in das bisherige Weltverständnis geschehen zu sein, der auch das Familienmodell in seiner bisherigen Form als vorrangig und lebenslang kinderorientierter Lebensentwurf fundamental verändert. Man hat dies unter dem Stichwort der „säkularen Nachwuchsbeschränkung" (Linde 1984) in die Debatte geworfen.

1. Eheverzögerung

Seit einigen Jahren schon steht die Öffentlichkeit ziemlich hilflos vor der Tatsache, daß wir in der sogenannten Dritten Welt die Bevölkerungsexplosion nicht beherrschen können, in Westeuropa hingegen überall die gegenläufige Entwicklung zu verzeichnen haben. Die Bevölkerung stagniert dort nicht nur, die biologische Basis dieser Kulturen entwickelt sich sogar zurück. Bis zum Ende der 60er Jahre konnte man etwa in der Bundesrepublik noch von der sogenannten „verheirateten Gesellschaft" sprechen, worunter die Tatsache zu verstehen war, daß die Zahl der Eheschließungen diejenige der Ehelösungen durch Tod oder Scheidung übertraf. Seit Anfang der 70er Jahre jedoch nimmt der Anteil der Verheirateten an der Bevölkerung ab, weil zum einen die Ehescheidungen steigen und zum anderen die Heiratsneigung der Ledigen, Geschiedenen und Verwitweten sinkt. Der Anteil der Nicht-Verheirateten an den Hauptheiratsjahrgängen wird immer größer (vgl. Schmid 1989: 10).

Als erstes fällt hier eine Diskrepanz zu dem bisher Gesagten auf. Zwar wird die Ehe – trotz unverkennbarer Distanznahmen seitens einiger Bevölkerungsgruppen – gesamthaft gesehen relativ hoch besetzt, dennoch scheint es niemand so recht in die Ehe zu drängen. Auffällig ist eine gewisse Zurückhaltung bei der jüngeren Generation wie bei den Älteren. Dieser sozio-demographische Trend läßt sich an einigen Daten illustrieren:

Vergleicht man die *Heiratsziffern* (Eheschließungen, bezogen auf 1000 Einwohner) einiger westeuropäischer Länder, so sieht man, daß das Heiratsniveau generell, jedoch in sehr unterschiedlichen Größenordnungen, abgesunken ist.

Tabelle 8: Eheschließungsrate und Alter bei der ersten Eheschließung (1993 bzw. 1992) in verschiedenen westeuropäischen Ländern

Land	Eheschließungen (je 1000 Einwohner)	Alter bei der ersten Eheschließung (1992)
Belgien	5,4	24,9
Dänemark	6,1	28,2
Deutschland	5,5	26,5/25,1
Griechenland	6,0	24,4
Spanien	5,0	25,6 (1991)
Frankreich	4,4	26,1
Irland	4,4	25,9 (1990)
Italien	5,1	25,8 (1991)
Luxemburg	6,0	25,9
Niederlande	5,8	26,6
Portugal	6,9	24,5
Großbritannien	5,9	25,5 (1991)

Quelle: Ditch et al. (1996: 36)

Die höchsten Eheschließungsraten wiesen (1993) Portugal, Dänemark und Luxemburg auf, am niedrigsten lagen die Zahlen in Frankreich und Irland. Deutschland befindet sich mit einer allgemeinen Eheschließungsrate von 5,5% in etwa im Mittelfeld, was die europäischen Vergleichsländer anbelangt. Auch das Alter der Eheschließung variiert in den einzelnen europäischen Ländern: In Portugal und Griechenland wird im Alter von etwa 24 Jahren die erste Ehe geschlossen, Eheverzögerungstendenzen finden sich vor allem in Dänemark (Alter: 28,2 Jahre), aber auch in den Niederlanden (26,6 Jahre) und in Deutschland (26,5 Jahre).

Für die Bundesrepublik war das Jahr 1978 jenes der niedrigsten Eheschließungszahlen (328 000). Bis zum Jahre 1990 hat sich die absolute Zahl der Eheschließungen in den alten Bundesländern ständig erhöht, in diesem Jahr wurden 414 475 Ehen geschlossen. Dieser Anstieg ist hauptsächlich auf das Eintreten der geburtenstarken Jahrgänge in das „heiratsfähige" Alter zu interpretieren und nicht als eine gestiegene Zustimmung zur Ehe. Die zusammengefaßten Heiratsziffern (vgl.

Abbildung 2) zeigen dagegen, daß die Eheschließungen seit den 80er Jahren in den alten Bundesländern stagnieren. In den neuen Bundesländern (die seit den 70er Jahren immer deutlich höhere Heiratsziffern als die alten Bundesländer hatten) dagegen sind sie seit der Wiedervereinigung stark abgefallen: Wurden 1989 noch 130 989 Ehen geschlossen, so waren es zwei Jahre später nur noch 50 529, im Jahre 1995 ist die absolute Zahl der Eheschließungen wieder leicht gestiegen (54 184), jedoch weit davon entfernt, die Werte vor der Vereinigung wieder zu erlangen.

Abbildung 2: Eheschließungen in der Bundesrepublik (1960 bis 1994), dargestellt an den Erstheiratsziffern der Frauen (je 100 Ledige)

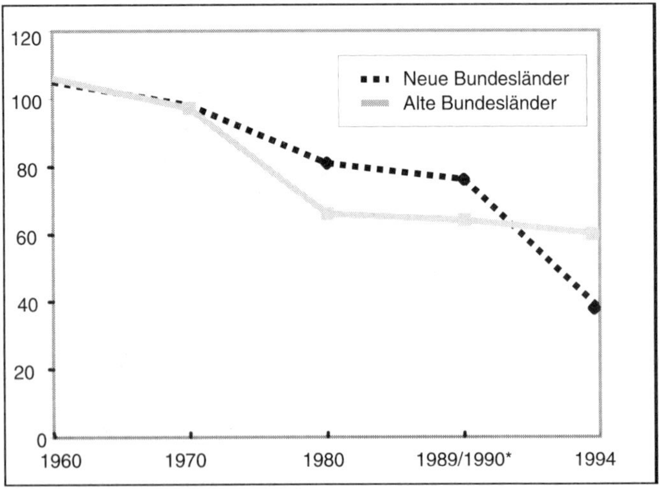

* Die Zahlen für die neuen Bundesländer beziehen sich auf 1989 (alte Bundesländer 1990).
Quelle: Engstler (1997: 71; eigene Darstellung)

Betrachtet man das durchschnittliche *Heiratsalter* lediger Männer und Frauen, dann wird auch hier deutlich, wie sehr der Heiratswunsch zeitlich hinausgeschoben wird (vgl. Tabelle 9).

Tabelle 9: Durchschnittliches Erstheiratsalter der Frauen in den neuen und alten Bundesländern (1950 bis 1995)

	1950	1960	1970	1980	1989/1990	1995
neue Bundesländer	24	22,5	21,9	21,8	23,7	26,4
alte Bundesländer	25,4	23,7	23	23,4	25,9	27,5

Quelle: Engstler (1997: 71)

Sowohl in den neuen, als auch in den alten Bundesländern wurde (im Jahre 1970) besonders früh geheiratet, danach erfolgte ein allgemeiner Anstieg im Erstheiratsalter, welches 1995 bei den Frauen in den alten Bundesländern bei 27,5 Jahren lag, in den neuen Bundesländern bei 26,4 Jahren. Die ostdeutschen Frauen, die im Durchschnitt sonst immer ca. 2 Jahre früher geheiratet haben, gleichen sich hinsichtlich ihres Heiratsalters also allmählich an westdeutsche Verhältnisse an.

Nach Schätzungen von Diekmann (1990: 274) geht bei einem Anstieg des Heiratsalters von insgesamt zwei bis drei Jahren bei den jüngeren Jahrgängen (maximal) ein Jahr auf das Konto der Bildungsexpansion bei Frauen. Dieser Befund wird durch Daten aus dem angelsächsischen Raum bestärkt und hat zur These vom *Unabhängigkeitseffekt* geführt. Danach weisen Frauen mit hoher Bildung und deswegen höherem Berufs- und Einkommensstatus auch höhere Ledigenquoten und ein höheres Heiratsalter auf als Frauen mit niedrigem Status. Der Grund liegt in ihrer ökonomischen Unabhängigkeit, der sie den „Aufwand“ der Partnersuche minimieren läßt. Für sie ist das traditionelle Ehemodell weniger attraktiv, und sie sind auch eher bereit, die Ehe aufzukündigen.

Diesem „Bildungseffekt“, der offensichtlich zu einer verminderten Eheschließungsneigung führt, wird in neueren soziologischen Untersuchungen der „Institutioneneffekt“ gegenübergestellt. Diese These führt den Anstieg des Heiratsalters weniger auf eine geringere Ehemotivation der gut ausgebildeten Frauen als vielmehr auf die lange Verweildauer in den Institutionen der schulischen und beruflichen Bildung zurück.

Jedenfalls ist kaum zu erwarten, daß der zu beobachtende Anstieg später Eheschließungen die Einbrüche bei den früheren Jahrgängen ausgleichen kann. Nave-Herz (1988b: 64) warnt allerdings davor, die Abnahme der Eheschließungszahlen überzuinterpretieren. Denn kohortenspezifische Berechnungen zeigen, daß Frauen der Geburtenjahrgänge 1896–1900 bis zu ihrem 50. Lebensjahr nur zu 86% geheiratet haben. Das sind weniger als beim Geburtenjahrgang 1956 (88–90%) und weit weniger als beim Jahrgang 1932 (95%). Insbesondere in Agrargesellschaften mit hoher Abhängigkeit von der Ertragskraft des Hofes war die Heiratsquote meist niedrig und das Heiratsalter hoch. Eine weit deutlichere Sprache reden da die Zahlen der Wiederverheiratung. Sie stand lange bei knappen 80%, so daß Zweifel an der Institution Ehe kaum aufkommen konnten. Wie aus Tabelle 10 hervorgeht, ist auch die Neigung zur Wiederheirat während der letzten dreißig Jahre gesunken. Den Schätzungen zufolge werden (gemessen an den Heiratsziffern von 1994) rund 53% der Geschiedenen in den neuen Bundesländern wieder heiraten, in den alten Bundesländern ca. 58% der Männer und 65% der Frauen.

Tabelle 10: Geschätzte Wiederheiratshäufigkeit der Geschiedenen (1965–1994) in den alten und neuen Bundesländern (Angaben in Prozent)

Jahr	alte Bundesländer		neue Bundesländer	
	Frauen	Männer	Frauen	Männer
1965	75	79	61	71
1975	63	60	64	69
1985	61	58	64	64
1990	68	63	58	58
1994	65	58	53	53

Quelle: Engstler (1997: 74)

2. *Der Geburtenrückgang*

In der Öffentlichkeit stärker wahrgenommen und wohl auch ein einleuchtenderer Indikator für die demographische Erschütterung ist der in Westeuropa zu beobachtende Geburtenrückgang. Zum Erhalt des jeweiligen Bevölkerungsstandes eines Landes im Wechsel der Generationen und unter Berücksichtigung der Mortalität ist es nötig, daß 100 Frauen 210 Kinder gebären. Dieses Niveau der Fruchtbarkeit war bis 1965 in allen Industrieländern völlig gesichert. Heute sieht die Situation ganz anders aus. Weder die USA noch Westeuropa (mit Ausnahme von Irland) sind in der Lage, dieses „Reproduktionsniveau" zu halten. D. h. wir leben in einem historischen Trend zur abwärts gerichteten Geburtenentwicklung, also in einer Phase des „demographischen Übergangs".

Abbildung 3: Entwicklungsphasen von Geburten- und Sterberaten im Modernisierungsprozeß Europas

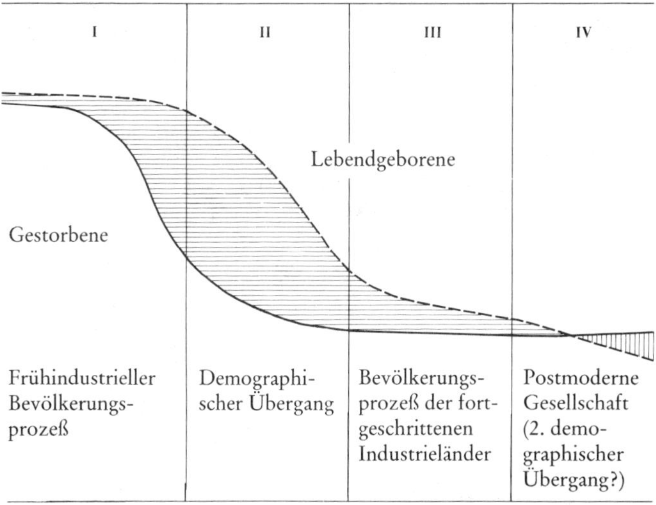

Diese schematische Darstellung macht einen langfristigen (säkularen) Entwicklungstrend für einzelne europäische Länder deutlich – wobei manche durch einen fast vollständigen Ausgleich der Geburten- und Sterberate, andere (wie die Bundesrepublik Deutschland) durch ein Absinken der Sterbe- unter die Geburtenrate gekennzeichnet sind. Um ein allgemeines Modell handelt es sich deshalb nicht, weil für Entwicklungsländer ganz andere Verhältnisse gelten. Auch ihre „Modernisierung" ist mit einer Reduktion von Fruchtbarkeit verbunden. Aber das Ausmaß des Zusammenhangs liegt weitgehend im dunkeln. Ebenso ist nicht zu prognostizieren, inwieweit diese Länder künftig den westlichen Lebensstil kopieren werden. Ebenso offen ist die Entwicklung für Europa selbst. Wir können nicht wissen, ob die bisherige Transformationskurve auch in Zukunft denselben, einen verstärkten, abgeschwächten oder umgekehrten Trendverlauf nehmen wird. Man kann höchstens mehr oder weniger begründete Vermutungen anstellen.

Tabelle 11 stellt die endgültige Kinderzahl der Frauen in verschiedenen Ländern der Europäischen Union dar, die Zahlen beruhen auf kohortenmäßig zusammengefaßten altersspezifischen Geburtsziffern.

In allen hier dargestellten europäischen Ländern hat sich die Zahl der Kinder je Frau drastisch verringert. Während eine 1930 geborene Frau in der Bundesrepublik noch durchschnittlich 2,17 Kinder hatte, liegt dieser Wert bei den 1960 geborenen Frauen nur noch bei 1,63. Nach den 1960 geborenen Italienerinnen, die durchschnittlich nur noch 1,59 Kinder bekommen werden, liegen die Deutschen damit am unteren Ende der Fertilitätsskala (wobei hier die Frauen in Westdeutschland mit nur 1,57 Kindern eine noch geringere Fertilitätsrate aufweisen). Die kinderreichsten Frauengenerationen finden sich in Irland (das jedoch auch starke Einbußen in den Geburtenzahlen verzeichnen mußte), Schweden und Frankreich, den einzigen Ländern in der Europäischen Union, bei denen mehr als zwei Kinder pro Frau geboren werden.

Tabelle 11: Mittlere endgültige Kinderzahl der 1930 bis 1960 geborenen Frauen in den Ländern der Europäischen Union[1]

Land	Geburtsjahr der Frau				
	1930	1940	1950	1955	1960
	Lebendgeborene je Frau				
Irland	3,50	3,27	3,01	2,68	2,39
Schweden	2,11	2,05	2,00	2,04	2,07
Frankreich	2,64	2,41	2,11	2,13	2,06
Vereinigtes Königreich	2,35	2,36	2,03	2,02	1,93
Griechenland	2,21	2,01	2,07	2,03	1,92
Finnland	2,51	2,03	1,85	1,88	1,91
Portugal	2,95	2,61	2,02	1,97	1,86
Dänemark	2,36	2,24	1,90	1,83	1,84
Belgien	2,30	2,17	1,84	1,82	1,83
Niederlande	2,65	2,21	1,90	1,87	1,83
Luxemburg	1,97	n. V.	1,72	1,68	1,69
Spanien	2,59	2,59	2,19	1,90	1,69
Österreich	2,32	2,13	1,86	1,77	1,68
Deutschland (insgesamt)	2,17	1,98	1,72	1,67	1,63
Alte Bundesl.	2,14	1,97	1,70	1,62	1,57
Neue Bundesl.	2,19	1,98	1,79	1,82	1,77
Italien	2,29	2,14	1,90	1,77	1,59
EU (der 15 Länder)				1,89	1,78

[1] Die Daten von 1955 und 1960 beruhen teilweise auf Schätzungen, die Reihenfolge der Daten ist nach der Kinderzahl der 1960 geborenen Frauen geordnet.

Quelle: Engstler (1997: 88)

Ab Mitte der 70er Jahre konnten die Wanderungsbewegungen (Zuzug von Gastarbeitern) diese Entwicklung zum Geburtendefizit nicht mehr kompensieren. Besonders drastisch stellt sich, wie bereits angedeutet, die Geburtenentwicklung in den neuen Bundesländern nach der Wiedervereinigung dar.

Hier kann in der Tat von einem Einbruch der Geburtenzahlen nach der Wiedervereinigung gesprochen werden. Die Geburtenziffern in der ehemaligen DDR lagen seit Anfang der

60er Jahre deutlich über denen der alten Bundesrepublik, sind aber nach der Wiedervereinigung so stark abgefallen, daß sie unter 1 Kind pro Frau fielen (im Jahre 1994: 0,77). Ob der leichte Aufwärtstrend, der sich zum Jahre 1995 angedeutet hat, auch eine tatsächliche Veränderung im Gebärverhalten der ostdeutschen Frauen markiert, kann zu diesem Zeitpunkt nicht abgesehen werden. In den alten Bundesländern dagegen sind die Geburtenziffern von 1960 bis 1980 deutlich abgefallen und halten sich seither in etwa auf dem gleichen Niveau, obwohl auch im Zeitraum von 1990 bis 1995 eine leichte Abwärtsentwicklung erkennbar ist.

Abbildung 4: Entwicklung der Geburtenrate in den neuen und alten Bundesländern (dargestellt anhand der Anzahl der Lebendgeborenen je 1000 Einwohner 1990 bis 1996[1])

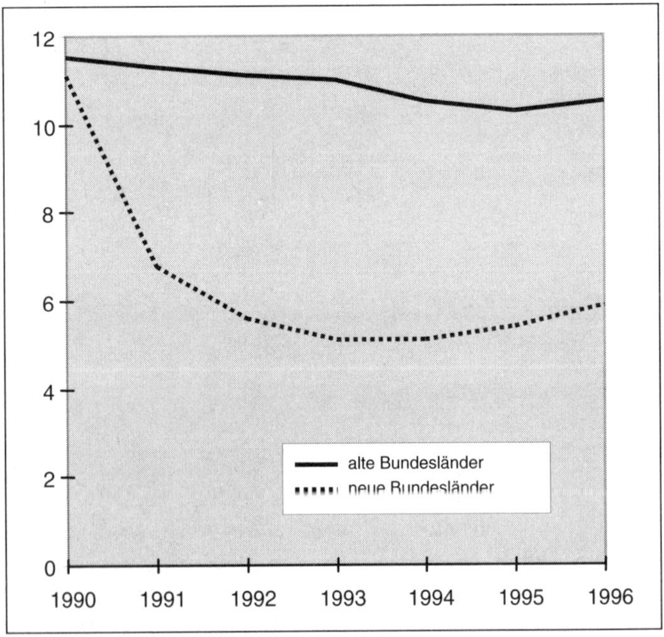

[1] Die Zahlen von 1996 sind vorläufig.
Quelle: Statistisches Bundesamt 1997: 31 (eigene Darstellung).

Die rückläufige Bevölkerungsbewegung in allen westlichen Ländern hat besonders unter dem Gesichtspunkt der *Überalterung* (Rentenproblematik, „Generationenvertrag") Resonanz gefunden. Auch darin verbirgt sich eine Familienthematik. Diese greift aber weiter, wie ein historischer Vergleich sofort zeigt: Aus Ehen, die um 1900 geschlossen wurden, gingen im Schnitt 4–5 Kinder hervor, von denen 3 das Kindesalter überlebten (Fruchtbarkeitsrate um 500); dagegen gehen aus 100 Ehen, die seit 1970 geschlossen wurden, lediglich etwa 150 Kinder hervor. Dabei bleiben 20% der Ehen kinderlos, 25% haben 1 Kind (Roussel 1988: 40). Mag auch die Aussage – wir seien auf dem Weg zur „kinderlosen Gesellschaft" – zu undifferenziert sein, die radikale Beschränkung der Kinderzahlen verändert jedoch für viele, wenn nicht die meisten Mitglieder der neuen Generationen die gesamte Familienordnung, sei es zwischen den Elternteilen, sei es im Verhältnis von Eltern und Kindern. Ich werde darauf noch zurückkommen.

Nach diesem Exkurs in das demographische Zahlenmaterial stehen wir einigermaßen erstaunt vor zwei konträren Fakten: Einerseits ist die allgemeine Einstellung zur Familiengründung weiterhin positiv, auf der anderen Seite scheint die Parallelität von verändertem Heiratsalter und Geburtentief darauf hinzudeuten, daß „Kinderhaben" als Wunsch gar nicht mehr hoch besetzt ist (vgl. dazu Wingen 1982: 116). Allerdings darf man auch dieses Argument nicht überzeichnen. Man wird wohl davon ausgehen können, daß verschiedene Lebensziele mit dem Kinderwunsch in Konkurrenz geraten sind, nicht aber erlaubt der statistische Rückgang der Geburtenquoten den Schluß darauf, daß Familie und Kinder im allgemeinen abgelehnt werden. Nave-Herz hat sicher recht, wenn sie hinter den niedrigen Fertilitätsraten „nur" die „Favorisierung einer bestimmten *Familiengröße*" vermutet (1988b: 71).

Nicht nur wird der Kinderwunsch aufgeschoben, er wird auch seiner Idealität entkleidet und an die für realisierbar erachteten Lebensbedingungen einer modernen Familie angepaßt. Das sieht man an folgender Tatsache:

Tabelle 12: Ideale Kinderzahl in verschiedenen Ländern (Daten des ISSP, 1994). Die Angaben stellen den jeweiligen Anteil (in %) derjenigen dar, die eine bestimmte Kinderzahl für ideal halten[1]

	kein Kind	1 Kind	2 Kinder	3 Kinder	4 Kinder
Australien	0,2	1,1	46,8	25,2	11,4
Deutschland (west)	0,8	5,0	66,7	19,0	3,4
Deutschland (ost)	0,5	9,8	75,8	10,5	0,9
Großbritannien	0,5	1,6	69,0	14,7	5,6
Nordirland	0	1,1	41,9	24,3	21,9
USA	0,8	2,3	54,1	20,4	11,0
Österreich	0,5	5,2	68,3	20,0	2,9
Ungarn	0,5	4,7	55,9	32,3	2,7
Italien	0,4	4,5	66,6	25,0	2,2
Irland	0,2	0,7	29,4	29,6	28,8
Niederlande	2,1	2,1	53,4	29,2	10,1
Norwegen	0,1	0,5	45,0	39,5	6,9
Schweden	0	0,6	58,3	25,9	5,1
Tschech. Republik	0,7	10,6	67,2	18,8	1,6
Slovenien	0,9	3,9	58,2	30,1	4,4
Polen	0	1,7	47,3	30,2	6,2
Bulgarien	4,9	7,1	65,9	19,2	2,6
Rußland	0	9,4	61,0	23,2	2,5
Neuseeland	0,8	1,1	47,5	24,6	10,1
Kanada	0,3	1,7	46,8	21,4	7,4
Philippinen	0	0,8	19,1	46,8	23,5
Israel	0,1	0,7	15,9	40,8	29,8
Japan	0	0,7	37,0	56,4	4,3
Spanien	0	5,6	57,8	23,8	4,3

[1] In die Betrachtung mit einbezogen wurden dabei nur bis zu vier Kinder, da in den wenigsten Fällen fünf oder mehr Kinder gewünscht werden.

Tabelle 12 gibt Aufschluß über die Kinderzahl, die in verschiedenen Ländern für ideal gehalten wird. Auffallend sind hier mehrere Entwicklungen: Zum einen ist der generelle Wunsch nach Kindern in allen Ländern relativ hoch. Knappe 5% der befragten Bulgaren möchten gar keine Kinder, sowie 2,1% der Niederländer. In allen anderen Ländern liegt der Anteil derer, die kein Kind wollen unter einem Prozent. In den meisten Ländern findet die Zwei-Kind-Familie die große Zustimmung, mit Ausnahme von Japan, Israel, und den Philippinen; hier werden jeweils drei Kinder als ideal erachtet. Ein Trend zur „Ein-Kind-Familie" läßt sich in keinem Land finden, allerdings werden in den meisten Ländern auch Familien mit mehr als drei Kindern nicht für sehr wünschenswert erachtet. Trotzdem sind die Zustimmungsraten für Kinder (im allgemeinen) noch beachtlich. Das läßt sich wiederum an Daten aus der Bundesrepublik illustrieren:

Tabelle 13: 35–39jährige Frauen in den neuen und alten Bundesländern nach Zahl der im Haushalt lebenden Kinder (1995; alle Angaben in Prozent)

	Frauen mit … Kindern im Haushalt			
	0	1	2	3 und mehr
Deutschland insgesamt	21,0	25,0	38,4	15,5
alte Bundesländer	24,1	23,8	35,8	16,3
neue Bundesländer	8,4	30,2	49,1	12,4

Quelle: Engstler (1997: 89)

Die größte Gruppe bei den 35–39jährigen Frauen ist diejenige, die mit zwei Kindern im Haushalt lebt, Familien mit drei und mehr Kindern sind vergleichsweise selten geworden, im gesamten Bundesgebiet betrug ihr Anteil im Jahre 1995 nur noch 15,5%. Über 20% der 35–39jährigen Frauen haben gar keine Kinder, in den neuen Bundesländern allerdings deutlich weniger, hier liegt ihr Anteil nur bei 8,4%. Damit bestätigt sich im großen und ganzen die Familienplanung der Eltern. Sie betrachten zwei Kinder als das Optimum und korrigieren in der Realität diese Vorstellung eher nach unten als nach oben. Damit ist der säkulare Geburtenrückgang rein demographisch „erklärt". Er ist weitgehend dem Verschwinden der Mehrkinder-Familie zu verdanken. Von 100 Ehen bleibt etwa ein Fünftel kinderlos, ein Viertel hat ein Kind und an die 40% zwei Kinder. Darüber hinaus reichende Kinderzahlen scheinen in der Moderne keinen Platz zu haben. Trotz einer deutlich feststellbaren Diskrepanz zwischen idealer und tatsächlicher Kinderzahl wachsen die meisten Kinder in Deutschland nicht als Einzelkinder auf. 1995 hatten knappe 50% der 6 bis 9jährigen Kinder in den alten Bundesländern 1 Geschwister, über 23% sogar 2 Geschwister. 16,7% wuchsen dagegen zu diesem Zeitpunkt als Einzelkinder auf (Engstler 1997: 33).

3. Die Begründung der Kindermüdigkeit

Auf der Suche nach nicht-demographischen Faktoren der veränderten ehelichen Fruchtbarkeit (die faktisch eine Entscheidung zu einem, höchstens zu zwei Kindern ist) werden aus der gesamten bisherigen Darstellung eine Reihe von Ansatzpunkten sichtbar. Die Aspekte sind vielfältig und bedingen sich zum Teil sogar. Kinderwünsche und konkrete Kinderplanung hängen ab vom Alter der Eltern, von der Art der Partnerbeziehung, vom Ausbildungsniveau, von der materiellen Lage, von der Einstellung zur materiellen Lage und zu Kindern, von konkreten Erfahrungen mit Kindern, von der Kinderfreundlichkeit der Umwelt, von der familiären Belastung der Frauen, von den erwarteten Zuwendungsanforderungen an Kinder, vom Lebensstil in der eigenen Herkunftsfamilie und schließlich von der Hilfe durch die eigenen Eltern bzw. Großeltern.

Diese und andere Erklärungsversuche lassen sich in zwei große Ansätze unterteilen: Der eine ist ein vorwiegend wirtschaftlicher, wobei „ökonomisch" hier im Sinne der materiellen Versorgung verstanden werden muß. Dem steht das kulturelle Erklärungsmuster gegenüber, das vor allen Dingen auf die Sinndeutungen des modernen Lebens abhebt. Beide Denkweisen setzen sich wiederum aus einer Reihe von Unterhypothesen zusammen. Überall wird mit Recht vor einem monokausalen Vorgehen gewarnt. Dem kann man sich nur anschließen. Auch – und gerade – Nutzenskalküle hängen mit kulturellen Sinnvorstellungen zusammen. Umgekehrt darf die ökonomische Einbindung der kulturellen Deutungsmuster nicht vernachlässigt werden. Beide Ebenen können also nur zu analytischen Zwecken auseinandergehalten werden.

a) Ökonomische Erklärungsvarianten

Wenn uns die demographischen Merkmale der westeuropäischen Gesellschaften zeigen, daß wir nach 1965 in eine andere Welt eingetreten sind, dann hängt das wesentlich mit ökonomischen Entwicklungen zusammen. Noch nie war der Wohlstand so hoch und niemals bisher standen so vielen Menschen so viele Lebenschancen offen. Das muß verhaltensändernde Wirkungen ausgelöst haben, die sich auch in der Kinderfrage niederschlagen.

(1) Das Arbeitsmarktmodell

Easterlin (1980) sieht die veränderten Geburtenquoten ganz in Abhängigkeit von Wirtschaftskonjunktur und Arbeitsmarkt. Für ihn ist die geschilderte demographische Entwicklung kein unumkehrbarer Prozeß, da sich Geburtenzahlen dynamisch an einen Gleichgewichtspfad annähern. Junge Ehen mit Kinderwunsch reagieren ganz sensibel in ihrer tatsächlichen Kinderplanung auf die vorhersehbaren Konsequenzen des Arbeitsmarktes. Erleben sie eine „ausgedünnte" Erwachsenengeneration, so assoziieren sie das mit einem erheblichen Arbeitsmarktrisiko, denn ihre Nachfrage nach Berufsposition ist im Vergleich zum durch Ausscheiden freiwerdenden Stellenangebot knapp (sogenanntes „Beute-Opfer-Modell"). Als Folge davon reduzieren sie die Fertilität. Werden sie hingegen mit einer zahlreichen Gruppe älterer Erwachsener konfrontiert, dann sehen sie auch höhere Chancen, am Arbeitsmarkt unterzukommen. Folglich werden auch die Geburten ansteigen. Niedrige oder hohe Fruchtbarkeit hängt also von der wahrgenommenen sozialen Dichte der Bevölkerung und damit vom Raum- und Entfaltungsangebot ab. So schwanken die Geburtenziffern je nach der *Generationenverdichtung*. Stark besetzte Jahrgänge führen in der Folgezeit zur Ausdünnung und umgekehrt (d.h. es schließt nicht aus, daß zugleich auch säkulare Trends wirken können). Gegenwärtig stehen wir nach Easterlin nur in einer Phase der inter-generationellen Abwärtskorrektur von einem vorher aufwärts gerichteten Trend. Die Gleichgewichtslage stellt sich folglich nicht wegen der direkten

Einschätzung der Unterhaltsmöglichkeiten einer Bevölkerung ein, sondern infolge relativ kurzfristiger Selbstregulierungen auf dem Arbeitsmarkt. Demnach wäre in den nächsten Jahren wiederum ein Aufwärtstrend der Geburten zu erwarten.

(2) Das Kind als Wirtschaftsgut

Noch stärker auf das Nachwuchskalkül setzt die Argumentation der neuen politischen Ökonomie von Gary S. Becker. Von seiner Ökonomik der Fertilität wurden die „new home economics“ stark beeinflußt. In dieser Theorietradition ist die Familie wie ein Unternehmen mit Produktion beschäftigt, d.h. mit Kinderproduktion. Kinder sind wirtschaftliche Güter und unterliegen dadurch einem Herstellungskalkül. So fremd uns diese Terminologie scheinen mag, der rechnerische Impuls mit Kindern war der *traditionellen Gesellschaft* niemals ganz unbekannt. Kinder hatten auch den Interessen der Eltern zu dienen. Vielfach wird die Meinung vertreten, daß die traditionelle Familie in ihrer Sippenbindung sogar vorrangig ökonomischen Motiven unterstellt war. Familiengründungen waren (egoistische?) Sachentscheidungen von Sippen, die sich nach ökonomischen und politischen Zwecken der Besitzwahrung, Machtvermehrung und Kontaktvergrößerung richteten. Deswegen unterlagen sie der strengen Kontrolle der Gemeinschaft. Ein Hinweis auf dieses Entscheidungskalkül ergibt sich daraus, daß die Kontakte wenig emotionalisiert waren. Wichtig war die Heirat, die Liebe kam möglicherweise – aber nicht zwingend – als Dreingabe hinterher. Wir kennen dies aus den Adelsfamilien ebenso wie aus den Handwerker- und Bauernfamilien: War es nicht das Problem des Statuserhalts, dann das der gemeinsamen Wirtschaft zur Existenzsicherung (vgl. Beck-Gernsheim 1983: 330, Rosenbaum 1982: 77ff.).

Auch heute noch können wir diese Einstellung in Agrargesellschaften der *Dritten Welt* gut beobachten. Einerseits sind die Kinder eine wichtige Quelle von Arbeitskraft, denn sie ist weniger teuer als mechanisierte. Eltern „investieren“ also in die Entwicklung ihrer Kinder, damit sie später Arbeitskräfte werden. Überdies sind Kinder auch ein Mittel der Altersversicherung der Eltern. Sie zahlen sozusagen in ihren künftigen Pensionsfonds ein, indem sie Kinder aufziehen. Ohne ein ausgebildetes Sozialversicherungssystem ist es ökonomisch rational, Kinder zu haben, die sich dann um die Eltern kümmern, wenn diese nicht mehr selbst für sich sorgen können. (Deswegen sind die Bemühungen, das Bevölkerungsproblem in der Dritten Welt zu lösen, bisher – mit Ausnahme von Chinas Zwangspolitik – so erfolglos geblieben.)

Je größer also der Nutzen, den man von Kindern hat, desto höhere Kinderzahlen sind zu erwarten. Nun kann man heute in den Industrieländern feststellen, daß sich die Nutzensschätzungen gegenüber Kindern, also die Kinderfunktionen, vom ökonomischen zum „Emotionsnutzen" gewandelt haben, so daß aus Gründen der Existenzsicherung nicht mehr an eine „Kinderproduktion" gedacht werden muß; im Gegenteil: es sind schließlich auch die Kosten zu bedenken, die es mit sich bringt, ein Kind aufzuziehen. McKenzie/Tullock (1984: 145f.) haben diese Kosten berechnet. Dazu gehören die Kosten der Geburt, die Ausgaben für die Kinder während etwa 18 Jahren und schließlich die Opportunitätskosten, d.h. die entgangenen Gewinnchancen bei alternativen Investitionen. Bei Frauenerwerbstätigkeit werden die Opportunitätskosten der Mütter interessant. Sie hängen von ihrem Lohn ab, den sie hätten verdienen können, wenn sie keine Kinder gehabt hätten. Die diskontierten Gesamtkosten für die Mutter mit Grundschulausbildung belaufen sich so auf 50000 Dollar, für die Mutter mit 4jähriger College-Ausbildung auf rund 76000 Dollar. Die Grenzkosten für jedes zusätzliche Kind betragen etwa 27000 bzw. 33000 Dollar. Dies sind Werte auf der Basis des Jahres 1969. Sie sind für das Jahr 1991 sicher zu verdoppeln! Darin sind die Opportunitätskosten der Zeit des Vaters, der Verlust an marktgängigen Fähigkeiten der Mutter während ihrer Zeit zu Hause etc. gar nicht eingerechnet. Die Schätzungen sind also nur Rohwerte, sie erlauben aber sicherlich den Schluß, daß „für die meisten Leute ... das erste Kind das teuerste einzelne Gut (ist), das sie jemals in ihrem Leben ‚kaufen' werden" (McKenzie/Tullock 1984: 147).

(3) Das Umweltdefizitmodell

Ebenso ökonomisch, wenngleich eher von den Leistungen des Sozialstaats her argumentiert, wird dann, wenn die säkulare Nachwuchsbeschränkung im Zusammenhang mit den ungenügenden Wohnverhältnissen oder Betreuungsleistungen von seiten des Staates gesehen wird. Das gilt besonders, wenn man die Entscheidung für das zweite und jeweils weitere Kind betrachtet. Die Mehrkinder-Familie scheint demnach deshalb ausgefallen zu sein, weil die Entscheidung hierfür eine *Entscheidung für die relative Armut* und Benachteiligung ist. Zweifelsohne schaffen in manchen Ländern das Sozialrecht, das Steuerrecht, die Wohnungsknappheit, die Wohnungsqualität, der Städtebau und anderes mehr eine Privilegierung der Nicht-Verheirateten oder der Ehen mit rigoroser Kinderbeschränkung. Das bewirkt nicht nur den Anreiz, sich dauerhaft in alternativen Lebensformen einzurichten, sondern auch denjenigen, sich auf kinderfeindliche Lebensbedingungen einzustellen; zumal dann, wenn die Frauenarbeit als wirtschaftliche Ergänzungsleistung zwingend wird und außerfamiliäre, staatliche, kommunale oder verbandliche Betreuungseinrichtungen für die Kinder (Tagesmütter, Tageskrippen, Kindergärten, Ganztagesschulen etc.) wenigstens als Hilfskonstruktionen nicht in genügendem Maße vorhanden sind. Tatsächlich setzt Familienpolitik nicht selten (ja sogar übergewichtig) bei diesem finanziellen Kalkül an.

b) Kulturelle Erklärungen der Geburtenbeschränkung

Im Gegensatz zu den Argumenten der Familien- und Kinderökonomie fragen die Vertreter der kultursoziologischen Argumente danach, inwiefern und warum sich traditionelle Sinndeutungen, die sich bisher selbstverständlich in einer hohen Geburtenrate niederschlugen, plötzlich gewandelt haben. Da werden Argumente weitergeführt, die im Kapitel „Frauenfrage“ schon andeutungsweise in die Diskussion gebracht wurden.

(1) Das Emanzipationsmodell

Als erstes wird von der veränderten Rollenstruktur her argumentiert. Geburtenbeschränkung steht im Zusammenhang mit den wachsenden Bildungs- und Selbständigkeitsambitionen der Frauen. Vor allem die zunehmende Erwerbstätigkeit verheirateter Frauen wird als Erklärungsansatz herangezogen. Das Hinauszögern der Familiengründung und die Beschränkung der Geburten sind danach die Konsequenz steigender Ausbildungszeiten und verstärkter *Berufsorientierung* der Frauen. Ihre Teilnahme an diesem Typus von Modernität läßt die Familienpläne tendenziell an den Berufsplänen scheitern. Das gilt besonders für besser ausgebildete Frauen, die wegen der hohen Investitionen in den künftigen Beruf unter Druck stehen, die Ausbildung auch wirklich in einen Beruf umzusetzen. Wenigstens für eine gewisse Zeit muß deswegen der Heirats- und Kinderwunsch zurückgestellt werden. Je länger dies der Fall ist, desto wahrscheinlicher ist, daß Ehe und Kinder überhaupt an Vordringlichkeit verlieren (vgl. Kiernan/Diamond 1983).

Tatsächlich haben berufstätige Frauen weniger Kinder. Auch werden Ehen mit berufstätigen Frauen häufiger geschieden. Im allgemeinen ist die Forschung einhellig der Meinung, daß hier eine der entscheidenden Ursachen für den Wandel der Familienstruktur liegt. W. Schulz hat diesen Zusammenhang in folgendem Schema verdeutlicht (1983: 405).

Für Heide Mertens (1989: 255) ist der Zusammenhang von Geburtenrückgang und Emanzipation aber deshalb fraglich, weil mit dieser Theorie der (eben doch vorhandene) Wunsch nach Kindern nicht befriedigend erklärt werden kann. Sie geht deswegen von einer anderen These aus, nämlich, daß die niedrigen Geburtenraten in westlichen Industrieländern eine Folge der *neuen Widersprüche* ist, denen Frauen ausgesetzt sind. Einerseits werden sie – auch von seiten der Männer – aus der Nur-Hausfrauen- und Mutterrolle entlassen, um an der Existenzsicherung im außerhäuslichen Bereich mitzuwirken, andererseits sind gerade die Zugänge zu den ehemals männlichen Domänen immer noch nicht problemlos zu haben, so daß um diese neuen Lebensbereiche mit sehr viel Einsatz von Energie gekämpft werden muß. Das sei nur so zu verstehen, daß die Gesellschaft im Endeffekt die Frauen eben doch nicht aus ihrer Mutterrolle entläßt. Diese wird – auch von einem Teil der Frauenbewegung – heute wieder zunehmend idealisiert, gleichzeitig wird sie aber nicht mit realem Ansehen und mit materieller Sicherheit ausgestattet.

Abbildung 5: Zusammenhang zwischen Familien- und Wertstruktur

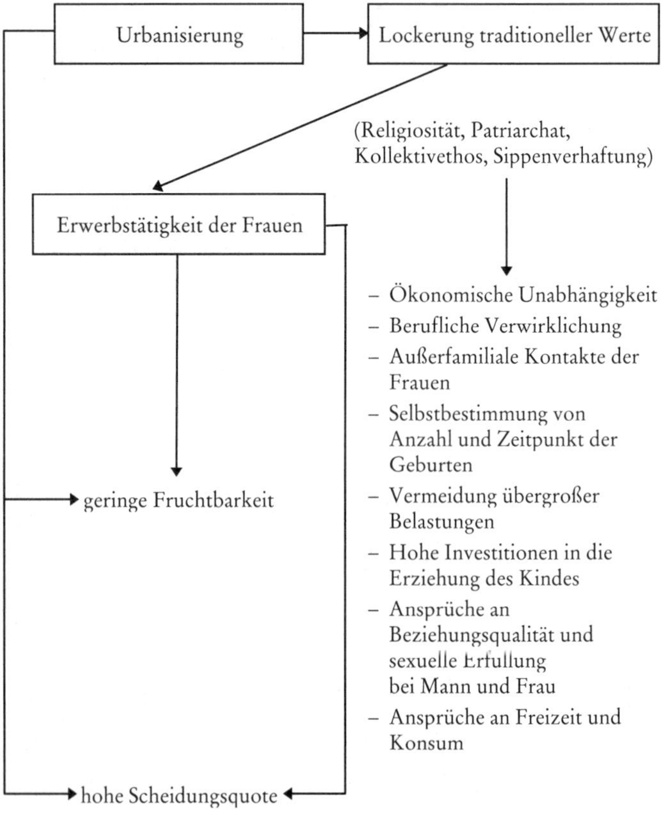

Quelle: Schulz, W. (1983: 405)

Gegen eine „direkte Verknüpfung“ von niedrigen Geburtenraten und zunehmender Frauenerwerbstätigkeit sprechen auch die Ergebnisse zur Frauenerwerbstätigkeit in Europa (Tabelle 2). So haben gerade die Länder mit den derzeit niedrigsten Geburtenraten in Europa (Italien und Spanien) auch eine vergleichsweise geringe Frauenerwerbstätigkeit.

(2) Das Hedonismusmodell

Aus Abbildung 5 ist zu entnehmen, daß ein wesentlicher Teil familiärer Veränderungen auch mit der Neu-Interpretation der Lebensziele zusammenhängt. Man hat sich heute daran gewöhnt, vom epochalen Wertwandel zu sprechen, der insbesondere darin bestünde, daß *Pflicht- und Akzeptanzwerte* – also die ehemals bürgerlichen Tugenden der Leistungsbereitschaft, Selbstkontrolle, Askese und Gehorsam – dabei seien, ihre Geltung an *Selbsterfüllungswerte* (Freiheit, Selbstbestimmung, Emanzipation, psychisches Wachstum) abzutreten. Wie weit dieser Wandel unumkehrbar ist, soll hier nicht diskutiert werden. Bedeutsam ist im Augenblick für unsere Frage nur, daß Wohlstandsgesellschaften einen Zug zur „Luxurierung“ (Gehlen) haben. Damit sind nicht nur die materiellen Güter, sondern auch die sogenannten „post-materiellen“ Werte gemeint. Ihren Ausdruck findet die Wertverschiebung u.a. darin, daß nicht nur Arbeit, sondern auch Freizeit und Konsum, nicht nur harte Pflicht, sondern vor allen Dingen Lebensgenuß propagiert werden.

Ein solches Genuß-Modell wird auch zur Erklärung des Geburtenrückgangs herangezogen. Vielfach wird nämlich behauptet, daß Kinder deshalb nicht mehr modern seien, weil sie dem Lebensgenuß des Narzißten oder Egoisten im Wege stünden. Wie anders sei erklärbar, daß Kinder so stark unter dem Kostengesichtspunkt betrachtet würden, während das früher anscheinend weniger der Fall war. Während vor zwei Generationen noch eine zahlreiche Familie zu Status und Zufriedenheit verholfen habe, ist es heute eher der gepflegte Lebensstil, für den Kinder sich aber als kontra-produktiv erweisen.

Mit diesem Argument wird nun die Möglichkeit der *Kinderverhütung* verbunden. Die Anwendung verbesserter Kontrazeptionsmethoden wird dem Willen der Ehepaare zum Lebensgenuß zugeschrieben, der damit letztlich für den Geburtenrückgang verantwortlich sei. Tatsächlich hat es in den 60er Jahren den sogenannten „Pillen-Knick“ in der Bevölkerungskurve gegeben. Die Frage ist nur, wie man ihn interpretiert. Vermutlich ist das Verhütungswissen als solches gar nicht ausschlaggebend für die Kinderzahl, denn die Möglichkeiten zur Geburtenprävention oder sogar zur Abtreibung waren in den meisten Gesellschaften bekannt. Das entscheidend Neue ist wohl nicht die relative Sicherheit der heutigen Methoden, Geburten zu verhindern, sondern die Tatsache, daß dieses Verhütungswissen „norm-entgrenzt“ ist. Früher hat man diese Kenntnisse vielleicht nicht richtig angewendet, vor allen Dingen aber im großen Umfang abgelehnt. Die Kinder „kamen einfach“, auch wenn sie nicht unbedingt immer Wunschkinder waren. Man „hatte“ sie, wie andere Familien eben auch, und man hatte sie, weil es sein sollte und als der Bestimmung der Frau entsprechend (vgl. Beck-Gernsheim 1985) angesehen wurde.

Das entscheidend Moderne an der Verbreitung der Präventivmittel ist vielmehr, daß die Anwendung selbstbestimmt und privatisiert ist, daß sich Entscheidungsspielräume auftun, die persönlich gefüllt werden müssen. Erst dadurch spielt das Wissen über Sexualität, Menstruation und Fortpflanzung eine Rolle. Die „Pille“ ist sicher eine Ursache, aber keine hinreichende Erklärung; sie ist vor allen Dingen ein Symbol für die heutigen Kulturveränderungen.

Ganz normlos ist dieses Wissen hingegen auch wieder nicht, denn es wird vielfach als ein Reflex verstanden, daß unverantwortbare (vormoderne) Zwänge – wie etwa der, gegen den eigenen Willen eine hohe Fruchtbarkeit an den Tag legen zu müssen – aufgelöst werden. Ausfluß des modernen, individuellen Lebensstils ist deshalb die „individuell gelenkte Fruchtbarkeit“ (Wingen 1989: 20).

Heute *muß* von vornherein darüber *entschieden* werden, ob ein Kind kommen soll. Man kann es auch so sehen: Gelenkte Kinderplanung ist der Ausdruck dafür, daß Kinder *gewollt* werden. Dem privaten, berechneten Nachwuchskalkül entspricht auf der anderen Seite die wertrationale Entscheidung zum Kind. Kaufmann hat recht, wenn er dahinter keineswegs den Verlust des traditionalen Elternideals vermutet, sondern sogar seine Bestärkung unter dem Normkomplex der persönlich „verantworteten Elternschaft". „Er beinhaltet einerseits die Erziehungsverantwortung der leiblichen Eltern, jedoch andererseits auch die Norm, Kinder nur dann zur Welt zu bringen, wenn man glaubt, dieser Verantwortung tatsächlich gerecht werden zu können. Es liegt in der Konsequenz einer sozialen Wirksamkeit dieser Norm, wenn heute die Aufforderung an Frauen, ein ‚unerwünschtes' Kind auszutragen und es dann zur Adoption freizugeben, auf so geringe Resonanz stößt. Die gegenwärtige geringe Geburtenhäufigkeit ist aus institutioneller Perspektive im wesentlichen auf die Wirksamkeit des Normkomplexes verantworteter Elternschaft in Verbindung mit der ökonomischen Benachteiligung kinderreicher Familien und hohen Ansprüchen an die Kindererziehung zu begreifen" (Kaufmann 1988b: 395). Der Normkomplex der ‚verantworteten Elternschaft' weist auf eine weitere Besonderheit hin. Ganz entgegen der Auffassung der ökonomischen Theorie kann auch argumentiert werden, daß die Kinderzahl heute gerade deswegen abgenommen hat, weil Kinder in ihrer Bedeutung für die Eltern gestiegen sind. So versprechen Kinder heute weniger ökonomische Vorteile, sondern einen außerordentlich hohen emotionalen Wert, der sogar so hoch ist, daß Einschränkungen im materiellen Bereich in Kauf genommen werden, obwohl die Entscheidung zur Elternschaft letztlich eine freiwillig gewordene ist. Zu diesem Phänomen des „priceless child" (Zelizer 1985) gehört dann eben auch, daß hohe Aufmerksamkeit, Liebe, Zuwendung und Unterstützung besser auf wenige Kinder angewendet werden können. Die Abkehr von der Mehrkindfamilie ist somit auch als ein Versuch der Perfektionierung der Erziehung weniger Kinder zu werten.

(3) Die Emotionshypothese

Ein letzter Grund für den Aufschub und die Begrenzung des Kinderwunsches wird im veränderten Leitbild der Ehe gesehen. Hier steht nicht das Kalkül im Vordergrund, sondern – im Gegenteil – die hohe Emotionalisierung der Ehegattenbeziehung. Da soziale und ökonomische Gründe der Heirat tendenziell in den Hintergrund rücken, werden anspruchsvolle Liebe unter Partnern, Empfindsamkeit und gegenseitige Sensibilisierung zum *neuen Ehefundament*. Zweierbeziehung und Ehezufriedenheit sind Zwecke in sich geworden, die keiner Verlängerung nach außen bedürfen. Privatheit und Abschottung dominieren. Damit aber wird – wie Luhmann feststellt – die Ehe auch für „nicht mehr kontrollierbare Zufälle" freigesetzt (1982: 184). Denn *Emotion als einzige Grundlage* des Zusammenlebens ist instabil und fördert die allgemeine Unsicherheit über den Bestand von Ehe und Familie. Sie hat kaum soziale Disziplinierungskraft auch unter widrigen Bedingungen. Auf der Basis von Emotionen (und ihren Zyklen) allein sind Durchhalteappelle sinnlos geworden, besonders wenn gleichzeitig ein Deinstitutionalisierungsprozeß zu sehen ist: „Man kann sagen, dass alle hier relevanten Typen von Primärgruppen dazu tendieren, unter starken Stress zu geraten, weil es ihnen an Struktur und Institutionalisierung mangelt, und deshalb Emotionen und emotionale Abhängigkeiten das vielleicht einzige Band sind, das sie zusammenhält. Es scheint soziologisch gesichert festzustellen, dass die Aufgabe, eine fundamental anomische Situation permanent und immer wieder aufs Neue zu strukturieren, hohe Anforderungen an die individuelle soziale Kompetenz stellt und sowohl das Individuum als auch die Gruppe in vielen Fällen überfordern mag" (Hoffmann-Nowotny 1995: 339).

Der hohen Emotionalisierung der Ehe entspricht eine Beschränkung der Geburten, denn Kinder werden angesichts der Verengung auf zwei Personen als Last, als Konkurrenz, jedenfalls als Störung der hochpersonalisierten Beziehung unter den Ehegatten erlebt (vgl. Drescher/Fach 1985: 7) – zumal die Labilität des Zusammenlebens ja geahnt wird.

Ein Anzeichen dafür ist der sogenannte „Erste-Kind-Schock". Ehepaare sind meist hoch empfindsam für die ökonomische, heute vor allem aber auch für die psychische Belastung geworden, die mit dem ersten Kind eintritt. Die Familiengründung erweist sich als schwieriger als erwartet, so daß man es mit dem zweiten Kind nicht eilig hat. Es gibt offensichtlich keine alternative Orientierung gegenüber den Emotionen, die geeignet wäre, eine solche Schock-Welle abzuebnen.

Es liegt in der Emotionalisierung begründet, daß sich die Eltern – wohl auch unter dem Druck und der Härte des eigenen beruflichen Überlebenskampfes – immer höhere Ziele bei der *Qualität der Kindererziehung* stellen. Kinder wachsen nicht einfach im Kreis von vielen Familienmitgliedern auf, denen damit zum Teil die Aufgaben der Erziehung mit übertragen werden. Da Kindheit als Lebensphase immer ernster genommen wird, muß dem von seiten der Eltern, d.h. vor allem der Mütter, mit hohem Engagement begegnet werden. Es ist dem Individualismus der Schicksalsbeherrschung sogar als Tendenz innewohnend, daß Kinder auch mit hohen Vorleistungsforderungen an die Eltern herantreten und ihnen sogar Vorhaltungen machen, wenn sie die Wege zu wenig geglättet und die Chancen nicht genügend erhöht haben („soziale Plazierung“ als Familienfunktion). Die aus der „Pädagogisierung“ stammende Angst vor möglichen Erziehungsfehlern, der Kampf um die geeigneten Bedingungen des Aufwachsens, die dauernden Bemühungen, dem Kind gerecht zu werden, erhöhen die Verantwortung für die Rahmenbedingungen, aber paradoxerweise auch die Erziehungsunsicherheit der Eltern sowie das Laisser-faire und die Resignation gegenüber Jugendlichen. Da scheint ein Kind für das Familienleben Inhalt genug zu sein (vgl. Badinter 1981, Beck-Gernsheim 1985).

Wie viele Modernisierungserscheinungen ist auch die Geburtenentwicklung wohl nicht eindeutig interpretierbar, wie Burkhart (1994: 219) herausstellt: „Betrachtet man aber die gesamte Entwicklung seit damals [den 60er Jahren], so ist es fraglich, bereits von einer *Dethronisation des Kindes* zu sprechen. Viele Indizien sprechen immer noch für eine starke – vielleicht immer noch stärker werdende – Zuwendung zur Persönlichkeit des einzelnen Kindes. Jedenfalls bei denen, die noch Kinder bekommen. Manches deutet aber auch hier auf Polarisierung hin: Auf der einen Seite ist ein weiterer Anstieg von Kinderlosigkeit zu erwarten, da es für viele Erwachsene immer schwerer wird, „Selbstverwirklichungs'-Interessen und Elternschaft biographisch zu integrieren. Auf der anderen Seite gibt es aber eine ungebrochene Aufmerksamkeit gegenüber dem individuellen Kind".

Blickt man insgesamt auf die verschiedenen, sich zum Teil widersprechenden Erklärungsmodelle zurück, dann fällt auf, daß sie jeweils für sich allein genommen wenig erklären (vgl. W. Schulz 1983: 406f.). Die Schwankungen der ehelichen Fruchtbarkeit können monofaktoriell auf jeden Fall nicht prognostiziert werden. Es ist wohl realistischer, hier nicht gleich den Untergang der Familie vorauszusagen, sondern künftig davon auszugehen, daß nicht ein stabiles Muster der Familienbildung, sondern *mehrere* Verhaltenstypen nebeneinander bestehen werden. Huinink (1989: 196, Huinink 1995) schlägt als Analyseinstrument drei familiäre Entscheidungstypen vor: die traditionelle Partnerschaft mit weiterhin dominierender Familienorientierung und mehr als einem Kind. Daneben etabliert sich eine „halb-traditionale Partnerschaft", bei der die Verpflichtung zur Familie in Konkurrenz zur Berufsorientierung tritt. Die Zweifel am modernen Lebensstil garantieren auf der einen Seite noch als „Resteffekt" der Tradition die normative Selbstverständlichkeit des ersten Kindes (Huinink 1989: 197). Auf der anderen Seite schwächt die Neuorganisation des modernen, partnerschaftlichen Lebens die Bereitschaft zu weiteren Kindern deutlich ab. Allerdings dürften die eigenen Sozialisationserfahrungen dabei eine große Rolle spielen. Schließlich breitet sich noch die „post-traditionale Partnerschaft" als dritter Typ aus, in der die traditionellen Familiennormen keine Verbindlichkeit mehr besitzen. Alles wird den individuellen Entscheidungsprozessen überlassen. „Kinderkriegen" ist eine völlig private Angelegenheit, die bei einer Untergruppe zur bewußten Kinderlosigkeit, also nicht zur bedauerten Unfruchtbarkeit, sondern zur entschiedenen „Nicht-Produktion" führt (Drescher/Fach 1985: 7).

Eine andere Teilgruppe hingegen entscheidet sich ebenso bewußt und gesellschaftlich offensiv für Kinder, sogar für mehrere. Allerdings dürfte das nur dann der Fall sein, wenn die Bedingungen einer guten Partnerschaft, ausreichender materieller Ressourcen und gesicherter Bildungschancen für die Kinder und – so würden wir hinzufügen – einer kinderfreundlichen Umwelt gegeben sind. Daß diese Gruppe unter heutigen Verhältnissen nicht chancenlos ist, sondern gesellschaftlich strategisch wirken kann, zeigt sich daran, daß auch – und insbesondere bei Frauen mit hoher Bildung – der Wunsch nach dem zweiten Kind hoch besetzt ist. Es gilt als eine der guten Entwicklungsbedingungen für das erste Kind (vgl. Urdze/Rerrich 1981).

Auch die Aufwertung der weiblichen Eigenschaften – wie Mütterlichkeit, Emotionalität und Gefühlsbetontheit – als „neue Wertpositionen“ in einer weiterhin als „männlich“ erlebten Industriegesellschaft, wie sie als „neue“ Frauenforderungen von Teilen der feministischen Bewegungen in die Debatte gebracht und durch „späte Mütter“ verwirklicht werden, deutet in diese Richtung. Allerdings sollte man sich davor hüten, dies als uneingeschränkte Parteinahme für das alte Rollenmodell zu interpretieren (vgl. Beck-Gernsheim 1985: 153ff.).

Sogar wenn Frauen sich bisher und künftig nicht aus ihrer biologischen und sozialen Mutterrolle verabschieden und wohl auch gesellschaftlich nicht aus dieser entlassen werden, dürften sie – unter gleichbleibenden Wohlstandsbedingungen jedenfalls – nicht „ins Haus“ zurückkehren. Andererseits hat sich der Druck auf ihre Existenzform infolge des „magischen Dreiecks“ von Berufs-, Mutter- und Kinderqualität erheblich verstärkt. Deswegen wird auch die Geschlechterpolitik weitergehen und künftig ebenfalls tiefgreifende Gesellschaftsveränderungen auslösen.

4. Die Folgen für das Familienleben

Zwei Folgen sollen hier behandelt werden: der Wandel im Familienzyklus und die Änderung in den Sozialisationsbedingungen.

a) Der Familienzyklus

Die in den Zeitverschiebungen bei Heirat und Geburt zum Ausdruck kommenden Einstellungsveränderungen zeigen, daß die Familie nicht etwas Fixes ist, sondern – je nach Zeitablauf – etwas ganz Unterschiedliches darstellt. Sie unterliegt einem Entwicklungsprozeß je nach der Veränderung der Personalstruktur (Heirat, Geburt der Kinder, Auszug der Kinder aus dem Elternhaus, Tod eines Ehepartners), je nach den Reifephasen und Altersrollen der Kinder und der Eltern und je nach der sozialen Plazierung der Familienmitglieder (Erwerbstätigkeit von Mann und Frau, Eintritt ins Bildungssystem). Die unterschiedlichen Ereignisse im Leben der Familie führen zu einem Verlaufsprozeß, für den man die Bezeichnung „Familienzyklus" gewählt hat. In ihm kommen die sich lebenslang verändernden Beziehungsmuster innerhalb der Familie, die Krisen ebenso wie der Zusammenhalt, zum Ausdruck. Wichtig ist dabei, daß über dieses Konzept nicht nur die personelle Ausdehnung oder Schrumpfung erfaßt wird, sondern vor allem die Zahl der Interaktionsmöglichkeiten und die qualitative Beziehungsdichte.

Auch wenn heute nicht mehr die Meinung vertreten wird, daß die typische Familie von ihrer Gründung bis zu ihrer Auflösung die gleichen Phasen in derselben Reihenfolge durchlaufe, und obwohl auch über die Merkmale der einzelnen Phasen keine Übereinstimmung besteht, wird doch seit Glick (1977) mit einem mindestens 6stufigen Phasenmodell gearbeitet. Je nach Forschungsinteresse und je nach bedeutsamen gesellschaftlichen Veränderungen kommt man aber auch zu differenzierteren Ordnungsmodellen. So empfiehlt es sich, heute zwischen neun Stufen zu unterscheiden. Es sind:

1. die Aufbauphase der Familie (Ehepaare ohne Kinder);
2. die beginnende Expansionsphase (erstes Kind jünger als 2 1/2 Jahre);
3. die Phase der Vorschulerziehung (erstes Kind unter 6 Jahren);
4. die Familienphase mit Schulkindern (erstes Kind zwischen 6 und 13 Jahren);
5. die Adoleszenzphase (erstes Kind zwischen 13 und 20 Jahren);
6. die Post-Adoleszenzphase der Kinder;
7. die Schrumpfungsphase der Familie (Weggang der Kinder);
8. die Familienphase in mittleren Jahren („empty nest“);
9. die Altersphase (Pensionierung bis zum Tod eines Ehegatten).

Der Familienzyklus hat den Vorteil, daß ersichtlich wird, wie sehr das Familiensystem von inneren und äußeren Lebensbedingungen abhängt. Es wird aber auch deutlich, daß sich die Familien bzw. einzelne Mitglieder an die äußeren Lebensbedingungen anpassen und auf ein jeweils neues Gleichgewicht auf einer anderen Stufe hinwirken. Insbesondere muß sich die Familie in ihrer Beziehungsstruktur an die heranwachsenden Familienmitglieder mit ihren Interessen und Bedürfnissen anpassen. Dabei verändern sich zugleich auch die Ziele und Aktivitäten der Eltern (vgl. Duvall 1977; Mühlfeld 1976).

Familien werden jeweils mit unterschiedlichen Problemen konfrontiert. In der Gründungsphase etwa wird der eigene Lebensstil entwickelt, worunter auch die Frage fällt, wann das erste Kind geboren werden soll. In den Erweiterungsphasen fallen nicht nur die Erziehungsaufgaben an, sondern es stellen sich auch gravierende Probleme der materiellen Versorgung und der Aufgabenteilung zwischen den Ehepartnern. Danach muß man lernen, mit der Ablösung der Kinder (Generationenkonflikt!) fertig zu werden. Wenn das letzte Kind das Elternhaus verlassen hat, wird die Hauptfrage diejenige, wie sich die Eltern, insbesondere die Frauen, mit der neuen Rolle zurechtfinden (Problematik des Wiedereinstiegs in den Beruf). Wenn das Ehepaar wieder allein ist, stellen sich ganz neue Aufgaben, einen eigenen Lebensstil zu entwickeln, der nicht mehr kinderorientiert ist. Die Form des Zusammenlebens muß neu überdacht werden. Sie ist möglicherweise nicht minder konfliktuell als die Kinderphasen.

Nun zeigt sich anhand der bisherigen Erörterungen, daß sich die Lebensphasen der aktiven Elternschaft bei den neuen Elterngenerationen zeitlich stark komprimiert haben, während sich die verfügbare Lebenszeit nach der Adoleszenz- und Post-Adoleszenzphase erheblich verlängert. Wingen (1989: 16) hat dies an folgender Graphik deutlich gemacht:

Abbildung 6: Veränderungen in den Lebensphasen verheirateter Frauen

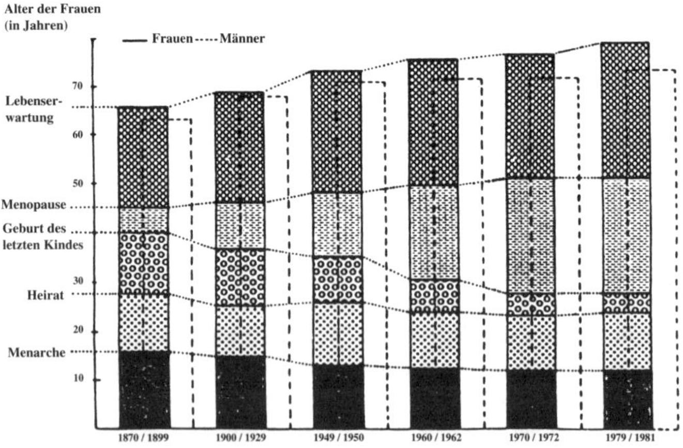

Quelle: Wingen, M. (1989: 16)

1870–1950: Angaben nach Imhof 1981.
1960–1981: Angaben über das durchschnittliche Heiratsalter lediger Frauen, Alter bei der Geburt des letzten Kindes (1960/62: 3. Kind, danach jeweils 2. Kind) und die fernere Lebenserwartung im Alter von 25 Jahren für Baden-Württemberg

In etwas mehr als 100 Jahren hat sich der Familienzyklus völlig verschoben. Gegen Ende des letzten Jahrhunderts gebaren die

Frauen ihr letztes Kind im Schnitt kurz vor der Meno-Pause, während die verheiratete Frau heute in diesem Alter in einer ganz anderen Lebensphase steht. Sie ist nämlich im Schnitt 46 Jahre alt, wenn ihr zweites und meist letztes Kind gerade volljährig wird. Damit beginnt eine nachelterliche Phase, die nicht mit der Altersphase gleichzusetzen ist. Es ist ein neuer Lebensabschnitt, der noch von der Thematik des Altseins (nicht des Älterwerdens!) abgekoppelt ist; dies umso mehr, als gleichzeitig die durchschnittliche Lebenserwartung um beinahe 10 Jahre angestiegen ist.

Aber die nachelterliche Phase wird dadurch zwangsläufig zu einer, in der berufliche und Freizeitaktivitäten eine große Rolle spielen, besonders dann, wenn auch das Älterwerden ohne starke gesundheitliche Beeinträchtigungen erlebt werden kann.

Auf der anderen Seite ergibt sich aus den demographischen Daten, daß die Kinderphase der Familien an Gewicht relativ abnimmt. Hier wirkt sich die Beschränkung der Kinderzahl auf nur noch zwei Kinder erheblich aus. Das letzte Kind wird überwiegend dann geboren, wenn die Mutter noch unter 30 Jahre alt ist. Selbst wenn man davon ausgeht, daß Eltern mit ihrer (finanziellen) Hilfe auch noch in der Post-Adoleszenzphase ihrer Kinder engagiert sind, ist die verbleibende nachelterliche Phase immer noch länger als die eigentliche Elternphase. Vor 100 Jahren hatten die Mütter dann, wenn das letzte Kind volljährig wurde, kaum noch 10 Jahre zu leben. Heute sind es an die 30 Jahre, d.h. etwa eine demographische Generationsspanne. Sie haben also Lebenszeit „für sich" gewonnen.

Nun beinhaltet eine solche Berechnung aber einen Fehler. Es ist nämlich klar, daß sich der Familienzyklus entscheidend ändert, wenn Ehen auseinandergehen. Deswegen wird gegen das Familienzykluskonzept mit Recht eingewendet, daß es die stabile, nicht-kinderlose Ehe zum Maßstab erhebt, hingegen die Scheidung bzw. die Austauschbarkeit von Familienmitgliedern (Wiederheirat) nicht in Rechnung stellen kann. Wir wissen zur Genüge, daß das Muster der Entwicklung von Kernfamilien (Heirat, Geburten, Auszug der Kinder, Tod eines

Ehepartners) auf die gegenwärtige soziale Realität nicht mehr unmittelbar zu übertragen ist und die Pluralität der Familienformen verdeckt. Denn eine Scheidung beendet zwar eine Ehe, nicht aber unbedingt die Familie, wie in den traditionellen Familienkonzepten noch unterstellt wird (vgl. Nave-Herz 1988b: 87). (Das wird uns im IV. Kapitel beschäftigen.)

Überdies ist der Vergleich von Mittelwerten insofern unbefriedigend, als das Heiratsalter der Mütter beträchtlich streut und der Familienzyklus somit etwas Künstliches erhält. Schließlich ist die Berechnung des „letzten“ Kindes bei Frauen, die noch im gebärfähigen Alter stehen, immer ein gewagtes Vorgehen. Auch gibt es keine zuverlässigen oder ausreichenden Statistiken darüber, wann die Kinder das Elternhaus verlassen.

Bei allen Bedenken gegen das Familienzyklusmodell wird gerade an ihm doch deutlich, daß ein bestimmtes Deutungsmuster des Lebens, nämlich vorwiegend als Familienleben, nicht mehr haltbar ist, wenn man dieses als Zusammenleben von Angehörigen zweier Generationen definiert. Genau besehen haben nämlich die reinen Ehephasen (also ohne Zusammenleben mit Kindern) an zeitlicher Dominanz entscheidend gewonnen. Nimmt man noch hinzu, daß kinderlose Ehen, in denen der Kinderwunsch zu lange aufgeschoben wurde, stark zunehmen, so unterstreicht dies nur die relative „Kompression“ der familiären Lebensform gegenüber der Ehe als gewichtige Lebensphase bzw. sogar als eigenständiges Lebensmodell.

b) Die Änderung des Eltern-Kind-Verhältnisses

Nicht nur nimmt die Kinderphase im gesamten Lebensentwurf und im Wechsel zwischen den Lebensabschnitten eine tendenziell geringere Stellung ein, die säkulare Nachwuchsbeschränkung verändert auch die innerfamiliären Beziehungen.

Rekapitulieren wir noch einmal kurz einige Tatsachen: Wir haben gesehen, daß heute durchaus dem Kind ein hoher Wert für Sinnstiftung und Lebenserfüllung zugeschrieben wird. Dementsprechend ist der Kinderwunsch lebendig. Auf der anderen Seite wird einer erfüllten, gefühlsmäßig befriedigenden

Ehebeziehung eine mindestens ebenso bedeutsame Rolle für die Lebensgestaltung der Eltern zuerkannt. Schließlich tritt hinzu, daß die Erziehung wesentlich kinderbezogener geworden ist, so daß die Entscheidung für ein oder mehrere Kinder auch eine solche für hohe und ständige Zuwendungsleistung seitens beider Elternteile mitbedingt. Das führt nun zu einer paradoxen Situation, denn der Wert der Ehebeziehung tritt in Konkurrenz zum Wert des Kindes (vgl. Schütze 1988: 104).

Tatsächlich zeigen Untersuchungen, daß die Eltern heute stärker als in den 50er Jahren den Verlust paarbezogener Handlungsspielräume bedauern (das gemeinsame Ausgehen, die Veränderung der Kontakte, die Bindung an das Haus). Das alles ist nicht nur negativ zu sehen, da sich nun vieles um das Kind dreht und große Befriedigung daraus erwachsen kann. Aber der Betreuungsaufwand (für Kinder unter drei Jahren rd. 93% der verfügbaren Zeit eines 24-Stunden-Tages) wird doch auch als Einschränkung erlebt. Das trifft nicht nur die Mutter als Hauptbetreuungsperson, sondern beide Ehepartner, da sie nur mehr wenig Zeit füreinander haben, viele Probleme überdekken müssen und manchmal sogar in eine Art Zuwendungskonkurrenz gegenüber dem Kind treten. Zwar wird der Betreuungsaufwand mit dem Heranwachsen des Kindes ein anderer, aber er wird nicht unbedingt geringer. In der kindzentrierten Familie von heute geraten die Eltern mit dem Schuleintritt ihrer Kinder bis hin zur Adoleszenzzeit unter einen außerordentlichen Druck, auf das Kind richtig zu reagieren und ihm den Weg für die Zukunft zu bereiten. „Die Dauerklage über den ‚Schulstreß' sagt vielleicht mehr über das Eltern-Kind-Verhältnis als über die Schule. Im Gegensatz zu den Eltern der Nachkriegszeit, die zwar auch gute Leistungen forderten, die Kinder mit ihren Schulnöten aber weitgehend sich selbst überließen, fühlen sich die heutigen Eltern dazu verpflichtet, sich aktiv bei der Bewältigung des Lernstoffes zu beteiligen. Und aus dieser Beteiligung, die sich z.B. in der Hilfe bei Hausaufgaben äußert, erwächst im Normalfall weder für die Eltern noch für die Kinder emotionale Befriedigung" (Schütze 1988: 111).

In einer Zwei- und Mehrkinder-Familie werden diese Spannungen dadurch etwas abgebaut, daß ein *Kinder-Subsystem* entsteht, das die Eltern – auch in emotionaler Hinsicht – entlastet, sie von der Kindzentrierung aber nicht befreit. Nun ist es aber heute so, daß die Mehrkinder-Familie fast völlig verschwunden ist. Zu Beginn des Jahrhunderts hatte fast die Hälfte der Ehen vier und mehr Kinder. Das ist zur Zeit nur noch bei 5% der Ehen der Fall. Durchschnittlich werden – wie gesagt – in der Bundesrepublik 1,6 Kinder pro Ehe geboren. Damit entsteht eine völlig neue und keineswegs kindergerechte Situation, die man als „*Verinselung*" kindlicher Lebensverhältnisse (Bertram/Borrmann-Müller 1988: 19) bezeichnet hat.

Die Kontakte mit anderen Kindern in der unmittelbaren Nachbarschaft entstehen heute nicht spontan, sondern müssen hergestellt werden. Ein Teil des Engagements der Eltern besteht darin, den Kindern Aktivitäten (Spiel-, Mal-, Musikgruppe etc.) zu organisieren, sie anzuleiten, zu bestärken, zu bewegen und unter Menschen zu bringen. „Die Erfahrung spontaner, ungeplanter und natürlicher Begegnungs-, Bewegungs- und Spielerlebnisse außer Haus (auf der Straße, im Wald, in der Nachbarschaft) machen immer weniger Kinder. Stattdessen werden sie von Mama und Papa zu allen in vielerlei Hinsicht 'sinnvollen' wie auch hoch 'selektiven' Kinder-Meetings gefahren. Sowohl die Form der sozialen Kontakte als auch die tatsächlichen Anlässe und Inhalte gemeinsamer Aktivitäten sind von der zumindest theoretisch noch verfügbaren (und Kindheit gleichermaßen konstituierenden Idee) des zweifreien und ungeplanten Kinderspiels sehr weit entfernt" (Brinkhoff 1996: 35). Angesichts sinkender Kinderzahlen ist eine Einbettung in primäre, unmittelbar gegebene Kindergruppen mit ihren harten Anforderungen an Entsubjektivierung und das gemeinsame Aushandeln von Kontaktformen keine Selbstverständlichkeit mehr. Ob es durch elterliches Management wirklich hergestellt werden kann, muß hier offenbleiben. Beobachtbar ist jedenfalls, daß die Eltern-Kind-Beziehung einen anderen Charakter erhält: „Das Kind wird zum zusätzlichen Partner in der Ehebeziehung, was zu einer Vielzahl von Konflikten führen kann.

Denn nun sind auch die Beziehungen zwischen den Betroffenen nicht mehr durch vorgegebene Rollenerwartungen (Vater/Kind, Mutter/Kind) definiert, sondern unterliegen einem Prozeß des Aushandelns" (Bertram/Borrmann-Müller 1988: 19, vgl. auch Cyprian 1995).

Hier kündigt sich ein Wandel in den Beziehungsstrukturen an, der auf das „Familiensystem" als Ganzes folgenreich zurückwirkt. Es ist noch kaum absehbar, was dies für die Zweierbeziehung des Elternpaares selbst bedeutet. Jedenfalls wird das Eltern-Kind-Verhältnis auf eine völlig neue Basis gestellt. Das Kind als junger Erwachsener gerät selbst in eine paradoxe Situation. Auf der einen Seite hat gerade die „bürgerliche" Gesellschaft die Kindheit als Lebensstadium „erfunden" und die Kindzentriertheit der Erziehung bis heute immer stärker durchgesetzt. Auf der anderen Seite hat das Kind als solches kein Gegenüber. Es ist von Anfang an Blitzableiter, Schlichter, Gesprächspartner, Konkurrent. Kein Wunder, daß die Autoritätskonflikte zwischen Eltern und Kindern abnehmen und das Verhältnis von beiden Seiten als positiv wahrgenommen wird. Es ist aber auch nicht verwunderlich und als Anzeichen bedenklich, daß die Jugendlichen und sogar die Post-Adoleszenten gerade wegen dieser Rollenvermischung mit großen Ablösungsschwierigkeiten vom Elternhaus zu kämpfen haben. Ein zu enger, auf allseitige Verfügbarkeit ausgerichteter Kontaktanspruch kann somit für die Eltern wie für die Kinder auf allen Entwicklungsstufen zur Belastung werden.

„Liebe muß eine Himmelsmacht sein!
Auf Erden ist sie weniger strapazierfähig."
(O. Hassencamp)

IV. Die Stabilitäts- und Solidaritätsfrage

Man kann die Ehe- und Kinderfrage nicht betrachten, ohne auch einen Blick auf das Scheidungsproblem zu werfen. Denn hiervon scheint ja die höchste Belastung und Herausforderung für das traditionelle Familienmodell auszugehen. Sicherlich ist eine enge, beiderseits befriedigende und noch dazu lebenslange Partnerschaft von Mann und Frau die schwierigste Aufgabe, die man sich in einem Leben stellen kann. Denn eine so enge Vereinigung wie die Ehe muß notgedrungen Liebe und Haß, Nähe und Ferne, Verständigung und Entfremdung gleichzeitig in sich tragen. Simmel hat dies glänzend beschrieben: „Es gibt wohl kaum eine zweite Einung, die so wahnsinnigen Haß, so restlose Antipathie, so stündliche Zusammenstöße und Kränkungen ertragen könnte, ohne äußerlich auseinanderzubrechen; und andererseits ist sie, wenn auch nicht die einzige, so doch eine von den ganz wenigen Verhältnisformen, die durch die äußerlich unmerkbarste, mit Worten gar nicht faßbare Spaltung, ja durch ein einziges antagonistisches Wort die Tiefe und Schönheit ihres Sinnes verlieren können, daß selbst der leidenschaftlichste Wille beider Teile sie nicht zurückgewinnt" (1968/1983: 219).

1. Das Scheidungsrisiko moderner Ehen

Angesichts dieser zu erwartenden Spannungen erstaunt es eigentlich, daß es keine auf eine gewisse Dauer abzielende Kontaktform, keinen „Beruf" gibt, in den man so vorbereitungslos entlassen wird, wie in die Ehe und Familie. Offenbar wird nach der Geschlechts-, der Schul- und der Berufsreife eine allseitige Kompetenz nicht nur zur Familiengründung, sondern zum Führen eines guten Familienlebens und einer gelungenen Ehe vorausgesetzt. Wie die Ergebnisse zeigen, gibt es wohl kaum einen größeren Irrtum. Vielleicht ist deshalb verständlich, warum man in vormodernen Gesellschaften beim Heiraten weit weniger Wert auf die Emotionen gelegt hat. Da Ehe als soziale Institution begriffen und kontrolliert wurde, haben sich frühere Generationen – die Betroffenen, ihre Familie und Fernerstehende – vor allem um den äußeren Rahmen gekümmert, nicht um die Liebe. Heute halten wir eine solche Lösung für hart, unaufgeklärt und unmenschlich. Deswegen wird weitgehend auf die institutionelle Einbettung, d.h. auf die Kontrolle durch die Gruppe, verzichtet. Ehe als völlig privatisierte „Veranstaltung" kann nur noch über Gefühle gesteuert werden. Diese Humanisierung der Beziehungen bringt auf der anderen Seite erhebliche Instabilitäten mit sich.

Das wird umso erwartbarer, als eine intakt verbliebene Ehe heute weitaus länger dauert als vor 100 Jahren. Gegen Ende des letzten Jahrhunderts wurde ein Drittel der Ehen spätestens schon nach 20 Jahren (!) durch den Tod eines Partners getrennt. Ein Fünftel der 18–20jährigen Kinder hatte keinen Vater oder keine Mutter mehr. Heute dauert infolge der gestiegenen Lebenserwartungen für Männer und Frauen eine ungeschiedene Ehe doppelt so lange. Mit anderen Worten: Eine Ehe, die mit 25 Jahren geschlossen wurde, muß mit einer Dauer von 40–50 Jahren rechnen. Noch nie in der Geschichte lebten derart viele Menschen so lange Zeit mit ihrem Ehepartner zusammen wie in unserer Gegenwart. Dies muß man sich vor Augen halten, wenn man nach der Ehestabilität fragt, und womöglich ist auch deswegen die Eheneigung am Absinken bzw. das Scheidungsrisiko beträchtlich am Ansteigen. In allen Industriegesellschaften ist die Ehestabilität in den letzten 20 Jahren in hohe Turbulenzen geraten. Die Ehescheidungen haben sich seit 1970 verdoppelt oder verdreifacht. Für kinderlose Ehen gilt das schon seit langem. Naturgemäß gibt es keine Statistik der gescheiterten nicht-ehelichen Lebensgemeinschaften. Immerhin reduzieren solche „Probe-Ehen" die Scheidungshäufigkeit nicht: Die Scheidungsziffern stiegen und steigen auch dann an, obwohl die älteren Ehepartner schon vorher zu hohen Anteilen zusammengelebt haben.

Tabelle 14: Scheidungsrate in verschiedenen westeuropäischen Ländern (1993)

Land	Zahl der Scheidungen (pro 1000 Einwohner), 1993
Belgien	2,1
Dänemark	2,5
Deutschland	1,9
Griechenland	0,7
Spanien	0,7
Frankreich	1,9
Irland	(bis 1995 Scheidungsverbot)
Italien	0,4
Luxemburg	1,9
Niederlande	2,0
Portugal	1,2
Großbritannien	3,1
EU (12)	1,7

Quelle: Ditch et al. (1996: 38)

Tabelle 14 stellt die Scheidungsrate (gemessen an der Zahl der Scheidungen pro 1000 Einwohner) in verschiedenen europäischen Ländern dar. Die Zahlen schwanken sehr stark zwischen den süd- und nordeuropäischen Ländern. Während in Italien die Scheidungsrate im Jahre 1993 nur bei 0,4 lag (Griechenland und Spanien: 0,7), erreichte Großbritannien mit 3,1 Scheidungen pro 1000 Einwohner eine Höchstrate. Die Bundesrepublik lag mit 1,9 Scheidungen etwa im Mittelfeld, ebenso wie Portugal und Frankreich.

Bei einer detaillierteren Betrachtung der Scheidungszahlen in der Bundesrepublik zeigt sich, daß nach einem vorübergehenden leichten Rückgang der Scheidungsquote in den Jahren 1985/86 im Jahre 1987 ein neuer Höchststand erreicht wurde. Daran sind verschiedene Eheschließungsjahrgänge beteiligt. Schlüsselt man die Ehescheidungen nach Ehedauer auf, so ergibt sich, daß hohe Scheidungswerte (in absoluten Zahlen gerechnet) auf „Alt-Ehen“ mit 15 und mehr Jahren fallen. Es sind dies die Jahrgänge des „empty nest“, des beruflichen Wiedereinstiegs der Frauen, der „midlife-Krisen“ bei beiden Geschlechtern und der Veränderungspanik vor Torschluß. Besonders scheidungsanfällig ist die Zeitspanne zwischen 5 und 10 Ehejahren, worunter das bekannte „verflixte 7. Jahr“ fällt, welches aber nicht das Jahr mit der höchsten Scheidungsrate ist.

Abbildung 7: Scheidungshäufigkeit verschiedener Eheschließungsjahrgänge (alte Bundesländer) nach Ehedauer

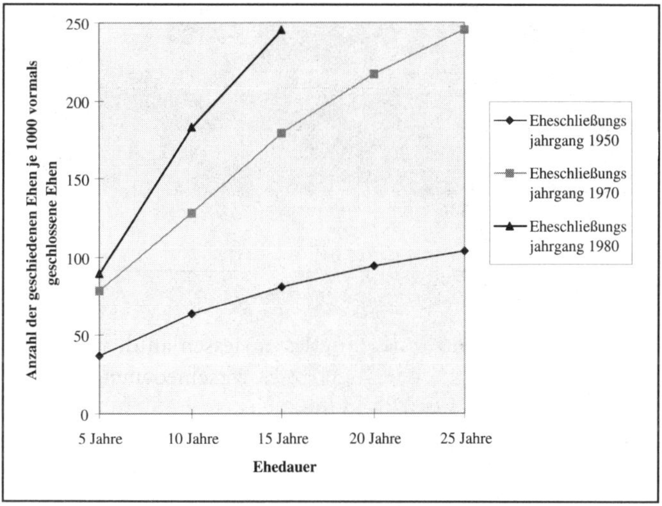

Quelle: Daten aus Engstler (1997: 79; eigenen Darstellung)

Abbildung 7 verdeutlicht die Zunahme der Scheidungshäufigkeit, vor allem vom Heiratsjahrgang 1950 bis zum Heiratsjahrgang 1970 und 1980. Von 1000 geschlossenen Ehen im Jahre 1970 wurde nach 25 Jahren knapp jede vierte Ehe wieder geschieden, der Heiratsjahrgang 1980 erreichte diese Rate bereits nach 15 Jahren. Durch zunehmende Instabilität zeichnen sich vor allem die ersten Ehejahre aus. Während von den 1950 geschlossenen Ehen nur knappe 4% nach 5 Jahren bereits wieder geschieden wurden, hat sich dieser Anteil bei den 1990 geschlossenen Ehen auf 10% erhöht.

Abbildung 8: Zahl der Ehescheidungen pro 10000 Einwohner in den letzten 100 Jahren (Deutsches Reich und Bundesrepublik)[1]

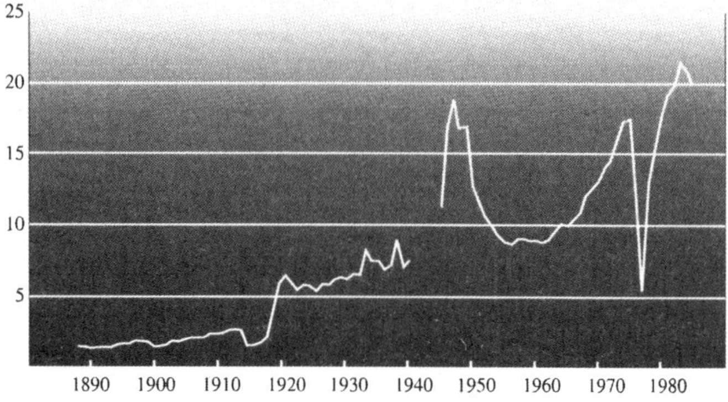

Quelle: Rothleuthner-Lutter (1989: 609).
[1] Ohne die neuen Bundesländer

Schätzungsweise wird also mindestens ein Viertel aller Ehen mit der Scheidung enden. Dennoch ist das Phänomen kein rein zeitgenössisches (vgl. Abbildung). Über den Zeitraum eines Jahrhunderts hinweg (1888–1986) nimmt die Zahl der Ehescheidungen mit sprungartigen Entwicklungen und mittelfristigen Schwankungen zu. Nach dem ersten Weltkrieg steigt sie abrupt an und bleibt auf hohem Niveau in der Weimarer Republik und unter dem Nationalsozialismus. Ein zweiter, weit höherer Scheidungsboom setzt in den Nachkriegsjahren nach dem zweiten Weltkrieg ein, in dem die „Kriegsehen" wieder getrennt wurden. Seit 1949 sinkt die Rate wieder ab und erreicht einen dritten Boom mit dem Modernisierungsschub Mitte der 60er Jahre. Dieser verlängert sich (unterbrochen von der Scheidungsreform 1977) bis 1984. Ein Teil der Schwankungen in den letzten 100 Jahren ist auf die Rassenpolitik im Dritten Reich und auf die jeweiligen Veränderungen im Scheidungsrecht (vom Verschuldens- zum Zerrüttungsprinzip: 1977) zurückzuführen.

2. *Der Verbindlichkeitsschwund der Ehe und seine Gründe*

Die genannten Daten deuten darauf hin, daß in modernen Gesellschaften die Ehe zunehmend nur als *Vertrag* aufgefaßt wird, der auch revidierbar ist. „Gekündigt" wird aber nur dem Ehepartner, nicht den Kindern. Insofern ist aus den Scheidungszahlen keine Destabilisierung der Familie – sondern höchstens der Ehe – abzuleiten. „Das Ehesystem kann sich in unserer Gesellschaft auflösen, das Eltern-Kind-System nicht" (Nave-Herz 1990: 211).

Die Entscheidungen zum eigenen Kind bleiben unrevidierbar, was schon daran ersichtlich ist, daß die eigenen Kinder nicht einfach weggegeben werden, sondern die Beziehungen zu ihnen auch nach einer Trennung der Ehepartner meist erhalten bleiben.

Über die *Gründe* der Scheidung wurden vielfältige Untersuchungen angestellt (Diekmann/Klein 1991, Bohle 1994). Es genügt hier, auf die wichtigsten Zusammenhänge zu verweisen. Interessante Einblicke ergeben die verschiedenen Korrelationen mit den sozial-demographischen Faktoren.

a) Demographische Zusammenhänge

Eindeutige Zusammenhänge (die aber nicht als Ursache-Wirkungs-Zusammenhänge zu deuten sind) bestehen zwischen Heiratsalter und Scheidung („Frühehen-Effekt"). Junge Eheleute (ein Partner ist unter 20 Jahre alt) scheinen überdurchschnittlich starken Belastungen, die auch mit der Ausbildungssituation zusammenhängen, ausgesetzt zu sein. Aber auch eine zu große Altersdifferenz zwischen Eheleuten wirkt als Scheidungsrisiko.

Auf der anderen Seite ist die Ehedauer – wie schon angedeutet und um es wirklich paradox zu formulieren – ein „Risikofaktor". Bei jüngeren Heiratskohorten hat sich die Scheidungskurve auf ein allgemein höheres Niveau gehoben. Zu den klassischen Einflußfaktoren auf die Scheidungshäufigkeit gehört auch die Kinderzahl. Anscheinend sind Kinder ein „Disziplinierungsfaktor". Mit zunehmender Kinderzahl sinkt nämlich die Scheidungswahrscheinlichkeit.

Der Zusammenhang ist aber nicht linear, da die Scheidungswahrscheinlichkeit bei Ehen mit mehr als vier Kindern wieder ansteigt. Vermutlich ist das Alter der Kinder für das Scheidungsrisiko entscheidender, denn nur bei kleinen Kindern unter fünf Jahren läßt sich ein Stabilisierungseffekt nachweisen.

Die häufig unterstrichene Beziehung zwischen niedriger sozialer Schicht und Scheidungshäufigkeit hat sich in den letzten Jahren abgeschwächt, da die Scheidungsraten der Höhersituierten stärker angestiegen sind. Insgesamt lassen sich aus den Variablen Einkommen, Bildung und Beruf keine schlüssigen Antworten gewinnen. Einzig bei Frauen mit hohem Hochschulabschluß deuten die Zahlen eindeutig auf einen erhöhten Destabilisierungseffekt hin. Hier scheint die anfängliche Stabilisierung des höheren Bildungsniveaus mit dem Anwachsen der Ehedauer in das Gegenteil umzuschlagen. Die Gründe werden darin gesucht, daß Ehefrauen erst scheidungswillig sind, wenn die Kinder herangewachsen sind, gleichzeitig aber auch infolge ihres hohen Bildungsniveaus die Chancen am Arbeitsmarkt dann besser nutzen können.

Ob Ehestabilität zwischen den Generationen weitergegeben wird („intergenerationale Transmission"), ist umstritten. Am weitesten verbreitet ist hier das Lern-Modell, wonach Kinder gescheiterter Ehen nur Vorbilder für mißlingende Partnerschaften kennen, nicht aber für ehestabilisierende Verhaltensweisen. Die kausalen Verbindungen zwischen den Kettengliedern – elterliche Scheidung, Scheidungsbereitschaft der Kinder und erhöhte Scheidungsquote der Scheidungskinder – ließen sich bisher empirisch nicht herstellen. Zwar finden wir bei Scheidungskindern eine höhere Scheidungsbereitschaft und eine größere Skepsis gegenüber der Institution Ehe mit Trauschein, aber weder kann diese Einstellung eindeutig auf die elterliche Scheidung zurückgeführt werden, noch läßt sich aus solchen Einstellungen ein eindeutig scheidungsorientiertes Handeln voraussagen (vgl. Heekerens 1987: 192f.).

Signifikante Zusammenhänge zwischen Eheinstabilität in der Eltern- und der Kindergeneration, die es tatsächlich gibt, sind nicht unbedingt schon immer praktisch bedeutsam. Heekerens weist aber auch darauf hin, daß die Weitergabe von Eheinstabilität möglicherweise dadurch unterschätzt wird, daß sie erst in der nachfolgenden dritten Generation, also erst in 15–30 Jahren, mit einer sich selbstverstärkenden Tendenz sichtbar werden („Schneeball-Effekt"). Diese möglichen Langfristeffekte werden aus der Diskussion meist ausgeblendet.

b) Kulturelle Zusammenhänge

Auch wenn bisher kein alles entscheidender Einzelfaktor für Eheinstabilität gefunden werden konnte und auch der Faktor Religionszugehörigkeit sich mit der Zeit tendenziell ausgleicht, scheinen auf der *kulturellen* Ebene doch wohl die wichtigsten Gründe für die erhöhte Ehescheidung zu liegen:

(1) Die veränderte Beschäftigungssituation der Frauen ist nicht folgenlos. So sind die ökonomischen Zwänge, eine Ehe einzugehen *und* unter allen Umständen aufrechterhalten zu müssen, in den letzten 20 Jahren zweifellos geringer geworden (Kopp 1994, Ott 1992). Hinter der ökonomischen Funktion der Ehe und Familie verbirgt sich aber ein Bewußtseinswandel. Frauen erleben in der heutigen Gesellschaft größere Handlungsspielräume. Sie sind daher auch viel entschiedener in der Beurteilung ihrer Ehesituation. Das zeigt sich an verschiedenen empirischen Befunden. Einerseits sind es die Frauen, die heute mehrheitlich (60%) den *Antrag auf Scheidung* stellen, auch wenn ein steigender Prozentsatz von Trennungen auf der Basis gegenseitigen Einvernehmens erfolgt. Auf der anderen Seite sind sie viel sicherer in der Beurteilung, was eine „gelungene" Ehe ist und was nicht. Frauen scheinen größere Probleme mit ihrer Ehe zu haben als Männer! Mit ihrer Ehe „sehr zufrieden" sind nur 36%, während die Männer ihre Ehe weit positiver bewerten („sehr zufrieden" sind 45%).

(2) Aus dem erhöhten Bewußtsein und dem Eingeständnis von Spannungen in jeder Ehe kann auch etwas anderes geschlossen werden: Bisher wurde meist die Zielambivalenz zum Ansatzpunkt genommen, nämlich, daß Ehen dadurch schwieriger geworden seien, weil die hohen Ansprüche an partnerschaftliches Denken, Fühlen und Handeln so schwer mit Eigenständigkeit und individuellen Handlungsfreiräumen zu verbinden seien.

Man kann nun die Sache umdrehen und im Konfliktbewußtsein ein Zeichen für die besondere Wertschätzung von Ehe und Familie erblicken. Wir wissen schließlich aus den empirischen Befunden, daß die Ehe für den einzelnen in seiner Lebensorientierung einen hohen, ja zentralen Stellenwert einnimmt. Auf der Suche nach Identität, Heimat und Weltverwurzelung sind die „Sinnprovinzen" Ehe und Familie sogar im Ansteigen gegenüber den anderen Orientierungsbereichen wie Religion, Politik, Wohlfahrt, Freundschaftskreis etc. Liebe und Ehe sind dabei, zum „Anker der inneren Stabilität" zu werden (Beck-Gernsheim 1986: 213).

Gerade diese Konzentration auf die Ehe führt aber – so lautet die These – zur „emotionalen Explosivität". Die dauernde Steigerungserwartung von Liebe, Verständnis und Zugehörigkeit führt zum Belastungsschub dadurch, daß Halbheiten gerade deshalb nicht mehr folgenlos hingenommen werden. Wer heute „authentisch" leben will, muß „happiness now" verlangen. Ein Vertrösten auf vage Besserungsmöglichkeiten der Partnerbeziehungen erscheint ihm sinnfremd. Auf aufgeschobene, vielleicht sogar erst jenseitige Kompensation der eigenen Dulderqualitäten läßt man sich nicht mehr ein.

Diese Bewußtseinsverschiebung hat besonders die *Frauen* erfaßt. Denn die grundlegenden Veränderungen in ihrer Berufs- und Bildungssituation sowie der verkürzte Familienzyklus erzwingen es sogar, eigene Lebenspläne zu entwickeln sowie Wünsche und Erwartungen zu formulieren. Damit wird auch emotional erfüllte Partnerschaft aus einem diffusen Romantizismus herausgerissen, denn die Qualifikation zum Ehepartner läßt sich nun präziser umschreiben als Anspruch an

Rollenflexibilität, gesteigerte Kommunikation und Ausrichtung auf gegenseitige Wünsche (statt Sprachlosigkeit), als Gewährung von Privatleben (statt Doppelbelastung), als Verzicht auf Gewalt und Domination und als Respekt und Rücksicht auf die Entfaltungsnotwendigkeiten des Gegenübers. Hier haben viele Frauen unbestreitbar einen Nachholbedarf, und deswegen erscheint es ihnen auch unverzichtbar, auf diese „Vertragserfüllung“ zu pochen.

Gerade weil die Ehe so hoch besetzt ist und weil die Wünsche frei formuliert werden können, geben sich die Frauen (und weniger differenziert die Männer) mit Halbheiten nicht mehr zufrieden. Im Enttäuschungsfall sind sie auch nicht mehr bereit zurückzustecken, umzudefinieren oder wegzusehen, sondern suchen den *Konflikt*! „... früher (gaben) die Frauen ihre Hoffnungen auf. Heute dagegen halten sie an ihren Hoffnungen fest – und geben die Ehe auf“ (Beck-Gernsheim 1986: 224), jedenfalls diese Ehe, sofern sie als „totale Institution“ erscheint.

Konfliktfähigkeit heißt auch, die Ehe jederzeit dem Emotions- und Kommunikationstest zu unterziehen und vor zeitweilig unangenehmen Folgen nicht zurückzuschrecken. Genau darin liegt in der Konsequenz die spürbar geringere Belastbarkeit der modernen Ehen für offenen Dauerstreit, für Untreue, für patriarchalisches Rollengehabe, ja sogar schon für das sich schleichend fortsetzende Elend mangelnder Einfühlsamkeit. Denn Gefühl ist nicht mehr Frauensache allein. Die Flucht der Männer in die instrumentelle Beschafferrolle von materiellen Lebensgrundlagen wird heute stärker geahndet.

Scheidung ist, in dieser noch ungewohnten Perspektive gesehen, kein Zeichen für den Bedeutungsschwund, sondern für den *subjektiven Bedeutungsgewinn* der Ehe (Nave-Herz 1988, Nave-Herz 1994). Sie ist „in der Hauptsache ein indirektes Kompliment an das Ideal der modernen Ehe und gleichermaßen ein Zeugnis für deren Schwierigkeiten“ (Berger/Berger 1984: 202). In dieser Hinsicht, von der Beziehungsqualität unter Partnern her argumentiert, kann es den (bestehenden) Ehen gar nicht so schlecht gehen, wobei diese Entwicklung natürlich schichtspezifisch unterschiedlich zu gewichten ist. Sie wirkt aber tendenziell desto stärker und allgemeiner, je mehr die traditionellen Fundamente der Eheschließung ausgedünnt werden und einzig der Kinderwunsch als institutionalisierte Bindungsgarantie verbleibt. Dadurch entfallen einige Möglichkeiten von Enttäuschungshemmung durch Wunsch- und Aufmerksamkeitsverschiebung. Wenn Ehen in einigen Aspekten nicht halten, was sie anfänglich versprachen, kann und will man die Ziele nicht mehr umpolen. Ist der Kinderwunsch erfüllt, dann muß sich die ganze Aufmerksamkeit zwangsläufig auf das Ziel der gelungenen Partnerschaft richten. Ihr Realitätstest wird spätestens dann angetreten, wenn die Kinder aus dem Gröbsten heraus sind – oder wenn (noch) gar keine Kinder geboren sind. So oder so gerät dann die Ehe nicht selten in das Gröbste hinein!

(3) Die genannte Argumentation, die an Bewußtseinsveränderungen ansetzt, verweist auf ein drittes kultursoziologisches Moment, die Entwicklung der *modernen Gesellschaft.* Die strukturelle Anfälligkeit der modernen Ehe (und auch Familie) hängt nämlich auch damit zusammen, daß stützende Parallelinstitutionen in ihren Orientierungsaufgaben weitgehend ausgefallen sind. Die Institution „Ehe und Familie" in ihrem traditionellen Verständnis ist nicht mehr in ein gleichgerichtetes Institutionenfeld aus Brauch, Sitte, Erziehung, Recht und Politik eingebettet, das die normative Selbstverständlichkeit eines dauerhaften Zusammenlebens von Ehepaaren untermauert. Ohne dieses Schutzschild lastet die Legitimierung von Verhaltensanforderungen ganz auf der Institution „Ehe" allein. Sie gerät unter einen Selbstbegründungsdruck, an dem sie vielfach scheitert.

Eine solche Parallelinstitution ist bekanntlich immer die *Religion* gewesen. Es ist ein altes, wenngleich weiterhin wichtiges Argument, daß Religion und Kirche unter dem Druck des urbanisierten, anonymisierten und mediatisierten Lebensstils dabei sind, ihre gesellschaftliche Prägekraft zu verlieren. Lange Jahrhunderte war Religion als Lebensform und als Definitionsmacht eines Weltverständnisses, welches – durch göttliche

Autorität abgesichert – selbstverständlich Vorschriften an die Menschen erlassen konnte, der Prägestempel des menschlichen Zusammenlebens schlechthin. Heute ist sie in vielen nord-, mittel- und osteuropäischen Gesellschaften aus dem Vordergrund in den Hintergrund abgedrängt worden. Sie ist nicht verschwunden, hat sich aber als Sozialform in eine „Fleckenteppich-Religiosität" mit individuellem Strickmuster gewandelt. Sie besitzt weiterhin zu 85% und mehr das Ritenmonopol (Trauung, Taufe, Beerdigung), aber 88% der westdeutschen Bevölkerung (in anderen Ländern liegen die Zahlen ähnlich) wollen trotzdem in ihrer Lebensdeutung nicht fremdbestimmt werden, sondern sich den Sinn des Daseins selbst „zurechtlegen" (vgl. Gabriel 1990: 270f.).

Auf der anderen Seite kommen auch die innerweltlichen *Ersatzkosmologien,* besonders nach dem jähen Absturz des „real existierenden" Feudal-Sozialismus, für eine Verhaltenssteuerung kaum in Frage. Der Liberalismus verzichtet sogar ausdrücklich auf eine übergreifende, universalistische Weltbegründung und überläßt sie dem Aufeinanderprall freier Kräfte. Daseinsorientierung ist hier vollends zur Privatsache geworden. Sie unterliegt, wie alle Güter auf irgendwelchen Märkten, der ständigen „Gebrauchsprüfung" (Schmid 1989: 10), dem Abwägen von Vor- und Nachteilen, dem Kalkül und der Vorläufigkeit von Zustimmungen. Die existentielle Bindung ist „entzaubert".

Das hat für die Eheschließung große Bedeutung, denn notwendigerweise muß auch sie dem Reiz der Erneuerung, also der Möglichkeit unterliegen, Entscheidungen jederzeit revidieren zu können. Die Parallelentwicklung zwischen allgemeiner Einstellungsverschiebung und Verringerung der religiösen Handlungsführung ist offensichtlich. Die Wertbezüge vieler Menschen sind schwankend geworden. So ist es nur folgerichtig, wenn Klages eine Verschiebung von der Pflicht- zur Akzeptanzproblematik im Hinblick auf zentrale Bereiche des menschlichen Zusammenlebens feststellt (Klages 1985).

Dazu gehört auch das Ehe- und Familienleben: Ältere Ehepaare, die in den 50er Jahren geheiratet haben, sehen – wohl als

Reaktion auf die dramatischen Kriegsereignisse – in der Ehe vorwiegend noch einen auf Dauer eingerichteten, festen *Solidarverband*, um im Leben zusammen etwas aufzubauen und gemeinsam die Existenzsorgen besser meistern zu können. Dazu scheinen ihnen „ehegerechte Verhaltensweisen" – wie Pflichtgefühl und Nachsicht – unerläßlich zu sein. Ende der 70er Jahre schon werden hingegen die Qualitäten der Zuneigung, des Vertrauens und des seelischen Verständnisses weit stärker betont.

So erstaunt es nicht, wenn auch die Zustimmung zum Verpflichtungscharakter der Eheleute vielen Menschen fremd vorkommt, wie sie etwa in der Vorstellung der katholischen Kirche vom Sakramentalcharakter und der *Unauflöslichkeit der Ehe* niedergelegt ist. In einer Welt, in der man sich nicht mehr auf „Pilgerfahrt" ins Jenseits wähnt, die Suche nach den „ewigen Wahrheiten" bestenfalls für erfolglos hält und Spuren Gottes in dieser Welt nicht zu erkennen vermag, hat auch die Idee von Geboten, d.h. von Pflichten gegen Gott, gegen andere und gegen sich selbst nach der Überzeugung vieler etwas Archaisches an sich, das nicht der Industriezeit, sondern dem historischen Kontinuitätsdenken der „Agrarzeit" entstammt. Nur eine kleine Minderheit von weniger als 10% der Bevölkerung (1979: 9%, hingegen 1953 noch 33%, vgl. Noelle-Neumann/Piel 1983: 88) mag heute der kirchlichen Norm von der Unauflöslichkeit der Ehe noch zustimmen. Mit dem Rückgang der Kinderzahl ist zusätzlich ein wichtiger Grund für ein solches auf Selbstdisziplin bauendes Eheverständnis entfallen.

Dem genauen Zusammenhang zwischen dem Anstieg des Ehescheidungsrisikos und dem beschriebenen Wertewandel ging Scheller (1992) nach, die diesen Zusammenhang bestätigen konnte, wobei die veränderten Ansprüche vor allem bei den jüngeren Frauen deutlich wurden: „Während vor allem die älteren Frauen mit Pflichtwerten bereit waren, auf die Erfüllung ihrer Ansprüche zugunsten der Aufrechterhaltung der Ehe zu verzichten, war den jüngeren Frauen die unmittelbare Realisierung ihrer Unterstützungsansprüche so wichtig, daß die Nichterfüllung dieser Erwartungen eine Scheidung zur Folge haben konnte" (Scheller 1992: 213).

Die hohen Scheidungsziffern zeigen, welch langen Weg Ehe und Familie von der Komplementarität der bürgerlichen Gesellschaft zur vollen Integration in die Moderne und zur Erfüllung der Moderne gegangen sind:

Im Übergang von der Agrar- zur Industriegesellschaft und mit dem Aufkommen von Hoch- und Überindustrialisierung war die „traditionelle" Familie, wie schon ihr Name sagt, als Bewahrerin der Tradition gedacht. Modernität – so hatten wir anfangs (Teil 2) argumentiert – bestimmt sich im wesentlichen aus der Freisetzung von ständisch-feudalen Sozialbindungen. „Stadtluft macht frei" war das Motto der Handwerker- und Bürgerschicht, die sich aus den ländlichen Herrschafts- und Versorgungszusammenhängen herauslöste. Dazu diente die Anonymität der Städte. Mobilität, Schnelligkeit und Anpassungsfähigkeit waren nötig, um sich auf den neuen Märkten zu behaupten. Man mußte lernen, auf sich selbst gestellt zu sein oder wenigstens selbstgewählte „Koalitionen des Überlebens" einzugehen. Denn Märkte sind bekanntlich keine Idylle. Hier wird hart gerechnet. Güter und Menschen sind vorwiegend als Produktionsfaktoren interessant. Darüber hinausgehende Ansprüche an „Menschlichkeit" werden an die Sozialpolitik und an die gesellschaftliche Infrastruktur überwiesen. Dazu gehört auch das Ehe- und Familienleben.

Tatsächlich ist es ein wesentliches Organisationsprinzip modernen Lebens, daß bestimmte Bereiche aus der Härte des Wirtschaftslebens ausgegliedert bleiben und eine marktunabhängige Gegenstruktur bilden. Diese Aufgabe fiel zu beträchtlichen Teilen der Familie zu. Hier im Schonraum sollten noch andere Werte gelten und andere Normen trainiert werden: Liebe, Selbstlosigkeit und transzendentale Bindung („Kinder, Küche, Kirche"). Hier sollten Tugenden eingeübt, aber auch Kräfte gesammelt werden, um sich im (vorwiegend männlichen) Berufsleben bewähren, ja um es überhaupt aushalten zu können. Dieses Modell der institutionsspezifischen Arbeitsteilung hat lange funktioniert und ein Spannungsverhältnis zwischen zentralen Lebensbereichen geschaffen. So lange mindestens hat es sich behauptet, daß man die Illusion hegen konnte, Ehe und Familie seien in ihrer Privatheit den gesellschaftlichen Einflüssen gänzlich enthoben. Heute hat es hingegen den Anschein, als hätten die Organisationsprinzipien der bürgerlichen Markt-Gesellschaft die bisherigen Grenzen der Subsysteme übersprungen und auch die traditionelle Familie „als (bisher) unvollständig modernisierte Institution der Moderne" (Rerrich 1988: 76) völlig erfaßt.

Modernität institutionalisiert die *Zerlegung von (Familien-) Verbänden* in autonome Individuen. Das gilt jetzt auch für die Ehe. Sie bestimmt sich nun ebenfalls über die Gleichheit der Rechte und den egalitären Anspruch auf Selbstverwirklichung. In systemtheoretischer Sprache heißt das so: „Aus diesem Schritt der Dekomposition ergeben sich Relativierung des Systemcharakters und Öffnung der Systemgrenzen gleichermaßen. Ersteres gilt deshalb, weil die Ehe als Institutionszusammenhang zweier autonomer Individuen sich in zwei wesentlichen Hinsichten von der ... ‚unity of interacting personalities' unterscheidet: Zum einen durch die stärkere Differenzierung von Ehe und Familie, die den selbstläufig systembildenden Charakter der Anwesenheit von Kindern entfallen läßt und den durch diese gestifteten Solidaritätsgrundlagen die Fraglosigkeit nimmt, und zum anderen durch einen erneuten Umbau in den Stabilitätsvorstellungen von Ehen ... Die progressive Partnerschaftsehe intentionalisiert das Risiko der Destabilisierung, indem sie ... alle Strukturen immer erneut zur Disposition stellen will" (Leupold 1983: 315f.).

In der Ehe ist also „nur" das nachgeholt worden, was in der gesellschaftlichen Umwelt schon lange eingetreten war, nämlich der Wandel von der „Gemeinschaft" (mit relativ stabiler Struktur und verständlicher, konsensualer Kultur) zur „Gesellschaft" (mit teilweiser Auflösung fester Positionen und vorwiegend kontraktuellen Bindungen) (vgl. Tönnies 1979: 207ff.).

Dem *Organisationstypus „Gesellschaft"* entspricht ein Verlust bindender Orientierungen, die flexible Wahlmöglichkeit von

Weltanschauungen und Lebensformen und eine nur noch teilweise soziale und kulturelle Integration. „Die nur partielle Inanspruchnahme durch Institutionen gesellschaftlichen Typs bedeutet Freiheit und Kompartimentalisierung (Splitterung) der Existenz zugleich“ (Hoffmann-Nowotny 1988: 8).

Sie ist vorwiegend gebunden an ein *Wohlfahrtsniveau*, das für große Teile der Bevölkerung einen reich gefüllten Korb an Waren und Dienstleistungen verfügbar hält und zum ständigen Wettlauf auf diese Glücksversprechungen einlädt. Für eine solche gesellschaftliche Ordnung im hier definierten Sinn ist die Konventionalisierung und Kontraktualisierung des Zusammenlebens, also auch das Verständnis der Ehe als Kontrakt mit Irrtumsvorbehalt, kennzeichnend und konsequent. Das am faktischen Auseinanderleben ansetzende moderne Scheidungsrecht ist ganz und gar dessen Produkt und dessen Werkzeug. Auf die Vorgabe ehelicher Leitbilder wird nun völlig verzichtet und die Ausgestaltung der privaten Ordnung des Zusammenlebens ganz dem Einvernehmen der Eheleute überantwortet (vgl. Limbach 1989: 228).

Die Alltagssprache vollzieht diese Verschiebung heute schon nach. Sie dokumentiert die eingebaute Vorläufigkeit dadurch, daß sie Ehen auf das Muster flüchtiger Begegnungen („encounter“) oder höchstens nicht-ehelicher Lebensgemeinschaften zurückstuft. Man hat sich nicht mehr „getrennt“ oder ist „geschieden“, was noch auf einen komplizierten Lösungsprozeß vorher eingegangener Bindungen hinweisen würde, sondern einer der Partner ist einfach „ausgezogen“. Wohnungswechsel sind in hochmobilen Gesellschaften schließlich normal, alltäglich und erwartbar. Aber vielleicht ist auch das in der Moderne ganz angemessen. Man muß „cool“ oder unterkühlt bleiben, wenn man schwierige Situationen meistern will. Da Geschiedene auch nach ihrem „Auszug“ häufig in denselben sozialen Kreisen verbleiben und somit die Begegnungswahrscheinlichkeit unter ehemaligen Ehepartnern hoch bleibt, müssen die Emotionen stark kontrolliert werden (vgl. Brinkgreve 1982: 53). Nichts wirkt entspannender als die Normalität.

Modernität, verstanden als Individualisierung, ist nicht umsonst zu haben. Zweifellos hatte ja das vormoderne Verhalten ebenfalls psychische und soziale Kosten verursacht. Der Preis der modernen Offenheit liegt darin, daß es nun unvergleichlich schwieriger geworden ist, die unerläßlichen Solidaritäten einzufordern, die verschiedenen und die sich überschneidenden Loyalitäten zu versöhnen.

a) Die sogenannten Ein-Eltern-Familien

Rekapitulieren wir kurz einige demographische Befunde: Überall in Europa ist die Zahl der Ein-Personen-Haushalte in voller Expansion (vgl. Roussel 1986). In der Bundesrepublik beträgt ihr Anteil an den Haushalten im Jahre 1995 35% (13 Millionen Menschen) (1950: 20%, 1939: 10%). Jeder 7. bis 8. Deutsche lebt heute (offiziell!) allein – in Großstädten ist es sogar schon jeder Fünfte!

Alleinlebende Männer und Frauen unterscheiden sich hinsichtlich ihres Alters und ihres Familienstandes: „60 Prozent der Männer sind Ledige unter 45 Jahren, ein Viertel ist geschieden oder getrenntlebend und nur ein Siebtel verwitwet. Alleinlebende Frauen sind hingegen häufig ältere Witwen: 1995 waren 52 Prozent verwitwet, ein Drittel ledig, 16 Prozent geschieden oder getrenntlebend“ (Engstler 1997: 55).

Allerdings sind die „echten“ Alleinstehenden von den *Familien* Alleinstehender (Geschiedener, Verwitweter, Getrennter, Lediger), also denjenigen mit minderjährigen Kindern (sogenannte „Ein-Elter(n)-Familien“), zu unterscheiden. 1995 gab es in Deutschland rund 1,7 Millionen Ein-Eltern-Familien, 15% aller Familien.

Den größten Anteil bei den Alleinerziehenden machen die geschiedenen bzw. getrennt lebenden Mütter aus. Während früher diese Familienform hauptsächlich durch Verwitwung zustande gekommen ist (noch 1970 war der größte Teil der Alleinerziehenden Witwen), sind heute Scheidungen die Hauptursache für die Ein-Eltern-Familien. Der Anteil Alleinerziehender liegt in den neuen Bundesländern (23,6%) deutlich höher als im früheren Bundesgebiet (15,5%). Gering ist in beiden Teilen Deutschlands die Zahl der *alleinerziehenden Väter*, diese Familienform macht nur ca. 1/7 aller Ein-Eltern-Familien aus.

Tabelle 15: Kinder unter 18 Jahren nach Familientyp in den neuen und alten Bundesländern (1995; alle Angaben in Prozent)

davon leben bei					
Ehepaaren	alleinstehenden Müttern				alleinstehenden Vätern
	ledig	getrennt/ geschieden	verwitwet	zusammen	
	Deutschland insgesamt				
84,8	4,0	8,0%	1,1	13,1	2,1
	alte Bundesländer				
86,9	2,9	7,2%	1,1	11,1	2,0
	neue Bundesländer				
76,6	8,3	11,4%	1,3	21,0	2,4

Quelle: Engstler (1997: 29)

Nun ist diese Familienform in einem größeren historischen Zusammenhang gesehen nicht so neu, da die „Elternschaft" des Mannes – z.B. in Stammesgesellschaften – nicht immer als zwingend betrachtet wurde. Es gab auch immer modernere Haushaltsformen, bei denen die Haushalts-Zugehörigkeit nicht nur verwandtschaftlich geregelt war (etwa die Großfamilie, die aus Kernfamilie, verheirateten Geschwistern, Unverheirateten, Wiederverheirateten etc. bestand und wo Kinder kaum von den eigenen Eltern erzogen wurden). Schließlich waren Ein-Eltern-Familien infolge Verwitwung immer eine Realität des Alltags. Auch durch lange Berufsabwesenheit von Vätern (z.B. von Fischern) bedingte, faktisch „unvollständige" Familien waren gesellschaftlich akzeptiert. Erst im 19. Jahrhundert hatte sich zudem die Gattenfamilie als Zivilisationsnorm voll durchgesetzt (vgl. Clason 1989: 414f.).

Nach einer Untersuchung von Napp-Peters (1988) sind die alleinerziehenden Väter in der Kinder- und Haushaltsversorgung durchaus kompetent. Sie verbleiben in ihrem Beruf, schalten deshalb aber auch häufiger zusätzliche Betreuungspersonen ein als die alleinerziehenden Mütter. Die Einkommen dieser Väter sind relativ hoch, höher als im Durchschnitt der Normalfamilien, was auf ihre hohe Schichtungsposition schließen läßt.

Alle Untersuchungen stimmen darin überein, daß die Scheidungsfolgen also zunächst hauptsächlich von den Müttern getragen werden. 85% aller Ein-Eltern-Familien sind *„Mütter-Familien“*. Mütter bekommen im allgemeinen das Sorgerecht für die Kinder. Aber auch da, wo die „Sorge“ den Vätern zugesprochen wurde, leben – wie Forschungen aus den USA zeigen – die Kinder nach einiger Zeit wieder dauerhaft bei den Müttern! Auch beim gemeinsamen Sorgerecht geht die Verantwortung praktisch bald zu ihren Lasten. Sie führt auch mehrheitlich zu deren *Überlastung*. Alleinerziehende Mütter fühlen sich ständig überfordert durch die plötzliche Erziehungsunsicherheit, durch die Angst, keine genügende Geborgenheit schaffen zu können, durch die soziale Isolation und durch geringe externe Hilfen, durch das schlechte Gewissen, daß die eigene psychische Desorganisation zu viel Kraft verschleißt, die dann den Kindern abgeht – und schließlich durch den nicht selten fortdauernden Streit zwischen den (Ex-) Eheleuten (Napp-Peters 1988, Napp-Peters 1995). Hinzu kommen die permanenten Organisationssorgen im dreifach belasteten familiären Alltag (Kinder, Beruf, Alleinsein), der nur zu schaffen ist, wenn nichts Unvorhergesehenes (z. B. Krankheiten) eintritt.

Das Wichtigste jedoch ist das chronisch zu niedrige *Einkommen*. In der Tat ist das markanteste Scheidungsrisiko für Mütter der ökonomische und soziale Abstieg, um nicht zu sagen, der Fall in die finanzielle Hilfsbedürftigkeit (Lohkamp-Himmighofen 1993: 99). Während alleinerziehende Väter geringere

Einkommensverluste hinnehmen müssen, sieht das für wieder in den Beruf einsteigende Frauen aller Schichten ganz anders aus. In der Ober- und Mittelschicht können sie nach der Scheidung durch Beruf und Unterhaltszahlung ihre Ausgaben dekken, wenngleich sich die finanzielle Verfügungsmasse meist um die Hälfte oder gar zwei Drittel absenkt. In der Unterschicht geraten beispielsweise amerikanische Frauen überwiegend unter das Existenzminimum und werden Fürsorgefälle. Das gilt auch für deutsche Verhältnisse: 35% der alleinstehenden Mütter verfügten im Jahre 1995 über ein monatliches Haushaltsnettoeinkommen von weniger als DM 1800,– (im Vergleich zu 2,9% der Ehepaare mit Kindern), knappe 27% der alleinerziehenden Mütter erreichten ein Einkommen, das über DM 3000,– monatlich lag, im Vergleich zu knappen 79% der Ehepaare mit Kindern (Engstler 1997: 118). Mit dem geringen Einkommen steigt auch die Abhängigkeit von der Sozialhilfe und die Einelternfamilien sind dabei nicht selten Stigmatisierungen ausgesetzt (Voges/Ostner 1995).

Die Folgerung lautet: „Armut ist weiblich“ (Rottleuthner-Lutter 1989: 619). Das ist auch nicht verwunderlich, denn etwa 60% der Mütter erhalten keine, verminderte oder unregelmäßige Unterhaltszahlung seitens der Väter! Zu einem überwiegenden Teil entziehen sich diese also der Verantwortung und überlassen ihre ehemaligen Frauen und ihre Kinder der relativen oder absoluten Verarmung. An Ehegattenunterhalt zahlen sie im Schnitt monatlich nur DM 300–400 (!) (vgl. auch Heekerens 1987: 190). Man kann nur vermuten, welcher Ehekrieg vorausgegangen sein muß, damit Väter solche Strafaktionen vor sich selbst rechtfertigen können. Vielleicht wird auch so verständlich, wenn Frauen trotz ihrer Verarmung mit ihrer neuen Lebenslage relativ zufrieden sind und eine neue Ehe (vorerst?) mehrheitlich ablehnen (vgl. Napp-Peters 1985: 122f.). Offensichtlich wird das Risiko eines neuen Ehedramas gemieden, selbst um den Preis des Statusverlusts, der Marginalisierung und der Vereinsamung (vgl. Bertram/Borrmann-Müller 1988: 20).

Hierbei ist allerdings wiederum vor einem statistischen

Kunstprodukt zu warnen. Zwar nehmen sich die betroffenen Frauen durchaus nicht – wie die Singles – als gesellschaftliche Avantgarde wahr, aber sie können auch schon deshalb *nicht* als Repräsentantinnen eines neuen, „nach-bürgerlichen" Familienverständnisses gelten, weil:

(1) die Kinder überwiegend aus einer vorausgehenden Ehesituation stammen;

(2) sehr viele, wenn nicht die meisten Geschiedenen wieder mit einem Partner zusammenleben und daher nicht „alleine" erziehen, was aber die Statistik nicht wiedergibt;

(3) weil 56% der „alleinerziehenden" Frauen zwar keine neue *Ehe* eingehen wollen, aber einer Partnerschaft nicht abgeneigt sind. Denn immerhin wünschen sich 47% der geschiedenen Frauen und 60% der geschiedenen Männer für die Zukunft ein Familienleben mit einem neuen Partner, ohne daß diese/dieser zwingend Elternpflichten zu übernehmen hätte (vgl. Napp-Peters 1985: 127f.; sogenannte „Partner-Familie").

(4) „Nur" eine Minderheit (in der genannten Untersuchung lediglich 17%) hatte überhaupt keine Hoffnung auf eine neue Partnerschaft mehr. Sie sind definitiv entmutigt und wohl auch vereinsamt.

Zu fragen ist deshalb auch, ob die heute in der Familiensoziologie gebräuchlich gewordene Erweiterung – oder besser: Umdefinition des Familienbegriffes – richtig ist. Zweifellos muß der Ausweitung der Lebensformen auch begrifflich irgendwie Rechnung getragen werden. Früher sprach man noch von „unvollständigen" Familien (König 1974c: 113ff.), weil man sie an der Norm des Zusammenlebens von Vater, Mutter und Kind(ern) maß. Die darin möglicherweise versteckte Diskriminierung versucht man heute dadurch zu umgehen, daß das Konzept „Familie" auch gelten soll, wenn das Ehepaar sich getrennt hat und nun alleinerziehende Mütter oder Väter die Familie repräsentieren (Ein-Eltern- oder auch Ein-Elternteil-Familien). Dem steht entgegen, daß die meisten sich tatsächlich ein (normales) Familienleben wünschen und sich am vollständigen Familienmodell orientieren, sei es durch Wiederheirat, sei es als nicht-legalisierte Lebensform. Insofern werden wirklich unvollständige Familien von den Betroffenen kaum als „Familien“ wahrgenommen. (Trotzdem plädieren für den ausgeweiteten Familienbegriff z.B. Nave-Herz 1988b: 90; Clason 1989; Schütze 1989).

Hinzu kommen die in allen Untersuchungen betonte Hochschätzung von Familie und Ehe im allgemeinen und die kindorientierte Eheschließung. Offensichtlich bleibt die Institution „Ehe und Familie“ trotz allem bewußtseinsformend und verhaltensnormierend. Mit anderen Worten: die „Normalität“ der abweichenden Lebensformen läßt sich terminologisch zwar erzwingen, wird aber meistens gefühlsmäßig von den Betroffenen gar nicht mitvollzogen.

b) Wiederverheiratung und Haushalts-Elternschaft

Man übertreibt sicher nicht, wenn man davon ausgeht, daß in den modernen Gesellschaften Scheidung überwiegend nicht mehr als anstößig gewertet wird. Vielmehr hat sie sich durch Einstellungsverschiebungen zur Ehe als Institution normativ verankert, also selbst institutionalisiert. Darin einbezogen ist auch die Wiederverheiratung Geschiedener, die ja unter dem Scheidungsverbot nur bei Verwitwung in Frage kommen konnte. Dadurch gewinnt ebenfalls die Auffassung vom Familienleben neue Konturen. Insbesondere gilt das heute da, wo die Ehescheidung sehr hoch ist. In den USA beispielsweise wird beinahe jede zweite Ehe geschieden. Hier wird auch die Wiederverheiratung „normal“. Sie liegt bei 60–70%. In der Bundesrepublik, bei doch viel niedrigeren Scheidungsquoten, ist – wie gesagt – der Wunsch nach einer neuen Ehe unter den Geschiedenen ebenfalls groß. Zwar äußerten sich bei einer Befragung 56% eindeutig ablehnend, aber ein Drittel sucht eine erneute Heirat ohne Einschränkung und 12% wollen „vorläufig“ nicht heiraten (vgl. Napp-Peters 1985: 123).

Die *tatsächliche Wiederverheiratungsquote* der Geschiedenen liegt folglich auch bei ca. zwei Dritteln. Diese aufeinanderfolgenden Eheschließungen besagen, daß sich das traditionell gültige Muster der permanenten Monogamie, das nur durch den Tod eines Ehepartners aufgebrochen wurde, für die Geschiedenen zur Form der sukzessiven Polygamie (vgl. Diekmann 1990: 267f., 275f.) verschiebt. Trotz insgesamt sinkender Heirats- und Wiederverheiratungsneigung überwiegt die Zahl derer, die als Erwachsene verheiratet sind, diejenige der Nicht-Verheirateten. Aber im Längsschnitt der einzelnen Biographie ist es nicht immer der gleiche Ehepartner.

Aus der Tatsache der hohen Wiederverheiratung (vgl. Tabelle 10) schließen manche, daß die Institution „Ehe" nicht grundsätzlich gefährdet sein kann, sondern daß nur eine bestimmte Form der Ehe aufgebrochen worden ist (vgl. Höhn/Otto 1985). Die Ehe als solche bleibt gerade wegen der Folge-Ehen die vorherrschende Gesellungsform – auch in den USA, die ja in Dingen des Lebensstils seit dem Ende des Zweiten Weltkriegs bisher die Vorreiterrolle für Westeuropa spielen.

Mit der Auflösung der Erst-Ehe beginnt jedoch ein tiefgreifender Umbau des Familienlebens:

Unmittelbar nach der Scheidung gerät die nunmehrige Ein-Eltern-Familie gewöhnlich in eine *Desorganisationsphase*. Die Auswirkungen sind international ziemlich intensiv beforscht worden. Die Ergebnisse müssen hier nicht im einzelnen wiedergegeben werden (vgl. überblickshalber Fthenakis u.a. 1982). Wichtig ist jedoch, daß die Forschungsergebnisse ihrerseits auch wieder von der jeweiligen gesellschaftlichen Situation der Familien mitgeprägt waren (Bosman 1994). Während in den 60er Jahren, als die ersten Forschungsergebnisse bekannt wurden, hauptsächlich die Abwesenheit des Vaters und die daraus resultierenden negativen Auswirkungen im Vordergrund standen, setzte in den 70er und 80er Jahren (als die Zahl der Ein-Eltern-Familien stetig zunahm) eine deutliche Veränderung des Forschungsinteresses ein. Ein-Eltern-Familien wurden nun nicht mehr als „deviante" Familien begriffen, sondern als *eine* mögliche Variante des Familienlebens. Dementsprechend konzentrierten sich die Forschungsergebnisse nun auch teilweise darauf, positive Aspekte des Alleinerziehens herauszustellen (z.B. Heiliger 1991).

Neuere Forschungsergebnisse (McLanahan/Sandefur 1994), die sich auch auf die Resultate von Langzeitstudien stützen können, stellen jedoch heute wieder die Problematik dieser Familienform heraus.

„Zahlreiche Forschungsergebnisse belegen, daß die Kinder aus diesen Familien (sogenannte „Scheidungswaisen“) zahlreichen Benachteiligungen ausgesetzt sind, deren Konsequenzen oft bis ins Erwachsenenalter hineinreichen. Die Bearbeitung des tiefen *Schocks* (Fehlen eines Elternteils, Veränderung der Wohnsituation, der Schule, der ökonomischen Lage) wird je nach Scheidungsvorgeschichte in der zerstrittenen Kernfamilie und je nach Entwicklungsstand der Kinder allerdings anders verarbeitet. Anfänglich und im Kleinkindesalter reagieren Scheidungskinder mit Verwirrung, Angst und Schuldgefühlen. Die größeren (9–12 Jahre) üben sich in stärkerer Affektkontrolle (besonders die Mädchen), empfinden aber trotzdem Scham und Zorn auf den „Schuldigen“. Die Adoleszenten (13–18 Jahre) wollen sich ganz aus dem Konflikt heraushalten, können aber heftige Ausbrüche der Enttäuschung und das Gefühl, um die Jugendzeit betrogen worden zu sein, kaum völlig unterdrücken.

Diese Scheidungsfolge ist unbestritten. Allerdings ist es für die Forschung fraglich, ob die Tatsache der Scheidung und/oder die *Scheidungsvorgeschichte* als Verursacher der Störungen und Überforderungen in Frage kommt. Denn die endgültige Trennung ist für die Scheidungskinder oft auch eine Entspannung, die es erlaubt, die Beziehung zu beiden Elternteilen, besonders zum Sorgeberechtigten, also (weit) überwiegend zu den Müttern, umzusteuern. Allerdings muß auch gesehen werden, daß die negativen Auswirkungen sowohl bei Kindern geschiedener Eltern, als auch bei Kindern lediger Mütter auftreten, deren Familiengeschichte wohl nicht notwendigerweise von einer belastenden Trennungserfahrung geprägt ist. Welchen Einfluß eine Ehekrise und die Scheidungsvorgeschichte tatsächlich haben, wird nur schwer wissenschaftlich zu klären sein: Nachdem Scheidung heute in den meisten Fällen die Konsequenz schwerwiegender ehelicher Probleme ist, fehlt gewissermaßen eine „Kontrollgruppe" von Kindern (mit heftigen Konflikterfahrungen und noch zusammenlebenden Eltern), die den Kindern aus Ein-Eltern-Familien gegenübergestellt werden könnte.

Was die Langzeitfolgen angeht, so haben zahlreiche Studien (vgl. z.B. Halsey 1993, Amato et al. 1995, McLanahan/Sandefur 1994) Benachteiligungen in folgenden Lebensbereichen festgehalten: Der schlechtere Lebensstandard in Ein-Eltern-Familien führt u.a. zu einer schlechteren Ernährung und häufigeren Krankheiten. Bezüglich schulischer und beruflicher Leistungen schneiden Kinder aus Ein-Eltern-Familien im Durchschnitt schlechter ab als Kinder aus Zwei-Eltern-Familien. Auch das spätere, eigene Familienleben unterscheidet sich dahingehend, daß diese Kinder (zumindest in den amerikanischen Studien) eine geringere Ehestabilität aufweisen, öfter und früher selbst ledige Mütter werden. Nicht übersehen werden darf bei all diesen Forschungsergebnissen jedoch der Einfluß, den das geringe Einkommen und (in vielen Fälle) die Sozialhilfeabhängigkeit Alleinerziehender haben. Auch wenn (zumindest für deutsche Verhältnisse) das Phänomen einer „welfarization" Alleinerziehender nicht nachgewiesen werden konnte (Leibfried et al. 1995), bringt das Leben von staatlichen Unterstützungsleistungen nicht nur zahlreiche Stigmatisierungen, sondern auch einen äußerst geringen Lebensstandard mit sich. Das mehr oder weniger plötzliche Wegfallen von *ökonomischen Ressourcen* durch die Trennung eines Haushaltes wird noch negativ verstärkt durch das Wegfallen *elterlicher Ressourcen*. Die ohnehin schon belastete Lebenssituation wird durch die Tatsache erschwert, daß nunmehr nur noch eine Person zur Vefügung steht, die diese Belastungen zu tragen hat.

Erstaunt fragt sich Furstenberg (1988: 80), wie es die Scheidungskinder bei dieser Belastung ihrer Entwicklung überhaupt schaffen, mit ihrem späteren Leben klarzukommen. Vieles hängt wohl von der Phase der Familien-Reorganisation nach der Scheidung ab. Hier nun zeigt sich, daß *Stiefkindschaft* gehäuft auftritt, also im statistischen Sinne „normal“ wird. Es ist nämlich davon auszugehen, daß die Scheidungskinder, entgegen der verzerrenden Datenlage, nicht allein bleiben, also nicht „Waise“ werden. Denn alleinerziehende Eltern streben nach einer Phase des Alleinseins schließlich überwiegend eine Wiederverheiratung an und realisieren sie auch. Überdies ist das Zusammenleben in nicht-ehelichen Lebensgemeinschaften statistisch nicht erfaßt.

Die Zahlen (ca. 10% der Kinder unter 15 Jahren in der Bundesrepublik; vgl. Meier-Aichen/Friedl 1993) zeigen, daß Stieffamilien trotz zunehmender kultureller Selbstverständlichkeit nicht die „Normalfamilie“ des ausgehenden 20. Jahrhunderts darstellen werden (Kaufmann 1988b: 411). Dafür reichen die Größenordnungen noch nicht aus. In den USA mögen die Entwicklungen schon etwas anders laufen. Im übrigen sind Stiefvater-Familien wegen des Sorgerechts der Mütter, die später wieder heiraten, weitaus zahlreicher. Stiefmutter-Familien entstehen meist durch den Tod der leiblichen Mütter.

Wiederverheiratung (Folge-Ehe, Zweit-Ehe) und Stieffamilie sind nicht nur der Abschluß eines Scheidungsverfahrens, sondern auch Anfang eines persönlichen Umbauprozesses. Man bedenkt die Ehe neu, will alte Fehler vermeiden, es besser machen und ist sensibel für die Erfordernisse einer guten Partnerbeziehung. Jedoch sind die Anforderungen an diesen „Nachbesserungsprozeß“ sehr hoch. Schon eine Analyse der neuen Familienkonstellation (Berger 1995) zeigt, daß die Komplexität der Beziehungen und damit auch die Gefahr des Scheiterns zunimmt, je mehr sich die Struktur von der relativ einfachen Beziehungsform der Kernfamilie entfernt.

Die Familienbeziehung von Stiefkindern ist zwischen drei Polen eingespannt: der Ursprungsfamilie des Kindes (die biologischen Eltern und Geschwister), dem Stiefelter, mit dem das Kind nun lebt (d.h. meist ein neuer, „sozialer Vater“, vielleicht Stief- und Halbgeschwister) und die neue Familie des Elternteils, der aus der Ursprungsfamilie „auszog“ (und evtl. eine neue „Mutter“, Stief- und Halbgeschwister). Es gibt also nun mehrere Väter, Mütter und verschiedene Arten von Geschwistern (vgl. Wingen 1989: 45).

Abbildung 9: Unterschiede zwischen Kern- und Stieffamilien

Strukturmerkmale	*Kernfamilie*	*Stieffamilie*
Komplexität der Elternschaft	einfache, biologisch definierte Elternschaft	doppelte Elternschaft aus • biologischen und • sozialen Eltern • (nur soziale Elternschaft bei Adoptivfamilien)
Entstehungsprozeß der Elternschaft	langsames Hineinwachsen in die gemeinsame biologische Elternschaft	gespaltener Prozeß der Elternschaft • bestehende biologische Elternschaft des einen • abrupte soziale Elternschaft des anderen
Beziehungsmuster Eltern/Kind(er) und Kind(er)/Eltern	Symmetrie aufgrund gemeinsamer biologischer Elternschaft/ Kindschaft	Asymmetrie aufgrund • doppelter (biologischer/sozialer) Elternschaft • Hineinwirken der biologischen Elternschaft des anderen Elternteils
Komplexität der Verwandtschaft	Verdopplung der Verwandtschaft	Vervielfachung der Verwandtschaft • dreifach: bei Wiederheirat eines biologischen Elternteils • vierfach: bei Wiederheirat beider biologischer Eltern • exponentiell: bei „Eheketten“ der verschiedenen Partner

Quelle: in Anlehnung an Hoffmann-Riem (1989: 407)

Dies widerspricht den gängigen Gewohnheiten, eine Familie zu definieren, ganz erheblich (vgl. Gross/Honer 1990: 100), denn nun trennen sich biologische und soziale Bindungskomponenten für die Bestimmung von Eltern und Geschwistern (vgl. Hoffmann-Riem 1989: 393). Der Konstruktionscharakter der Familie als einer durch persönliche Entscheidung hergestellten, neuen Wirklichkeit wird jetzt stärker betont als bei der biologisch fundierten Kernfamilie. Zweit-Ehen sind eine Art „Wiedervervollständigung“, ohne daß dem zwingend eine Verwitwung vorausgegangen wäre. Als Konstrukt ist die Stieffamilie strukturell *instabiler* als die Kernfamilie, und zwar auf drei Ebenen:

(1) Die neue Eltern-Kinder-Beziehung ist spannungsvoll, weil die *Rollen unklar* bleiben. Stief-„elter“ ist eine vage, begrenzte und abnormale Rolle, weil mit ihr keine Rechte und keine volle Verantwortung verbunden ist (zur Rechtsunsicherheit in Stieffamilien vgl. Duran-Aydintug/Ihingger-Tallman 1995). Sie ersetzt die biologische Elternrolle nicht, welche vielmehr unausgefüllt bleibt. Sie wirkt nur als Parallel- oder Nebenrolle, die von den „mit in die Ehe gebrachten“ Kindern deswegen nur teilweise anerkannt wird. Stiefeltern sind eben nicht die „richtigen Eltern“ des Kindes. Als solche werden sie typischerweise von den Kindern bei Beschreibungen ihrer eigenen Familie auch „vergessen“, wie Untersuchungen belegen (vgl. Furstenberg 1988: 179f.).

Die neuen sozialen Eltern haben bei den Kindern höchstens eine Chance als „Freund(in)“, vergleichbar etwa den angeheirateten Verwandten in der Kernfamilie. Diese Beziehung unterliegt aber häufig auch der Täuschung, man könne Generationengrenzen durch Kumpelhaftigkeit und Anbiederung an den Lebensstil der Jugendlichen überspringen („Peer-Illusion“). Mit anderen Worten: die „Biologie“ der Kernfamilie wirkt weiter und läßt sich nicht so leicht überspielen. Dazu fehlt auch in den meisten Fällen eine „Familienidentität“. Ereignisse und Erlebnisse, die gemeinsam erlebt und geteilt wurden, sind in Stieffamilien nie in dem Ausmaß vorhanden, in dem sie in der „Ausgangsfamilie“ existiert hatten. Diese gemeinsamen Erfahrungen haben aber eine äußerst wichtige Bedeutung in der Begründung einer Familienidentität. Die Stabilität einer Gruppe wird umso größer, je besser sie sich gegen die Umwelt abgrenzen kann, und dies geschieht zum großen Teil über die Konstruktion einer gemeinsamen Vergangenheit. Das Fehlen von solchen „gelebten Gemeinsamkeiten" macht die Stieffamilie selbst wieder zu einem anfälligen, instabilen System.

(2) Auch die neue Partnerbeziehung steht unter erhöhtem Druck. Einerseits ist sie wegen der meist schlechten Vorerfahrung mit der vorausgegangenen Ehe von *übersteigerten Konfliktwahrnehmungen* und Vorwegnahmen erneuten Scheiterns geprägt. Andererseits hat der biologische Elternteil die Selbstverständlichkeit der gemeinsamen Geschichte mit dem eigenen Kind voraus. Der Stiefelter bleibt in seiner Unvertrautheit vorerst am Rand. Sein Bemühen um Kontakt mit dem Ehepartner weckt zudem Konflikte mit dem Kind, das sich in der Zuwendung leicht verdrängt sieht. Wenn die Beziehung zum Kind sich nicht entspannt, kann die ganze Stieffamilie gefährdet sein. Überhaupt ist die Erziehungsfrage konfliktträchtig, da Disziplinierung überhaupt und bei nicht richtigen Eltern schon gar auf Widerstand bei den Kindern – und bei der leiblichen Mutter – trifft. Sie schützt „ihr" Kind und geht damit eine *Koalition* unter „wirklich" Verwandten ein, die den Stiefvater ausschließt. All das führt vor Augen, daß die Sukzessionsehe zwar sprachlich und in der öffentlichen Geltung normalisiert werden kann, die Bestandsanfälligkeit aber hoch bleibt, sogar höher als bei Erst-Ehen, wie die Scheidungsquote von Wiederverheirateten verdeutlicht. Die Maßstäbe, was eine befriedigende Ehe ausmacht, liegen – wie bei der Erst-Ehe – hoch, deswegen ist auch das Risiko des Scheiterns groß. Eine „Lern- und Vollendungsspirale" über weitere Sukzessionsehen und Familiensequenzen ist nicht ausgeschlossen.

Von den Komplikationen durch die sich ausweitenden Beziehungsgeflechte war hier gar nicht die Rede (vgl. hierzu Krappmann 1988: 140). Hoffmann-Riem vertritt deswegen die Auffassung, daß sich schon wegen der Komplexität der Anforderungen unterschiedlicher Familientypen die *Kernfamilie als normativer Orientierungsmaßstab* erhalten wird (1989: 408).

Abbildung 10: Familiensequenz von Kindern und Eltern in sukzessiven Ehen

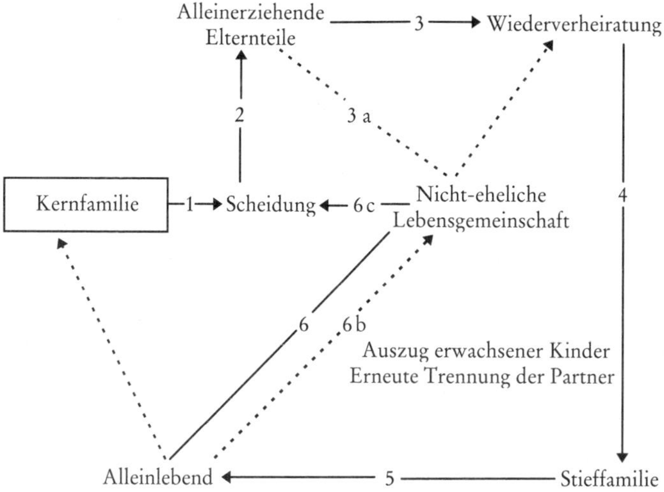

Dafür spricht, daß Stieffamilien, um der institutionellen Verletzlichkeit zu entgehen, sogar Strategien der Angleichung an das Modell der Kernfamilie praktizieren. So wahren sie oft den Anschein einer „Normalfamilie" nach außen, kopieren die üblichen Anredeformen, entzweien sich wegen des Schwergewichts direkt verwandtschaftlicher Loyalitäten usw. Bei Adoptivfamilien wird die „Normalformerwartung" (Hoffmann-Riem 1989: 396f.) noch dadurch auf die Spitze getrieben, daß die „sozialen Eltern" andere manchmal im Glauben lassen, die Familie sei „normal" begründet. Dadurch wird ungewollt die Institutionalisierung der Beziehungsform „Adoption" sogar abgeblockt.

(3) Schließlich sind auch die Beziehungen zwischen den zwei neuen Familienkernen nicht leicht zu entspannen. Die Literatur geht meist von der Verfeindungshypothese, also von der pathologischen Scheidung, aus. Dem wird entgegengehalten, daß die *„bi-nukleare Familie"* mit gemeinsamer kontinuierlicher Eltern-Kind-Beziehung auch nach der Scheidung ein neues, überdauerndes Rollenmodell sei. Denn warum könnten

Partnerschafts- und Eheprobleme nicht säuberlich getrennt und warum könnten die beiden Familien nicht zu praktischen Unterstützungszwecken verbunden werden (vgl. Napp-Peters 1988: 47)? Es ist auch nicht zu leugnen, daß es friedliche Scheidungen im gegenseitigen Einvernehmen gibt, wodurch die ehemaligen Ehepartner später Freunde bleiben. Das ist aber sicher nicht der verbreitete Fall.

Die Erfahrung lehrt, daß die Umpolung von Ehe in Freundschaft häufig nur kurzzeitig praktiziert wird, da sich der „externe", nicht mehr im gemeinsamen Haushalt lebende Elternteil mehr und mehr zurückzieht und neue Loyalitäten in seiner Partnerschaft oder Fortsetzungsehe entwickelt. So kommt es, daß Scheidungskinder ihre Väter oft nur sporadisch sehen. Meist ist der Grund auch der, daß die Erinnerung an die „alte Geschichte" nicht verblaßt ist, aber nicht wieder alte Narben aufgerissen bzw. Schuldgefühle niedergehalten werden sollen. Deswegen sind die Ex-Eheleute in der Kinderbetreuung häufig so wenig kooperativ.

Kinder sind hingegen erfahrungsgemäß *loyal zu beiden* biologischen Elternteilen (Walper 1993: 432). Das macht die Sache dennoch gar nicht leichter. Es trägt nämlich neuen Streit in die Stieffamilie, Streit um Besuchsregelungen, Zeitdispositionen, Anredeformen, Erziehungsstile und Kränkungen, die aus dem Vergleich zwischen den Lebensstilen der Alltags- und Wochenend-Stieffamilien entstammen. Der jeweilige Versuch der beiden Elternteile, sich als „Platzhirsch" zu behaupten, ist für beide Seiten belastend und beschleunigt die Lockerung noch möglicher bestehender Loyalitäten. Kinder spüren diese Spannungen, wollen andererseits nicht als Bindeglieder zum Aushandeln elterlicher Probleme benützt und nicht für nachgezogene Machtkämpfe instrumentalisiert werden. Deswegen ziehen sie es häufig vor, die Kommunikation über den jeweils anderen Haushalt abzublocken. Sie sprechen wenig über ihre nunmehr geteilten Beziehungen zu ihren Eltern, und die Eltern sprechen auch wenig über ihre gemeinsamen Kinder. Gemeinsame Elternschaft schlägt in bloße Parallelität um (vgl. Furstenberg 1988: 80).

So werden die *Kontakte* allseits *tabuisiert.* Das hilft wenigstens, die neu eingegangenen Bindungskonstellationen nicht zusätzlich zu gefährden. Zwar wird Elternschaft, also Familie, rechtlich nicht gekündigt, aber ob sie auf diese Weise wirklich im Kern erhalten bleibt, wie gerne behauptet wird (Fthenakis u.a. 1982), muß dann doch mit einem Fragezeichen versehen werden.

4. Die Solidaritätsfrage

Im Zusammenhang mit der Beurteilung des Lebensmodells „Familie" muß auch die Frage beantwortet werden, ob es seine psycho-sozialen Integrationsaufgaben (noch) erfüllen kann. Wie wir eingangs (1. Teil, III) sahen, neigt man sehr dazu, pauschal das Familienleben vorindustrieller Zeiten mit seiner angeblich so hohen Integrationsleistung zu idealisieren, obwohl die Großfamilie etwa nachweislich in Nordwesteuropa ab dem 16. Jahrhundert nicht mehr dominierte. Auch in Südeuropa waren komplexe Familienformen wenig verbreitet, obgleich der Familienzusammenhalt dort sehr eng war und ist. Einzig Ost- und Südosteuropa entsprechen in etwa dem Ideal der Drei-Generationen-Familie bzw. der Produktions- und Wohngemeinschaft mehrerer Brüder mit deren Frauen und Kindern. Mit der Veränderung der Produktionsbedingungen und mit der Urbanisierung, so wird argumentiert, hat sich das vorgegebene *Netzwerk der Verwandtschaftsgruppen* aufgelöst. Es ist dem individualisierten und atomisierten Lebensstil des Städters gewichen, der seine sozialen Kontakte nun nach persönlichem Bedarf und Geschmack selbst auswählt und in Gang hält. Die Verwandtschaft scheint hierbei nicht mehr in Betracht zu kommen, zumal die Versorgungsaufgaben teilweise an staatliche Organe abgetreten wurden. Die Kehrseite der Entwicklung sei die, daß die Kernfamilie als emotional hochbedeutsame Intimgruppe tendenziell an Bedeutsamkeit gewinnt und diese überstilisiert. Die Familie zieht sich sozusagen von den Außenverflechtungen und -verpflichtungen zurück, um diesen nach innen desto intensiver nachzukommen. Aus der unbestreitbaren Tendenz zur sinkenden Familiengröße in Europa wird nun die These vom Zusammenbruch der sozialen Netzwerke, insbesondere die mangelnde Integration in ein weit gespanntes solidarisches Verwandtschaftsnetz abgeleitet.

Diese beliebte Modernitätskritik ist trotzdem empirisch so nicht haltbar. Die angeblich „isolierte Kernfamilie" ist eine Schimäre. Wiederum einige Fakten vorweg:

Wir kennen aus den Kriegs- und Nachkriegszeiten, wie schnell und wie wirksam sich Verwandtschaftskontakte aktivieren lassen. Wir wissen, wie unverzichtbar sie in Notlagen auch wirklich sind, so daß deren vorgebliche Überflüssigkeit sich höchstens auf eine relativ kurze Zeitspanne beziehen könnte. Das muß zu denken geben, zumal die Anthropologie immer die hohe Sozial- und Kulturbedeutsamkeit der Verwandtschaft betont hat.

Wir können umgekehrt aus den einfachsten demographischen Daten schon ableiten, daß es mit der angeblichen so intensiven Mithilfe von Großeltern bei der Haushaltsführung (Finanzen, Erziehung) ihrer Kinder in früheren Zeiten nicht so weit her gewesen sein konnte. Dafür waren einfach die Lebenserwartungen zu kurz. Noch 1870/80, also vor etwas mehr als 100 Jahren, wurden Männer im allgemeinen nur 37 Jahre, Frauen nur 43 Jahre alt! Bei dem damals hohen Heiratsalter dauerte dann die Überlappung dreier Generationen nur kurze Zeit. Dennoch sind die jüngsten demographischen Veränderungen auch hinsichtlich der Solidaritätsfrage natürlich nicht ohne Einfluß geblieben:

(1) Auf der einen Seite bewirkt die sinkende Geburtenrate heute, daß sich künftig die Seitenverwandtschaft (Onkeln, Tanten, Vettern, Cousinen) beträchtlich verringert *(„kollaterale Verengung")*. Die Möglichkeit verwandtschaftlicher Netzwerke wird durch diesen Effekt stark eingeschränkt. Die Tendenz zum Einzelkind und zum Ein-Personen-Haushalt soll man aber in dieser Hinsicht nicht gleich als Ausfall von Solidaritätsbeziehungen dramatisieren. Auf der anderen Seite erfährt nämlich die Verwandtschaft eine Ausdehnung dadurch, daß die

steigende Lebenserwartung zwischen 1900 und 1980 (bei Männern um + 25,3, bei Frauen um + 28,5 Jahre) beinahe eine ganze Generation zwischen die Generationen eingefügt hat (*„intergenerationelle Ausdehnung“* – Lüschen 1988: 149).

(2) Noch nie in der Menschheitsgeschichte hat es so viele Groß- und Urgroßeltern gegeben wie heute! Mit anderen Worten: die Zahl der Drei- und Vier-Generationen-Familien nimmt zu, und dieser vertikale Generationenverbund ist für das familiäre Selbstverständnis von großer Bedeutung – auch dann, wenn die Generationen heute vielleicht nicht zusammenleben. Es kommt somit zu einer *vertikalen Verlagerung des Verwandtschaftssystems* (vgl. Lüschen 1989: 443).

(3) Betrachtet man schließlich, daß die Lebenserwartung der Frauen beträchtlich höher ist als die der Männer, andererseits die Heirat von Frauen etwa zwei Jahre früher erfolgt als die von Männern, so ergibt dies einen zeitlichen „Nettogewinn“ für die Frauen im Hinblick auf Familie und Verwandtschaft von fast 10 Jahren. Verwandtschaft setzt sich somit zu immer größeren Teilen aus Frauen zusammen (*„Feminisierung der Verwandtschaft“).* In den USA z.B. stieg zwischen 1940 und 1980 der Anteil der 50jährigen Frauen, deren Mutter noch lebte, um das Doppelte (von 35% auf 67%).

(4) Noch eine weitere interessante Entwicklung ist zu notieren. Die erhöhten Scheidungen und Wiederverheiratungen erweitern das potentielle Verwandtschaftsnetz nochmals in großem Umfang (vgl. Furstenberg 1988: 82), denn jede Neukonstruktion von Familie verdoppelt aus der Sicht der Kinder die Elternschaft und steigert exponentiell das Universum der Verwandten. Es kreuzen sich die familialen Kreise (vgl. Hoffmann-Riem 1989: 401 – *„soziale Erweiterung der Verwandtschaft“).*

Allerdings ist dieses Verwandtschaftsnetz labil, da die Beziehungsstruktur erst geklärt und emotional stabilisiert werden muß. Es ist auch unbeständig, da es aus der Sicht der Eltern und Kinder ein freiwilliges Zugehörigkeitsnetz ist. Es ist nämlich jedes Mal zu entscheiden, mit wem man engere Beziehungen knüpft und mit wem nicht. Bei Scheidungen kommt es deshalb häufig zu *„Verwandtschaftsaustausch"*. Frühgeschiedene betrachten nämlich ihre frühere, angeheiratete Verwandtschaft dann nicht mehr als verwandt, selbst wenn sie das Recht der ehemaligen „Großeltern" anerkennen, mit ihren „Enkelkindern" in Kontakt zu bleiben.

Im allgemeinen aber überdauert der Effekt, daß sich die Verwandtschaft durch Zweit-Ehen eher vergrößert als verkleinert. Bei sinkender Kinderzahl heißt das im übrigen, daß die Erwachsenen mit ihrer steigenden Lebenserwartung im Verhältnis zu den Kindern eine relativ größere Population darstellen, die sich in stark und in schwach integrierte Familiennetzwerke unterscheiden läßt.

(5) Vermutlich führen die Instabilität und der Konstruktcharakter solcher Beziehungen dazu, daß *Blutsverwandtschaft* noch höher eingeschätzt wird, da sie das überdauernde Element sozialer Integration darstellt. Das zeigt sich an der im internationalen Vergleich überall zu beobachtenden hohen Verbundenheit mit dem Elternhaus. Höllinger (1989) kommt bei einer Gegenüberstellung von sieben Nationen zum Ergebnis, daß die traditionelle Familienorientierung trotz beachtlicher kultureller Unterschiede erstaunlich hoch ist: In Italien leben noch 12% der Verheirateten in einem gemeinsamen Haushalt mit den Eltern (oder einem Elternteil), in Österreich und in Ungarn noch 10%, in der Bundesrepublik, in den USA, in England und Australien hingegen nur 3–5%. Bei den Unverheirateten im Alter von über 18 Jahren hat sich eine starke Tendenz bewahrt, bis zur Heirat bei den Eltern wohnen zu bleiben. Die Prozentsätze für Italien (92%), Ungarn (85%) und England (75%) sind aber doppelt bis dreimal so hoch wie diejenigen von der Bundesrepublik, den USA und Australien.

Auch hinsichtlich der Wohnentfernung zum Elternhaus liegen die italienischen Ehepaare an der Spitze. 57% der Italiener und 43% der Ungarn haben sich in unmittelbarer Nähe (15 Minuten) ihrer Eltern niedergelassen, während das auch aus Gründen der Siedlungsweise nur bei 25% der Amerikaner und Australier der Fall ist. Wichtiger als diese Daten ist hier aber die Kontaktdichte. Von denen, die in nächster Nähe zu ihren

Eltern wohnen, treffen sich zwei Drittel bis drei Viertel mehrmals wöchentlich mit ihren Eltern (Italien und Ungarn 75–80%, Österreich, Deutschland und USA 60–70%!). Nur ein paar Mal oder wenige Male pro Jahr besuchen Erwachsene ihre Kinder in Italien und Ungarn zu weniger als 10%, in den großflächigen USA und Australien zu etwa 30%. Immer aber geben zwei Drittel der Befragten dieser Gruppe an, daß sie mindestens einmal pro Monat in Telefon- oder Briefkontakt mit den Eltern stehen. Das ist etwa doppelt so viel wie mit den Geschwistern über 18 Jahren. Aber sogar diese sind in der Bundesrepublik (auch in Großstädten) zur Hälfte innerhalb einer Stunde erreichbar (vgl. Lüschen 1988).

Abbildung 11: Räumliche Entfernung der Eltern, die keine Kinder mehr im Haushalt haben, zu ihrem nächstwohnenden Kind (1991)

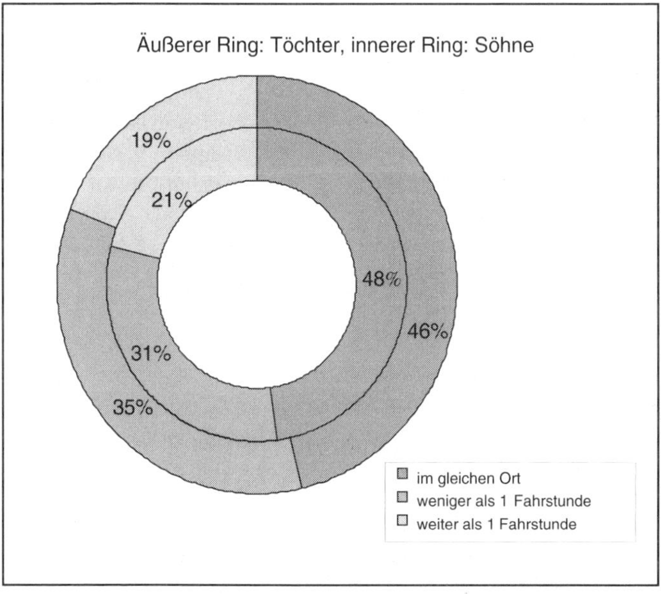

Quelle: Engstler (1997: 22; eigene Darstellung)

Neuere Daten von Engstler (1997: 22) können dies für die Bundesrepublik bestätigen (vgl. Abbildung 11). Bei einer großen Mehrheit der Befragten wohnen die Kinder im gleichen Ort oder weniger als eine Fahrstunde entfernt. Der vielfach behauptete Bedeutungsverlust der Verwandtschaft trifft also nicht die engen, sondern höchstens die sonstigen, entfernten Verwandten. Für die engen Verwandten gilt das Gegenteil. Sie sind sogar die wichtigsten Beziehungspartner in emotionaler wie instrumenteller Hinsicht. Fragt man nämlich nach der *Wichtigkeit von Bezugspersonen* im Falle einer Notlage (Hilfe im Haus, Krankheit, Depression, Entscheidungshilfe), dann werden für langfristige Engagements bevorzugt die Verwandten und weniger die Freunde angefragt. Das gilt für Europa wie für Amerika, für Stadt und Land, für die ethnischen Minderheiten usw. Vaskovics (1982) spricht mit Recht von „*Regenwetter-Verwandten*". Hilfe wird am ehesten von den Eltern, insbesondere von der Mutter, und dann erst von den Geschwistern und im Einzelfall von den eigenen Kindern beansprucht. Dabei ist festzuhalten, daß der Kreis der als wichtig erachteten Verwandten in vielen Ländern relativ weit gezogen wird; in Mittel- und Nordeuropa ist die Grenzziehung hingegen enger. Trotz des Abstands zwischen den Generationen wird also auch im europäischen Vergleich noch auf Intimität Wert gelegt. Besuche bei Verwandten gelten als wichtig. Die *verwandtschaftlichen Solidarbeziehungen* – nicht nur die Betreuung der Großeltern durch die Familie – blieben folglich nicht nur intakt, sondern werden tendenziell sogar bedeutsamer.

Das gilt auch für die Großstädte und widerlegt die These von der isolierten Kernfamilie (vgl. Lüschen 1988). Neuere Ergebnisse aus dem Alterssurvey bestätigen dies (Kohli et al. 1997: 172): „Bezogen auf das Potential familialer Integration der Älteren bedeutet dies, daß wechselseitige familiale instrumentelle Unterstützungsleistungen bei fast jedem zweiten der 70–85jährigen mit lebenden Kindern problemlos möglich wären, da mindestens ein Kind in der unmittelbaren Nachbarschaft lebt. Lediglich bei zehn Prozent der Älteren mit lebenden Kindern ist das nächstwohnende Kind nicht innerhalb von zwei Stunden erreichbar".

Man kann die hohe Bedeutung (bluts-)verwandtschaftlicher Solidaritätsnetze auch von der anderen Seite her betrachten. Dann heißt das, daß die *Generationenbelastung* sich in unserer Zeit verändert. Das vorzeitige Ausscheiden der Älteren aus dem Beruf zieht erwartungsgemäß auch ein stärkeres Engagement für die nachfolgende Generation nach sich. Damit wird der horizontale Verwandtschaftsschwund wenigstens zum Teil ausgeglichen. Die Drei-Generationen-Familie erweist sich als soziales und vor allem als finanzielles Netz, das gerade unter den modernen Lebensbedingungen der Kleinfamilie als weithin unverzichtbar eingeschätzt wird. Dabei ist das Zusammenleben in einem gemeinsamen Haushalt keineswegs unverzichtbar. Jedenfalls ist es falsch, aus den Daten der Haushaltsstruktur familiäre Untergangsszenarien zu entwerfen.

Zwar sind die häufig selbst noch erwerbstätigen oder noch mobilen Großeltern zum Teil nicht verfügbar für die direkte Kinderbetreuung, dafür erlaubt ihnen ihr Einkommen beträchtliche finanzielle Unterstützungen für den Haushalt der Kinder (Versorgungsfunktion, vgl. Nave-Herz 1984: 162f.).

Das betrifft wegen der hohen Lebenserwartung und infolge des höheren *Engagements von Frauen* für die Verwandtschaft vor allem die Großmütter. Hier kommt es bei Stieffamilien nicht selten zu Konflikten zwischen biologischer und sozialer Verwandtschaft. Nicht nur Kinder und Eltern sind sehr sensibel und aufmerksam für gleichwertige Behandlung. Dasselbe gilt auch für die Großeltern – dies sowohl, was ihr Kontakt"recht" und ihre Kontrollmöglichkeiten anbelangt als auch hinsichtlich der reziproken Leistungen im Fall der eigenen Pflegebedürftigkeit. Auch diese Beziehungsstruktur ist heute weitgehend ungebrochen. Denn die Betreuung alter Menschen liegt – wie bisher – zum größten Teil in der Hand der Familien. Nur 10% aller pflegebedürftigen Personen sind in Heimen untergebracht. Dabei ist gar nicht erfaßt, wieviele von diesen gar keine Familie mehr haben. Auch bei Notfällen und (seltener) bei Geldangelegenheiten gilt die Reziprozität. Die erwachsenen Kinder helfen ihren alten Eltern selbstverständlich bei alltäglichen Routinearbeiten, sogar dann, wenn die emotionalen Beziehungen gar nicht so stark sind. Es besteht sogar die begründete Vermutung, daß die kinderlosen Frauen und die Alleinlebenden („Singles"), die ja zahlenmäßig ansteigen, sich verstärkt auf die Verwandtschaft bzw. auf die alten Eltern ausrichten. Denn, so banal es klingt, auch die Jüngeren werden älter.

Schließlich wird die hohe Verwandtschaftsorientierung empirisch auch noch durch ein weiteres Ergebnis gestützt. *Freunde* werden von außen gesehen häufig als Quasi-Verwandte wahrgenommen. Von Verwandten *und* Freunden isolierte Familien gibt es in den Großstädten auch fast nicht. Übereinstimmend wird geäußert, daß Freundschaften als „expressiver" Kontaktkreis wichtig sind. Aber immerhin die Hälfte der Befragten gibt an, daß sie keine Freunde besitzen, die „wie Verwandte" anzusehen sind (vgl. Lüschen 1988: 160).

Es gibt so gut wie keine nur auf Freunde ausgerichtete Familien, wohl aber relativ viele mit ausschließlicher Verwandtschaftsorientierung. Leider fehlen hier aufschlußreiche interkulturelle Vergleiche. Soweit wir wissen, können Freunde Verwandte nicht ersetzen, sondern nur ergänzen. Enge Kontakte auf beiden Ebenen laufen parallel. Nur in wenigen Fällen haben enge Freunde die Aufgabe, an die Stelle der Verwandtschaft zu treten. Die These von der Zunahme sekundärer Beziehungen unter städtischen Lebensbedingungen mag wohl richtig sein, sie trifft aber nicht die *Intensität* der Kontakte. Hier gilt weiterhin, daß das familiäre Netz der Solidarität eher auf Verwandte als auf Freunde ausgerichtet ist. Auch da werden also biologisch begründete Zugehörigkeiten, Verantwortungen und Zugangschancen nicht durch soziale Neukonstruktionen abgelöst.

Im *Rückblick* läßt sich also festhalten, daß das Lebensmodell „Familie" unter dem Gesichtspunkt der Solidarverhaftung differenziert zu betrachten ist. Auf der einen Seite erfahren Verwandtschaftskontakte künftig sicher eine Schmälerung durch den Ausfall von Seitenverwandtschaft. Diese Wirkungen aus der Ehe- und Nachwuchsbeschränkung lassen sich aber durch vertikale Intensivierungen von Verwandtschaftsbezügen ausgleichen. Die mögliche Erweiterung des Solidarnetzes über solche ausgedehnten Familienstrukturen infolge von Mehrheiraten zeigt überdies, daß auch kollaterale Kompensationen möglich sind. Hier – wie überall – kommt es natürlich sehr darauf an, inwieweit diese Netzwerke tatsächlich gepflegt werden. Ob hierbei – wie Furstenberg für die USA vermutet (1988: 81) – eine *„matrilineare Ausrichtung* des Verwandtschaftssystems" wahrscheinlich wird, muß vorerst noch offenbleiben. Hohe Scheidungen mit überwiegendem Sorgerecht der Mütter, die Ablehnungsraten von Wiederheirat und die im allgemeinen immer noch zu beobachtende „Abdankung der Väter" im Scheidungsfall sprechen dafür. Die Selbstverständlichkeiten der Hilfe von Verwandten für Verwandte spricht hingegen bisher eher für das traditionelle, bilineare Familiensystem (vgl. Lüschen 1988: 167).

Auch reden bisher die empirischen Ergebnisse keine eindeutige Sprache. Sie bestätigen nicht die Alltagstheorie, daß die Institution der Familie nur noch ein traditionelles Relikt sei, das vom nächsten Generationenwechsel gänzlich außer Kurs gesetzt würde. Die intergenerationellen Beziehungen jedenfalls zeigen auch nicht, daß die vielberufene Individualisierung an die Stelle des wechselseitigen Familienengagements getreten wäre.

Betrachtet man die Einstellungen zu Ehe und Kindern im internationalen Kontext (vgl. Tabelle 16 und Tabelle 17), so wird, ganz im Gegensatz zu den Aussagen der Individualisierungstheorie, eine starke Bindung an die Werte „Ehe" und „Kinder" deutlich. In Westdeutschland stimmen immerhin über 41% der Aussage zu, daß verheiratete Menschen glücklicher seien als Menschen, die nicht verheiratet sind (Ostdeutschland: 45,2%). Kinder scheinen in den neuen Bundesländern (trotz des Geburteneinbruchs nach der Wiedervereinigung) noch einen deutlich höheren Wert zu haben. 67,4% der Befragten stimmten der Aussage „Ein Leben ohne Kinder ist ein leeres

Leben“ zu, in den alten Bundesländern waren dies immerhin auch knappe 50%.

Ein internationaler Vergleich zeigt nicht nur eine breite Zustimmung der Werte „Ehe“ und „Familie“ in vielen Ländern, auch die Unterschiede zwischen den untersuchten 24 Ländern sind beachtlich. Bezogen auf die Aussage „Verheiratete Menschen sind glücklicher als Menschen, die nicht verheiratet sind“ stehen die skandinavischen Länder an letzter Stelle, die Zustimmungsraten der Befragten liegen hier zwischen 13% und 19%. Breite Unterstützung erfährt diese Aussage dagegen in Bulgarien, den Philippinen, Polen, Ungarn und Rußland. Die Aussage „Ein Leben ohne Kinder ist ein leeres Leben“ wird besonders in Ungarn, Bulgarien, Ostdeutschland, Slovenien, Japan und Israel unterstützt. Diese Ergebnisse legen die Vermutung nahe, daß in den Ländern, in denen die Versorgungsleistungen durch den Wohlfahrtsstaat nur sehr schwach ausgeprägt sind, die Institution „Familie“ besondere Wertschätzung erfährt. Umgekehrt sind in ausgesprochenen Wohlfahrtsstaaten die Zustimmungsraten zum Wert von Ehe und Kindern zurückhaltender.

Offensichtlich ist die Bedeutung der Familie dort am größten, wo andere Institutionen (wie der Wohlfahrtsstaat) soziale Unterstützungen nur in sehr geringem Ausmaß bereitstellen. Familiensoziologisch betrachtet bedeutet diese These, daß man die Entwicklung der Familie in der Moderne nicht nur unter dem Prozeß der Funktionsentlastung betrachten darf. Die Familie als Institution scheint eine hohe Flexibilität zu haben: Zum einen werden in Zeiten wirtschaftlicher Prosperität zahlreiche Funktionen abgegeben (oder sie werden den Familien abgenommen) und es erfolgt eine Konzentration auf wesentliche familiale Funktionen. Zum anderen können Funktionen in Krisenzeiten offenbar auch wieder reaktiviert werden. Die Familie wirkt dann nicht nur als Sozialisationsinstanz, sondern auch als *zentrales Netzwerk* sozialer Beziehungen und erbringt wesentliche Versorgungsleistungen (wie z.B. die Altersversorgung, Betreuung der Kindergeneration durch die Großeltern, etc.).

Moderne soziologische Theorien der Familie, die nur auf die Loslösung der Menschen von traditionalen Bindungen abstellen, übersehen oft gerade die Möglichkeiten der Familie zu einer solchen „Re-Traditionalisierung". Gerade die zunehmenden Probleme der wohlfahrtsstaatlichen Versorgung, die sich mittlerweile in allen europäischen Ländern bemerkbar machen, werden vermutlich zahlreiche Veränderungen der Familienstrukturen mit sich bringen, die mit modernisierungstheoretischen Konzepten alleine nicht zu fassen sind.

Tabelle 16: Ergebnisse des International Social Survey Programme (1994) zur Aussage „Verheiratete Menschen sind glücklicher als Menschen, die nicht verheiratet sind" (alle Angaben in Prozent)

Land	Zustimmung	Weder-noch	Ablehnung
Bulgarien	76,3	12,9	10,8
Philippinen	62,5	20,2	17,3
Polen	62,2	20,7	17,1
Ungarn	59,3	25,1	15,6
Rußland	58,1	17,5	24,4
Israel	49,8	21,0	29,1
USA	46,5	31,7	21,8
Tschechische Republik	45,8	31,8	22,4
Ostdeutschland	45,2	25,3	29,4
Österreich	45,1	27,2	27,6
Australien	44,0	33,6	22,4
Slovenien	43,1	29,9	27,0
Westdeutschland	41,5	26,2	32,3
Japan	40,3	30,8	28,9
Irland	33,4	21,9	44,7
Spanien	33,1	19,5	47,5
Kanada	32,3	36,3	31,3
Italien	31,7	30,8	37,4
Nordirland	29,1	37,1	33,8
Neuseeland	25,0	38,7	36,3
Großbritannien	24,8	38,6	36,6
Schweden	18,9	38,9	42,3
Norwegen	17,7	33,1	49,2
Niederlande	13,5	25,4	61,1

Tabelle 17: Ergebnisse des International Social Survey Programme (1994) zur Aussage: „Ein Leben ohne Kinder ist ein leeres Leben“ (alle Angaben in Prozent)

Land	Zustimmung	Weder-noch	Ablehnung
Ungarn	80,1	12,9	7,0
Bulgarien	73,2	13,9	12,9
Ostdeutschland	67,4	13,3	19,4
Slovenien	66,7	16,3	16,9
Japan	63,6	16,6	19,8
Israel	60,8	17,8	21,4
Rußland	56,9	16,8	26,3
Philippinen	56,5	13,0	30,5
Österreich	54,3	17,2	28,5
Italien	50,6	21,6	27,9
Westdeutschland	49,2	18,6	32,2
Polen	44,7	19,9	35,4
Tschechische Republik	43,3	23,8	32,9
Spanien	42,4	9,9	47,7
Australien	28,1	24,0	48,1
Nordirland	23,0	22,1	54,8
Norwegen	21,7	27,9	50,4
Irland	21,6	14,0	64,3
Großbritannien	19,3	21,1	59,6
USA	19,3	27,6	53,1
Schweden	18,5	30,2	51,3
Neuseeland	17,1	23,2	59,7
Niederlande	14,3	20,9	64,8
Kanada	13,9	25,2	60,9

„Wer sich an die Vergangenheit nicht erinnern kann,
ist dazu verdammt, sie zu wiederholen."
(George Santayana)

Vierter Teil

Die Familie – eine Lebensform ohne Zukunft?

Wer über die soziale Lage der heutigen Familie reden will, muß zwingend über ihre Einbettung in den modernen Lebensstil und damit über die heutige Gesellschaft selbst sprechen. Es sind die geänderten Lebensbedingungen und Bewußtseinslagen, die die bisherige, „bürgerliche" Familienauffassung ins Wanken gebracht haben. Der Kesseldruck, den die gesellschaftliche Modernisierung erzeugt, hat sich sozusagen an verschiedenen Ventilen Auslaß verschafft.

I. Zwischenbilanz und Wertungsanspruch

Im 3. Teil konnten wir eine Reihe solcher tiefgreifender Umwälzungen im traditionellen Ehe- und Familienverständnis darstellen. Zusammenfassend können 12 Tendenzen genannt werden:

1. Die drei Umwälzungen in der Geschlechterfrage

a) die veränderten Rollenbilder der Geschlechter und die im Gefolge davon sich umbildenden Erwartungen an das eheliche Zusammenleben;
b) die schichtenübergreifend zur Normalität gewordene Berufstätigkeit von Frauen, die nun die beruflichen und häuslichen Leistungserwartungen an die Männer mitverschiebt;

c) die Spannungen, die sich aus den nur teilweise geglückten Umlernprozessen ergeben und die sich bisher weitgehend als Rollenüberlastung bei Frauen niederschlagen.

2. Die drei Umwälzungen in der Ehefrage

a) die Enttabuisierung der Sexualität im allgemeinen und der vorehelichen Sexualerfahrungen *beider* Geschlechter im besonderen;
b) der Aufschub des Ehewunsches zugunsten alternativer, d.h. vor- oder quasi-ehelicher, aber nicht legalisierter Formen des Zusammenlebens;
c) damit verbunden die anwachsende Option, auf die Ehe als der „natürlichen" Form dauerhafter Beziehungen zwischen den Geschlechtern ganz zu verzichten und statt dessen das Leben als Alleinstehende(r) zu führen, ohne auf wechselnde Partnerschaften völlig zu verzichten.

3. Die drei Umwälzungen in der Kinderfrage

a) der freiwillige Verzicht auf Kinder oder der Aufschub des Kindernachwuchses zugunsten individueller Lebenschancen oder einer ins Zentrum der Lebensvorstellung rückenden, emotional bedeutsamen Partnerschaft bzw. Ehe;
b) die freiwillige Beschränkung der Kinderzahl auf eine Größe, die unter den herrschenden Lebensbedingungen für alle chancenreich und verantwortbar erscheint;
c) die aus der Konkurrenz von Ehe und Familie erwachsende Spannung zwischen intensiver Kinderbetreuung und hoher „Gefühlsladung" des partnerschaftlichen Zusammenlebens der Erwachsenen.

4. Die drei Umwälzungen in der Stabilitätsfrage

a) die veränderten Normen und Erwartungen an die eheliche Stabilität und die Veralltäglichung der Scheidung;
b) die hohe Bereitschaft zur Wiederverheiratung und zur Bildung von Stieffamilien;
c) die Spannungen zwischen den biologischen und sozialen Familienstrukturen seitens der darin eingebundenen Erwachsenen und der Kinder.

Diese 12 verschiedenen Transformationen sozialer Sollensvorstellungen, sozialer Beziehungsmuster und öffentlicher Kontrollbereitschaften sind zweifellos gewichtige gesellschaftliche Fakten, die sogar über national-kulturelle Besonderheiten weit hinausreichen. Die familiensoziologische Tatsachenanalyse muß geleistet werden und ist in ihrer Bedeutung für den Zeitanalytiker, für die Politiker und für jeden aufmerksamen, denkenden Menschen auch gar nicht zu schmälern.

Dennoch sind Menschen erfahrungsgemäß mit der Aufhäufung auch noch so interessanter Fakten nicht zufrieden. Sie werden als solche erst bedeutsam, wenn sie auf ein umfassenderes Sinngefüge, eine Kulturvision, eine Weltanschauung bezogen werden. Menschliches Verhalten wird entscheidend auch dadurch bestimmt. Deshalb kann man soziale Befunde nicht einfach zur gefälligen Bedienung in den Raum stellen, besonders dann nicht, wenn sie Situationen beinhalten, die auch für die eigene Lebensplanung von höchster Bedeutung sind.

Hier muß man Präferenzen ausdrücken und diese zu rechtfertigen versuchen. Zumindest für sich selbst, aber auch für die verschiedenen, auf jeweils höherem Abstraktionsniveau stehenden, sich durchdringenden eigenen Lebenskreise muß man also immer abwägen, was (individuell und gesellschaftlich) tragbar ist, welches Verhalten welche persönlichen und sozialen Konsequenzen hat, was zukunftsfähig und was zukunftsschädlich ist. Umweltverträglichkeit bezieht sich nicht nur auf die Beseitigung von Industrieabfällen! Es gibt auch eine *Beziehungsökologie*. Dementsprechend stark ist der Impuls, faktische Entwicklungen nicht einfach hinzunehmen, sondern sie auch entsprechend den Präferenzen umzusteuern, also Politik zu betreiben.

Zwar darf die Sphäre der Wertung (schon im wertungsrelevanten Vernunftsinteresse selbst) nicht mit der Aufgabe rigoroser Tatsachenanalyse vermengt werden. Faktenkenntnis kann aber auch die Wertung nicht ersetzen, selbst wenn dadurch häufig der falsche Eindruck erweckt wird, daß man in seiner Lebensbewältigung „an-ethisch“ (M. Weber) bleiben könne. Das verschleiert häufig nur, daß die Faktizitäten unterschwellig zur neuen Norm erklärt werden. Das Wissenwollen, das Einordnenwollen von Tatsachen und schließlich das Schaffenwollen neuer Fakten sind zwar analytisch voneinander trennbar, sind mit Vorteil gesellschaftlich sogar arbeitsteilig zu behandeln, müssen aber beim einzelnen Menschen (vom Gesellschaftspolitiker gar nicht zu reden) wenigstens für sich und bei seiner Lebensplanung wieder zusammenfließen. Das gilt auch für das Wissen um und für die Gestaltung der Institution Familie.

Ein Blick auf die umfassende Literatur zur Situation der heutigen Familie lehrt uns, daß der „Wille zur Norm" ungebrochen ist. Zwar beschränken sich – was durchaus legitim ist – viele Arbeiten in ihrer Zielsetzung, schieben fachspezifische Analysen in den Vordergrund und wollen sich wenigstens bewußt einer Wertung enthalten. Dennoch gelingt das meist nicht ganz, weil die Präferenzen unbewußt zumindest über die Feststellungen zur Wünschbarkeit oder Kritisierbarkeit des heutigen Lebensstils im allgemeinen über die Hintertür wieder hereinkommen. Genau diese duale Möglichkeit zur Stellungnahme setzt sich dann gegenüber dem Lebensmodell Familie fort – je nachdem, ob die Gewinnrechnung oder die Verlustrechnung zur treibenden Kraft geworden ist. Zwar scheint sich hierfür sogleich das Konservativismus-Progressismus-Schema anzubieten, doch erweisen sich die Rechts-Links-Profile sogar schon politisch als zu undifferenziert, geschweige denn, daß ihnen ein hoher analytischer Wert zukäme.

II. Gewinn- und Verlustrechnungen

1. Die Verlustrechnung

Tatsächlich ist es leicht, aus den Veränderungstendenzen in Gesellschaft und Familie ein Verfallszenarium für beide zu konstruieren. Wenn die Familie als grundlegendes („basales") Beziehungsmuster in der Gesellschaft – so wie dargestellt – aus ihrer verbürgten Ordnung gerissen wird, dann kann es eigentlich mit der Gesellschaft selbst auch nicht zum besten stehen. Wenn Ehe und Familie in ihren institutionsspezifischen Führungs-, Orientierungs- und Stabilisierungsleistungen ins Leere fielen und weitgehend funktionslos geworden wären, dann – so die zugrundeliegende Beweiskette – müßte die moderne Gesellschaft überhaupt in ihrem Bestand bedroht sein. Ohne gesunde Zellen kein gesunder Gesamtorganismus! Auf den ersten Blick ist diese Bewertung ziemlich einleuchtend. Ohne stabile Ordnung im kleinen kann es keine stabilen Welterfahrungen im großen mehr geben. Es lauert die Gefahr der Orientierungslosigkeit, soziologisch gesprochen: der „Anomie". Damit ist das Untergangsszenarium perfekt: Die vier genannten Transformationsebenen – also die Frauen-, Ehe-, Kinder- und Stabilitätsfragen – wären in deren Teilentwicklungen entsprechend zu gewichten. Ihre Faktizität wird jeweils mit einem negativen Vorzeichen versehen und zu einem Gesamtbild des anomisierenden Gemeinschaftsverlustes zusammengefügt. Im einzelnen heißt das folgendes:

(1) Das auf Verständnis, Opferbereitschaft und „Du-Orientierung" ausgerichtete Eheverständnis ist dem egoisierenden Durchsetzungskampf der Geschlechter um Rollenparität, individuelle Lebenschancen und *Selbstverwirklichung* gewichen. Man lebt nicht mehr füreinander, sondern nur noch miteinander, beieinander oder sogar gegeneinander. Man lebt nicht mehr als Einheit zusammen, sondern als Zweiheit „getrennt zusammen" (against together) und das bezieht sich nicht nur auf die rechtliche Zuordnung von Einzelhaushalten.

(2) Nicht nur die Männer, sondern jetzt auch die Frauen setzen sich den Zwängen des modernen Berufslebens aus und tragen dessen Härten, Sachorientierung, Erfolgsdruck und monetarisierte Leistungsbewertung in Ehe und Familie hinein. Waren früher Ehe und Familie als Privatraum gedacht, um auch ein anderes, den Wirtschaftsgesetzen und der Politik entzogenes Leben führen zu können, oder als Erholungsraum, damit das Leben in der „Gesellschaft" überhaupt ausgehalten werden kann, so verbaut die *Emanzipation* heute solche arbeitsteilige, dem Wohl beider Seiten dienende Lebensbewäl-

tigung. Die instrumentellen Erfordernisse des Berufslebens werden nun ohne Puffer in die Ehe hineingetragen. Die Folge für alle Beteiligten ist eine geringere *Streßbewältigungskapazität.* Die an sich schon großen Aufgaben gegenseitigen Dauerverständnisses werden noch erhöht durch zusätzliche *Abstimmungskämpfe* und Reibereien, wessen (berufliche) Interessen konkret und mit Vorrang zu verfolgen sind. Der familiäre Organisationsaufwand vermehrt sich erheblich und die Institution der Ehe wird mit zusätzlichen Anforderungen überlastet.

(3) Statt eines Zueinandergreifens von Leistungen für den Dauerzusammenhalt kommt es zu Leistungsabgrenzungen oder sogar zu Verweigerungen im *Sozialverband Ehe.* Er ist nicht mehr auf gemeinsamer Solidarverhaftung gegründet, die die Rechenhaftigkeit nicht kennt, sondern auf Marktgesetze der günstigsten Kalkulation. Ehe ist nicht mehr „vis unitiva", Kraft zur Einigung (Einheit), sondern Pakt, Assoziation, Zweckverband, der den Konstruktionsmerkmalen der „Gesellschaft" tributpflichtig geworden ist. Damit verzichtet diese nicht nur auf einen Anwendungsbereich für alternative, expressive Verhaltensstile, sondern sogar – zum eigenen Schaden – auf ein notwendiges Lernfeld für Tugenden der Mäßigung, der zweckfreien Treue zum gegebenen Wort und der nicht monetarisierten Leistungsanerkennung. Daß Solidaritätsgebote und nicht mehr strikte Reziprozitätsnormen stilbestimmend bleiben, ist nicht nur für die Politik, sondern sogar für das Machtgeschehen selbst vital. Der politische Konflikt und der Kampf um den wirtschaftlichen Nutzen sind nur dann und auf Dauer für eine Gesellschaft vorteilhaft, wenn sie von „systemexternen" Tugenden kontrolliert werden, wie schon Adam Smith ständig betont hatte. Woher aber sollen diese heute kommen, wenn die traditionellen Lernfelder in deren Eigenheit zerstört und dann in Staat und Macht integriert werden?

(4) Ausdruck einer schon Platz greifenden Vermarktlichung und Politisierung des Zusammenlebens ist die Entprivatisierung, also *Veröffentlichung der Sexualität.* Zeitungen, Film, Fernsehen, Video und Werbung behandeln und handeln Sex als

öffentliches Gut, von dem niemand mehr ausgeschlossen werden soll. Wie jedes Gebrauchsgut unterliegt es dem Wertverfall (Gossen'sches Gesetz) und zwingt zur Übersteigerung und Leistungsspezialisierung. Wie jedes Gut auf einem Markt muß es durch den Kunden getestet werden. Auch das hohe und delikate Gut der körperlichen Intimverbindung, die Privatheit schlechthin, wird in den Markttest einbezogen, ausprobiert, abgewogen und eventuell als den eigenen Wünschen nicht entsprechend verworfen. Alles geschieht unter dem Vorbehalt der Leistungsbewertung und -entwertung, der sich wandelnden Präferenzordnungen und des „Produktirrtums" mit Umtauschrechten. Auch aus diesem Grund wird Askese hoch bewertet. Selbstbewußte Menschen sind dadurch gegen Gruppendruck und Moden gewappnet. Sie bauen sich – nicht notwendig aus Verklemmung – einen inneren Schutzraum auf, der sie davor absichert, Tribut an die von außen auferlegte sexuelle Ausbeutung zu zahlen.

(5) Ihre familiäre Entsprechung findet die Machtgesinnung im Modell der *nicht-ehelichen Lebensgemeinschaft*, welche sich gerade durch die eingebaute Instabilität gegen alle Eventualitäten der partnerschaftlichen Abnutzung absichern will. Sie hält sich für täuschungs- und enttäuschungsfest, da sie Scheitern, Täuschungs- und Geschmackswandel schon antizipiert. Aus Angst vor dem Bindungsanspruch von Ehe und Familie wird der Versuch unternommen, sich gerade vor der Bindung zu schützen, indem man ihr Gegenteil, die Offenheit, auf Dauer stellt (das ist institutionalisiert). Es wird dadurch möglich, daß die sexuelle Intimbeziehung sich (heute in nachholender Entwicklung auch für die Frauen) des Schutzes durch Legalisierung und Tabuisierung entledigt hat. Der Preis dafür ist aber die Veralltäglichung, Entwertung und vielleicht Banalisierung. Der Gewinn an Freiheit wird durch den Verlust an Bedeutsamkeit erkauft, wobei Freiheit vereinseitigend nur als Offenheit, nicht als Ego-Kontrolle, Selbst-Bestimmung und somit Selbst-Festlegung begriffen wird. Im übrigen ist auffällig, daß alle Kulturen in der einen oder anderen Form – aber mit unterschiedlichem Erfolg – das beliebige „Ausleben" der

Sexualität beschränken, weil sie den Absturz in die Dekulturierung fürchten.

Auch wenn der Ehewunsch durch voreheliche Sexualpraxis nicht gänzlich außer Kurs gerät, sondern nach allem, was wir bisher wissen, vorwiegend nur aufgeschoben und zeitweilig durch Konkurrenzoptionen zurückgedrängt wird, so zeigt doch schon dieser zeitliche Aufschub („Moratorium"), wie stark die Institution Ehe im öffentlichen Bewußtsein herabgestuft wurde. Die Festlegung auf eine dominante Form des dauerhaften, legalisierten Zusammenlebens von Mann und Frau ist durchbrochen. Die Form selbst ist instabil geworden, so daß nun unterschiedliche Beziehungsmodelle – gestuft nach Dauer- und Ernsthaftigkeit, mit und ohne Eheabsicht, mit variierenden Wohnregelungen – in Konkurrenz treten können. Dadurch wird die bisherige Überzeugungskraft der Ehe weiter geschwächt.

(6) Die Variabilität ist so groß geworden, daß auf die Ehe sogar gänzlich verzichtet werden kann. Die „verheiratete Gesellschaft" geht tendenziell in eine ehelose Gesellschaft über. Hier ist die *Bindungsfurcht* zum Prinzip erhoben. Das Ego wird nunmehr so zentral, daß Beziehungen mit Partnern gar nicht mehr wirklich eingegangen werden. Die Vorläufigkeit ist explizit gemacht. Um die Sonne des Ichs kreisen in unterschiedlichen Abständen einige Partnersatelliten.

Damit wird deutlich, daß der Wandel der Beziehungen auf eine Veränderung des geistigen Gehalts hinweist. War Ehe in ihrer traditionellen Form auch als eine „entegoisierende" Institution gedacht, in der auf gegenseitige Disziplinierung und Einübung eines Habitus der eigenen Anspruchsbeschränkung hingewirkt wurde, so ist der „Single" das Produkt einer konträren, narzißtischen Weltanschauung. Kontaktschwäche und Ausnutzung von Beziehungen reichen sich die Hände.

(7) Diese „Gebote der Freiheit" setzen sich in die Praxis der Nachwuchsbeschränkung in allen konkurrierenden Beziehungsmodellen – einschließlich der Ehe selbst – um. *Kinder* sind nicht primär die Erfüllung des gemeinsamen Daseins der Partner, nicht leiblicher Ausdruck der Liebe, nicht Verlänge-

rung der eigenen Existenz in die Zukunft hinein (mit dem Effekt, daß sich die Gesellschaft als Ganzes „reproduziert"), sondern Konkurrenten um die knappen Güter der Daseinserfüllung. Sie sind nur noch so weit tolerierbar, als sie die Lebenschancen der Eltern nicht untergraben. Nicht mehr der Eigenwert eines neuen Lebens steht im Vordergrund, sondern das schon Bestehende, das nicht Neues schaffen, sondern Altes unter allen Umständen verteidigen will – ein ungewöhnlicher Konservatismus, der gesamthaft gesehen zur Selbstzerstörung führt. Wer das neue Leben so scheut, nimmt sich nicht nur zu ernst, er untergräbt auch die Lebendigkeit seiner Existenz, indem er Möglichkeiten der Selbstentfaltung freiwillig verkümmern läßt, wozu eben auch Opfer, Askese und „De-Zentralisierung" des eigenen Selbst gehören. Die Idee der Emanzipation von Zwängen schlägt um in den Druck zur asozialen Selbstüberhöhung.

(8) Auffällig ist, wie wenig heute der Anspruch auf Selbsterfüllung mit der Existenz von anderen in Einklang gebracht werden kann. Beide Seiten werden nicht mehr als zusammengehörig erlebt, sondern driften ständig auseinander. Das gilt schon für das Ehe- und Partnerschaftsverständnis, aber noch mehr für das Verhältnis zu den Kindern. Es trifft sogar auch noch zu, wo Ehe und Kinder nicht als Hindernis für das „heilige Selbst" (E. Goffman) begriffen werden. Auch hier ist der Spannungsbogen kleiner geworden. Denn nun können die Ziele der Ehe-Gemeinschaft in Gegensatz treten zu denjenigen der Familien-Gemeinschaft. Ehe als Partnerschaft wird – wegen der fundamentalen Diesseits-Selbstorientierung – so übergewichtig auf die emotionale Erfüllung der beiden Partner bezogen, daß Kinder – auch wenn sie gewünscht sind – in Gegensatz zu diesem Ziel treten müssen; dies besonders deshalb, weil natürlich auch die Ansprüche der Kindererziehung ernstgenommen werden. Zentral ist, daß die Gemeinschaft von Eltern und Kindern sozusagen in *zwei Erwartungsebenen aufgelöst* wird: die Ansprüche der Eltern an sich selbst und die Investitionen in die Entwicklungschancen der Kinder. Nicht mehr das eine durch das andere, sondern das eine in Konkur-

renz zum anderen. Auch das ist ein Einbruch des „Gesellschaftsprinzips“ in den Geltungsbereich von „Gemeinschaft“, obwohl das Eifern um die gegenseitigen Wünsche gut gemeint sein mag.

(9) Höchster Ausdruck der Institutionenschwäche im Bereich von Ehe und Familie sind die hohen und noch anwachsenden *Scheidungsziffern*. Durch Scheidung wird das Projekt Ehe als Dauerverpflichtung auf Gegenseitigkeit gänzlich aus den Angeln gehoben. Die unbedingte Hingabe an den Partner auch unter schwierigen Bedingungen, die fraglose Verläßlichkeit für sein ganzes Leben – religiös formuliert: als Abbild der Liebe Gottes – wird in revidierbare Entscheidungen umgedeutet. Damit bekommt Liebe einen anderen Sinn. Sie wird mit Hochgefühl gleichgesetzt, das sich auch verflüchtigen kann, und nicht mehr mit Selbst-Hingabe. Da man diese in der Ehe nur noch schwer durchhält, ist ihre Übertragung auf andere Lebensbereiche noch unwahrscheinlicher! Kann schon Liebe in der Ehedyade oder in der Familie nur ein Engagement auf Zeit sein, dann wird sie in der Gesellschaft vollkommen flüchtig und funktionslos. Das kann für die Verwirklichung des „Gattungswesens“, d.h. für die „Naturalisierung des Menschen“ und „Humanisierung“ der Welt (K. Marx) nicht von Vorteil sein.

(10) Die Ausstrahlung der Ehe auf die Gesellschaft ist erloschen. Ehe ist „Gesellschaft“ geworden. Das ist die große Transformation der Neuzeit, deren langfristige Folgen noch gar nicht absehbar sind.

Schon bei den von Scheidung betroffenen Kindern ergibt sich mit hoher Wahrscheinlichkeit der Lerneffekt, daß man dem Versprechen nicht trauen kann, daß alle Entscheidungen grundsätzlich revidierbar sind, wie auch die Beteuerungen gelautet haben mögen. Sie nehmen tief in sich hinein, daß man auch über die Ansprüche und Empfindungen anderer hinweggehen kann, so wie sie es von ihren Eltern am eigenen Leib erfahren haben. Und sie „wissen“ nun, daß die Familien – wie bei Stieffamilien erlebbar – in wechselnde soziale Bezugsgruppen aufgelöst sind, denen man nur, wenn überhaupt, ein Teilengagement schuldet, da Verwandtschaft eben nur Konvention und kein Datum ist.

Fazit: Die „fraglosen" Leistungen der Institution haben sich verflüchtigt. Die soziale Wirklichkeit muß jeweils und immer wieder von Grund auf neu konstruiert werden. Und das ist eine gänzliche Überforderung des Menschen.

2. *Das Gewinnszenarium*

Beinahe spiegelbildlich umgedreht argumentieren die Verfechter des Modernitätsgewinns. Fast alles, was die Kritiker der modernen Familie als Verlust taxieren, erscheint ihnen als ein Gewinn an Bewegungsfreiheit, Autonomie und Humanität. Das kann wiederum an den vier großen Umwälzungen (im Frauen-, Ehe-, Familien- und Stabilitätsverständnis) illustriert werden:

(1) Daß sich die Rollenklischees aufzulösen beginnen, kann nur als Vorteil gewertet werden, denn bisher waren meist die Männer die Nutznießer der *gesellschaftlichen Arbeitsteilung*. Da ihnen die Außenkontakte zugeordnet waren, hatten sie auch den Status- und Rechtsvorteil in Gesellschaft und Familie. Für die Bewährung in der „Welt" konnten sie zu Hause Schonung und Umsorgung erwarten. Kein Wunder, daß der Pascha die dienende Rolle der Frau gerne zu deren unverrückbarer Natur erklärt, zumal dann, wenn die Machtausübung über Frau und Kinder auch als Kompensation für Frustration und tatsächliche Statusschwäche in der Berufswelt herhalten kann.

Für das eigene Leben der Frauen blieb da wenig Platz. Das Potential ihrer Kreativität war ganz auf Geburt und Kindererziehung (die berühmten drei K's: Kinder, Küche, Kirche) fixiert. Es mußte sich auch in der Schaffung eines „Zuhause" erschöpfen. Das ist nicht wenig, aber vielfach auch nicht genug. Rollenumdefinitionen eröffnen vor allem für die Frauen die Chance, am Definitionsprozeß selbst teilzunehmen und ihr

Leben aus den engen Grenzen – vorwiegend biologisch bestimmter Leistungskriterien – zu befreien.

(2) Da Macht, Status und Leistungserfahrungen in der ökonomisch geprägten Welt weitgehend über den *Beruf* vermittelt werden, ist es zwangsläufig, daß die *Aufwertung der Frauen* auf diesem Weg erfolgen muß. Es ist eben bezeichnend für die Einschränkung der Frauenexistenz, daß es den Beruf „Hausfrau" im vollen Sinn gar nicht gab. Er war eine Selbstverständlichkeit, für die die natürliche Kompetenz aller Frauen vorausgesetzt war, für die es – außer Sauberkeit vielleicht – kaum etablierte Leistungskriterien gab und für die die „Berufs"-Erfüllung immer unterstellt wurde. Es kann nicht geleugnet werden, daß berufliche Emanzipationsbestrebungen der Frauen die familiären Abstimmungsprobleme komplizieren und zum Teil zu erheblichen Organisationsbelastungen führen. Diese sind jedoch in Kauf zu nehmen, um die vereinseitigende Männerorientierung der Gesellschaft zu durchbrechen. Daß viele Männer daran keine Freude haben können, muß nicht erstaunen; ebensowenig, daß sie einer Aufteilung der häuslichen Pflichten reserviert gegenüberstehen und die Frauen in eine *Doppelbelastung* hineindrängen. Es zeigt nur, wie vorteilhaft sie es bisher für sich einzurichten wußten und wie sehr sie ihren Statusverlust fürchten. Familie war schon immer ein Feld für Statuskämpfe, nur erfolgten sie bisher verdeckt. In der Außenperspektive war das Ergebnis vordefiniert, in der Binnensicht nie! Egalisierung der Chancen besagt, daß Frauen nun auch in der Öffentlichkeit Macht und Einfluß gewinnen und dieses Recht darf ihnen nicht vorenthalten werden. In diesem Sinn ist die Familienproblematik auch eine Männerproblematik.

(3) Zweifellos wird der Familie durch die Teilnahme der Frauen am außerhäuslichen Berufsleben ein Teil ihrer *Privatheit* genommen. Familie kann nicht mehr nur das Polster sein, das den Druck des harten Berufslebens abfedert, da es dafür keine ausschließliche Rollenspezialisierung mehr gibt. Es ist aber die Frage, ob das bürgerliche Glück im Winkel nicht eine falsche, spießbürgerliche Idylle war, die zudem für die

einzelnen keineswegs nur Entspannung, sondern auch Rollenstreß, bedeutete. Demgegenüber kann es durchaus als sozialer und persönlicher Gewinn verbucht werden, wenn die familiären Verhältnisse verhandlungsoffener, gestaltungsfreier und improvisationsfähiger gestaltet werden. Das erlaubt Eltern und Kindern größere Spielräume, die als solche entspannend wirken. Die Fähigkeiten zum schnellen Rollenwechsel und die frühe Gewöhnung an Anpassungsnotwendigkeiten sind typisch moderne Tugenden. Sie werden durch die Öffnung der Familie allen frühzeitig abverlangt. Dadurch können nun auch andere als die gutbürgerlichen Tugenden der Selbstbescheidung und des Ordnungssinns gelernt werden. Fleiß, Präzision, Verläßlichkeit werden durch die Erfordernisse des Berufslebens sogar stärker sozialisiert als durch das familiäre Milieu. Auf die Pufferfunktion gegenüber den Härten der Gesellschaft muß deswegen nicht verzichtet werden. Dadurch, daß die Familie in ihren Aufgaben weiter entlastet wird, kann sie sich noch stärker darauf konzentrieren, einen „außergesellschaftlichen" Restbereich zu kultivieren. Daß in Ehe und Familie Abmachungen über gegenseitige Leistungen, Rechte und Pflichten getroffen werden, ist selbstverständlich. Es ist auch keineswegs neu. Ein modernes Phänomen dabei ist höchstens, daß diese Regelungen nicht mehr nur implizit gelten oder von Dritten festgeschrieben, sondern explizit unter den Betroffenen selbst „geschaffen" werden. Daß dies ein Mangel sein soll, ist nicht ohne weiteres einsichtig.

(4) Unbestreitbar gehört die *Enttabuisierung der Sexualität* zu den wichtigen Kennzeichen unseres gegenwärtigen Lebensstils. Die Sexualaufklärung setzt früh ein. Sie wird nicht mehr dem Zufall oder der „Straße" überlassen. Sie zwingt die Eltern, die Schule, die Öffentlichkeit und die Kinder, der geschlechtlichen Konstitution des Menschen die nötige Aufmerksamkeit zu schenken. Zwangsläufig wird dadurch auch die Bezogenheit der Geschlechter aufeinander zur „natürlichsten Sache der Welt", was sie schließlich auch ist. Die Enttabuisierung ist deswegen als Modernitätsgewinn zu verbuchen. Geschlechtliche Liebe, geschlechtliche Bedürfnisse,

Geschlechtsverkehr sind Menschheits- oder Lebensthemen in allen Gesellschaften. Ihre Normalität zu akzeptieren, mußten wir – gegen die Verkennung des Puritanismus – erst wieder lernen. Hier waren uns andere Gesellschaften weit voraus.

Die kleinbürgerliche Sexualmoral kann schon deshalb kein Vorbild mehr sein, weil die Verleugnung der Sexualthematik in der Öffentlichkeit keineswegs zur psychischen und sozialen Entlastung geführt hat – im Gegenteil: Die Dringlichkeit der Bedürfnisse blieb erhalten, was anders auch nicht zu erwarten war. Nur wurden sie in die Heimlichkeitssphäre abgeschoben. Dort erzeugten sie einen sexuellen Überdruck, der sich entweder in der sattsam bekannten männlichen Doppelmoral des nur nach außen wohlanständigen Bürgers äußerte, und/oder in der romantisierenden Verkitschung von Liebe und Ehe endete und die Enttäuschung solcher Erwartungen selbst heraufbeschwor. Nur: das dramatische Scheitern der Idealisierung an den Realitäten des Ehealltags blieb meist hinter den Vorhanggardinen verborgen. Psychisch ungesund und politisch verhängnisvoll war zudem die thematische Verschiebung unerfüllter sexueller Wünsche auf einen fiebrigen Weiblichkeitskult, auf kollektiven Männlichkeitswahn und die Verherrlichung männerbündischer Aggressivität. Insofern kann die Enttabuisierung der Sexualität als notwendiges Ventil angesehen werden.

Das heißt keineswegs, daß man nun jeder sexuellen Libertinage die Zügel schießen lassen wollte. Auch von der Normalisierungsthese her kann man durchaus anerkennen, daß Sexualität als Verkaufsstrategie auf den wirtschaftlichen und politischen Märkten kein Gut in einem höheren Sinn ist. Ihre marktgesetzliche Übersteigerung geht nicht nur zu Lasten der notwendigen geschlechtlichen Intimsphäre, sie führt auch zum Wertzerfall der Sexualität selbst. Damit wird das Ziel der Enttabuisierung verfehlt (auch wenn so möglicherweise als unbeabsichtigte Handlungsfolge dennoch an der Tendenz zur Normalisierung mitgewirkt werden sollte).

(5) Daß aber die *voreheliche Sexualerfahrung* beider Geschlechter – noch dazu mit einer Tendenz zur zeitlichen Vorverlegung – selbst zum Wertzerfall sexueller Intimbeziehungen

beitragen soll, wird von den Vertretern des Gewinnszenariums rundweg geleugnet. (Eltern mit heranwachsenden Kindern stehen solchen Pauschalisierungen wohl mit Recht skeptisch gegenüber. In der „Nahbetrachtung" ist man zwangsläufig vorsichtiger als dann, wenn einen die Dinge nur aus der Ferne berühren!) Die Institutionalisierung nicht-ehelicher Formen des Zusammenlebens wird höchstens als Tribut an den allgemeinen Gesellschaftswandel, auf jeden Fall aber als Ausweitung von Gestaltungsmöglichkeiten des eigenen Lebens gewertet, nämlich, „ob man heiratet, wann man heiratet, ob man zusammenlebt und nicht heiratet, heiratet und nicht zusammenlebt, ob man das Kind innerhalb oder außerhalb der Familie empfängt oder aufzieht, mit dem, mit dem man zusammenlebt oder mit dem, den man liebt, der aber mit einer anderen zusammenlebt, vor oder nach der Karriere oder mittendrin" (Beck 1986: 164). Alle Entscheidungen tragen den Charakter von Optionen und Experimenten mit der Pluralität, nicht aber der Anarchie, da auch die dem Ehewunsch zeitlich vorgelagerte Sexualerfahrung keineswegs normfrei ist. Sie ist weit überwiegend am Stabilitätsideal orientiert, nur haben „die traditionellen Gebote der amtlichen Ordnung ... kaum noch Geltung, und erst recht fehlt es einer kirchlich interpretierten sozialen Moral an allgemeiner Verbindlichkeit" (Allerbeck/Hoag 1986: 105f.). Das Neue ist weniger die lockere Auslegung und Praxis der Sexualmoral (die hatte immer schon Hochkonjunktur!) als die Offenheit, mit der vorehelicher Geschlechtsverkehr heute praktiziert wird und so die Entscheidung zur Eheschließung selbst unter Begründungszwang setzt. Weniger die Praxis hat sich gewandelt als die *Legitimation* dieser Praxis.

(6) Wenn die Formen des Zusammenlebens in einer übergewichtigen Marktgesellschaft unsicher geworden sind, dann ist es nur konsequent, daß bestimmte Gruppen die *Experimente* mit *verschiedenen Lebensformen* weiterführen. Man kann und soll sie zu einer nur noch unzulänglich gerechtfertigten Eheentscheidung nicht mehr zwingen. In seiner freiheitlichen Ordnung muß es auch denkbar sein, daß man auf *Ehe ganz verzichtet*. Diese Möglichkeit liegt in der gewandelten Gesell-

schaftsordnung begründet, in der die Menschen aus traditionellen Rollenzumutungen entlassen sind und sich ihren eigenen Lebensmodus selbst suchen müssen. Der Gewinn ist so hoch, daß die Unbequemlichkeit der Verunsicherung in Kauf genommen werden kann. Wem will man heute vorwerfen, daß er die Mühsal der „Beziehungskisten" nicht tragen will, wem, daß er den Schmerz einer mit ziemlicher Sicherheit zu erwartenden Scheidung von vornherein dadurch abzuwenden versucht, daß er für sich das Alleinsein vorzieht? Muß man ihn deswegen des Narzißmus bezichtigen? Gibt es eine Pflicht zur Ehe? Die Enttabuisierung der Sexualität eröffnet andere Möglichkeiten. Das asketische Lebensmodell gehört heute jedenfalls nicht zu den verallgemeinbareren Regeln.

(7) Sicherlich kann man die Sorgen der Bevölkerungswissenschaftler teilen, daß das *Geburtendefizit* in den Industriegesellschaften in kürzester Zeit zu gravierenden Problemen in der Arbeits-, Renten-, Bildungs- und Gesundheitspolitik führen wird, aber in einer „modernen" Gesellschaft sind die Möglichkeiten, den generativen Trend zu brechen, denkbar gering. Nicht nur, daß Bevölkerungspolitik seit der Zeit der nationalsozialistischen Rassenlehre verpönt ist, sie greift für viele auch auf unangemessene Weise in die Freiheitsrechte des einzelnen ein. Bevölkerungspolitik gerät schnell in Widerspruch zu den unverzichtbaren Werten der autonomen Lebensplanung, der schützenswerten Privatheit, der Entscheidungsrechte der Eltern, insbesondere der Frauen, und sie widerspricht der Zweckfreiheit des Kinderwunsches (vgl. Griesewelle 1989: 25ff.). Man kann heute niemanden dazu anhalten, „Kinder für den Staat" oder zur Versorgung bestimmter Kategorien von Menschen zu „produzieren". Es sind gerade die genannten Wertvorstellungen, die die Geburtenentwicklung negativ beeinflußt haben. Es gehören dazu aber auch die veränderte Sexualmoral, die Säkularisierung, der Wohlfahrtsstaat und seine soziale Daseinsvorsorge, die Mobilität, die Freizeit- und Konsumorientierung, die Bildungsexpansion etc. Den meisten erscheinen diese Entwicklungen so erstrebenswert, daß sie nicht darauf verzichten wollen. Die Katastrophenszenerie vom künftigen

Aussterben oder Bevölkerungsverlust der entwickelten Länder ist für das einzelne Ehepaar sicher kein entscheidungsleitender Stimulus, um das generative Verhalten grundlegend zu verändern. Anders mag es mit dem Eigenwert eines neuen Lebens und der Lebenserfüllung für die Eltern stehen. Aber auch hier ist die Wertkonkurrenz so groß, daß kaum grundlegende Veränderungen der Geburtenhäufigkeit pro Familie zu erwarten sind. Das bedrohliche Weltbevölkerungsproblem mahnt eher zur Vorsicht, zwingt die Eltern sogar zur Rechtfertigung ihres Kinderwunsches. Kinder, mehrere schon gar, sind zur Entscheidungsfrage geworden. Die Eltern und niemand sonst haben dieses Recht wahrzunehmen. Sie können und sollen sich nicht mehr unmündig von anderen die Entlastung erteilen lassen und sich nicht mehr hinter fraglosen institutionellen Vorentscheidungen verstecken. Ist unter dem Entscheidungsdruck, wenige Kinder mit passablen Lebenschancen ausstatten zu können, als viele in die Unsicherheit zu entlassen, die verringerte Geburtenzahl wirklich asozial oder nicht eher ein Ausdruck von Sorge, Bemühung und entegoisierender Zuwendung?

(8) Ebenfalls nicht auf der Verlust-, sondern eher auf der Gewinnseite zu verbuchen, ist die *Spannung zwischen der Partner- und der Kinderorientierung*. Wahrgenommene Konflikte sind an sich nichts Dramatisches, sie zeugen eher von Problembewußtheit und Aufmerksamkeit. Sicherlich treten heute die gegensätzlichen Interessen von Männern und Frauen deutlicher hervor. Frauen schwanken zwischen dem „Dasein für andere" und dem Dasein für sich (Beck-Gernsheim 1986: 209ff.). Letzteres ist durch die Veränderung des Familienzyklus, die Erleichterung der Hausarbeit, die Empfängnisverhütung und die Bildungsförderung überhaupt erst als Vorstellung möglich geworden. Weiblichkeit ist nicht mehr Schicksal, sondern Gestaltungsmöglichkeit. Verwundert es, daß sich damit neue Spannungen auftun? „Arbeitsmarkt, Bildung, Mobilität, Karriereplanung, alles jetzt in der Familie doppelt und dreifach. Familie wird zu einem dauernden Jonglieren mit auseinanderstrebenden Mehrfachambitionen zwischen Berufen und

ihren Mobilitätserfordernissen, Bildungszwängen, querliegenden Kinderverpflichtungen und dem hausarbeitlichen Einerlei" (Beck 1986: 184).

Doch die Individualisierung führt umgekehrt auch zur Stärkung der modernen Familien- und Partnerschaftsvorstellung. Denn je turbulenter alles in Bewegung ist, je mehr Beziehungs- und Entfaltungsmöglichkeiten sich eröffnen, desto größer ist auch die Sorge, den Vergänglichkeiten eine dauerhafte Zweierbeziehung entgegenzusetzen. „In den Idealisierungen des modernen Liebesideals spiegelt sich noch einmal der Weg der Moderne. Die Überhöhung ist das Gegenbild zu den Verlusten, die diese hinterläßt. Gott nicht, Priester nicht, Klasse nicht, Nachbar nicht, dann wenigstens Du. Und die Größe des Du ist die umgedrehte Leere, die sonst herrscht" (Beck 1986: 188).

Ihm gegenüber muß die Bindung an das Kind ausbalanciert werden. Es ist ein zweites Du, angesichts der eingebauten Instabilität der Eltern- oder Partnerbeziehung und in Anbetracht der Hegungsbedürfigkeit des Kindes sogar das entscheidendere. Kein Wunder, daß diese überbesetzte Bindung eine Aufteilung auf noch mehr „Anspruchsberechtigte" nicht verträgt. Auch so läßt sich die sinkende Geburtenziffer erklären. Der Grund ist aber nicht die abgesackte, sondern die steigende Bedeutung des Kindes (nicht allerdings: von mehreren Kindern).

(9) Es ist eine der Paradoxien des modernen Lebensstils, daß er vielleicht sogar mehr an Erwartungen in die Ehe hineinverlegt als frühere Generationen, sich der Institution Ehe aber weniger verpflichtet fühlt als ehedem (vgl. Wallerstein/Blakeslee 1989: 40). Die Folgen für Familie und Gesellschaft sind zweifellos tiefgreifendster Natur, denn durch die Möglichkeit und die Normalität von *Scheidungen* stehen die Geschlechterbeziehungen auf ganz anderen Grundlagen als früher. Auch die Eltern-Kinder-Beziehungen sind andere geworden. Die Familie hat sich massiv verändert. Sie weiß nun von der Brüchigkeit aller Beziehungen! Sie setzt Liebe in Anführungszeichen. Die Angst vor dem Scheitern ist ein unsichtbares Familienglied.

Und doch darf in den Augen der meisten an der Institution Scheidung nicht gerüttelt werden, weil sie ein nützliches Mittel ist, um gravierende soziale Übel zu beheben. Scheidung ist eine überaus schwere Familienkrise mit Langzeitfolgen, aber sie ist auch ein Ventil, d.h. eine Möglichkeit, Fehler zu korrigieren und einen neuen Anfang zu setzen. Scheidung ist die Chance, sich belastenden, erniedrigenden und unerträglichen Beziehungen zu entziehen, welche die Ehe zu einem Ort des Hasses, der Vernachlässigung, der Gewalttätigkeit oder Verachtung – kurz: des fortgesetzten Unglücks – machen. Scheidung erscheint häufig als die einzige Lösung, um der Verstrickung in Entfremdung, Lieblosigkeit, Demütigung und Perversion zu entfliehen. Generationen vor uns mußten das noch alles aushalten. Wir leben vorteilhafterweise in einer Welt, die die Gitterstäbe dann aufzubiegen erlaubt, wenn die Ehe zum Gefängnis verkommen ist.

Da die Auflösung meist nur von einer Seite betrieben wird und die Kinder fast immer die Leidtragenden sind, kommt es unweigerlich zu einem Interessenkonflikt zwischen dem scheidungswilligen Individuum und den übrigen Familienmitgliedern. Angesichts der Veränderungen der modernen Welt fällt die Entscheidung aber immer häufiger zugunsten des Einzeldaseins und gegen die Weiterführung der Familienbiographie aus. Die Ursache ist auch darin zu suchen, daß das moderne Leben den Primat der „Gemeinschaft" schon aufgelöst und unterschwellige Spaltungen in die Gruppe schon vorher hineingetragen hatte. Sie werden durch das offene Auseinanderfallen des Zusammenlebens eigentlich nur ans Licht gebracht. „Die Institution Scheidung spiegelt unser demokratisches Ethos. Wir erachten die Rechte des Individuums für genauso wichtig wie die Rechte der Gruppe. Durch die Möglichkeit zur Scheidung werden die Bedürfnisse des einzelnen über die der Familie gestellt ... Wie immer wir uns entscheiden, die Gesellschaft steht in jedem Fall vor einem moralischen Dilemma" (Wallerstein/Blakeslee 1989: 44).

(10) Fallen die Würfel für eine familienbiographische Kurskorrektur, dann ist das Umpolen der *Solidaritäten* unvermeidlich. Auch das ist ein Weg der Moderne: Wenn sich eine zweite Chance im Leben bietet, muß sie wahrgenommen werden. Er-

wachsene und Kinder werden dann mit neuen Rollen, anderen Umgebungen, veränderten Lebensstilen und neuen Verwandtschaftsbeziehungen konfrontiert. Es mag zutreffen, daß während einer Übergangsphase gar nicht mehr klar ist, was Familie bedeutet. Erfahrungsgemäß kann sich diese Umbruchsituation aber wieder stabilisieren. Auch neue Familien sind in der Lage, das Gefühl der Sicherheit und Stabilität wieder erstarken zu lassen. Allerdings wird die Spaltung zwischen biologischer und sozialer Verwandtschaft nicht ganz aufzuheben sein. Am besten wird das gelingen, falls die Kampfsituation schon bei der Scheidung entschärft wird. Wenn die geschiedenen oder in Scheidung begriffenen Elternteile relativ entspannt miteinander umgehen, kann gleichzeitig der Grund dafür gelegt werden, die Verantwortung für die Kinder auch künftig möglichst gemeinsam zu tragen. Hier ist jedoch eine viel weitergehende Hilfe von außen in Form von Beratungen, rechtlichen Regelungen und Kontakten nötig, als sie bisher meist geleistet wird. Die Scheidung selbst ist nicht rückgängig zu machen, aber die Scheidungsfolgen können mit einiger Anstrengung durchaus minimiert werden. Die gesellschaftliche Pathologie, sprich: Anomie, muß zur Beschreibung der heutigen Familie nicht zwingend bemüht werden.

3. Die Gemeinsamkeiten der Gewinn- und Verlustrechnungen

Gegensätzlicher kann man sich die Wertungen gegenüber den Umwälzungen in Gesellschaft und Familie kaum denken: Was den einen erstrebenswert erscheint, ruft bei den anderen Argwohn, Abscheu und Untergangsvisionen hervor. Wenn man aber etwas tiefer gräbt, treten auf zwei Ebenen erstaunliche Gemeinsamkeiten in der Argumentation hervor: Beide Wertungen sind nämlich dem modernen *Evolutionsdenken* verhaftet. Danach hat die gesamtgesellschaftliche Entwicklung jedes Staates die Tendenz, sich auf einem einmal eingeschlagenen Entwicklungspfad immer vorwärts zu bewegen. Modernisierung kann nur weitere Modernisierung, Differenzierung nur weitere Differenzierung etc. schaffen. Das gleiche ist somit auch für die Entwicklung des Lebensmodells „Familie" zu erwarten. Ist es einmal auf die Bahn der Destabilisierung und Entlegitimierung geraten, so ist dieser Prozeß nicht mehr aufzuhalten. Entwicklung heißt, auf dem Modernitätspfad unaufhaltsam fortzuschreiten und seien auch die sozialen und psychischen Kosten noch so hoch. Dies vor allem deshalb, weil den Strukturentwicklungen keine korrigierenden normativen Instanzen mehr gegenüberstehen. Vielmehr ist die Normenentwicklung selbst in diesen Prozeß der Ausdifferenzierung, Pluralisierung und Verflüssigung einbezogen. Das mag nun bedauert oder begrüßt werden. Genau hier ist der Unterschied zwischen den genannten Positionen zu suchen. Beide gehen von der gesellschaftlichen Vorwärtsentwicklung aus, nur wird sie von den einen optimistisch, von den anderen pessimistisch beurteilt.

Die *Evolutionsoptimisten* halten den Wandel, besser: jeden Wandel, für normal. Modernität ist für sie formenfrei, jede Entwicklungsphase sozusagen ein genuiner Neuanfang. Deswegen wird die Diffusität der Institutionen begrüßt. Alle Fixierung von Ordnungsvorgaben erscheint nämlich als ein Relikt der Vorzeit, das sich auflösen muß. Denn in die Moderne ist die Vorläufigkeit aller Bindungen und die Pluralität aller Formen eingebaut. Also muß es auch für den Bereich der Familiensoziologie so sein. Die Anhänger dieser Auffassung unterscheiden sich untereinander höchstens dadurch, daß die einen diese Entwicklung vielleicht nicht suchen, aber wenigstens als Schicksal, Trend oder Entwicklung hinnehmen, während die anderen die noch stärkere Privatisierung und Pluralisierung des Lebensstils ausdrücklich fordern. So etwa Helga Frisch, die in der Ehe nur noch einen Leistungsdruck des Gelingen-Müssens und einen unangemessenen Pflichtcharakter erkennen kann und deswegen der Ehe als Programm lieber eine Erziehung zur (offenen) Partnerschaft vorangestellt sehen will (vgl. Frisch 1987: 173). Dahrendorf (1990) führt diese Institutionenkritik auf einen tiefsitzenden, jugendbewegten

Rousseauismus zurück, der in der Zivilisierung nur die Deformierung entdecken kann.

Dem stehen die *Evolutionspessimisten* gegenüber. Auch für sie ist die Moderne ein nicht aufzuhaltender, durchlaufender Entwicklungsprozeß, nur sehen sie in ihm nichts Positives, sondern eher ein Zeichen der gesellschaftlichen Auflösung. Da man dieser Entwicklung ratlos gegenübersteht, herrschen Unsicherheit und Rückzugsverhalten vor. Man kann das Rad der Geschichte leider nicht zurückdrehen. Damit aber gerät man in eine Gesellschaftskrise hinein, denn man muß immer mehr auf die Familie als Gesellschaftsstabilisator verzichten. Die Unterschiede zwischen den Vertretern dieser Interpretation liegen höchstens darin, daß sie den Grad des Destabilisierungsprozesses verschieden einschätzen. Für die einen hat die Familie ihre Funktion als „Stabilitätsrest" noch nicht ganz eingebüßt (Schelsky 1970: 9f.), für die anderen hingegen ist der Verfall schon weit fortgeschritten.

Für beide Interpretationsrichtungen – Optimisten wie Pessimisten – gilt jedenfalls, daß man nicht mehr von „der" Familie als Alltagswirklichkeit sprechen kann, da die moderne Gesellschaft sowohl die geschlechtsspezifischen als auch die gruppenspezifischen Interaktionsmuster, also die Familien, individualisiert hat. Wir stehen mitten in einer *Umorientierungsphase.* Es hat den Anschein, als stünden uns die stärksten Veränderungen hinsichtlich der weiblichen Biographie, der Entehelichung und des Halts in den familial-verwandtschaftlichen Netzwerken erst noch bevor (vgl. Lüschen 1988: 148f.).

W. Schulz faßt das so zusammen: „Von der Familie im alten, traditionellen Sinn mit dem Verpflichtungscharakter einer Institution ist daher immer weniger zu sehen. Vom Standpunkt des scheidenden Individuums ‚paßt' die Institution für die Befriedigung eigener Ansprüche – oder sie ‚paßt nicht', dann empfindet man sie auch nicht mehr als verbindlich" (1983: 418).

Das aber ist genau jener Sachverhalt, den wir mit *„De-Institutionalisierung"* bezeichnen. Ob als emanzipatorischer Anspruch oder als Krisensymptom gemeint: jeweils scheint es zumindest so, daß durch die erhöhte Wahlfreiheit und die tatsächliche Lebenspraxis der Bevölkerung eine kulturelle „Vor-Musterung" des Familienlebens immer weniger hingenommen wird. Das äußert sich als *Motivations-*, Rollen- und Kontrollverlust: Auf der einen Seite werden die Motivationen zu Ehe und Familie geringer, weil diese keine Monopolstellung mehr besitzen. Die Lebenswünsche sind vielfältiger geworden und bündeln sich nicht mehr eindeutig auf Ehe und Familie hin. Auf der anderen Seite sind die *Rollenbilder* diffuser geworden. Das Leben als „Nur"-Hausfrau bedarf heute der eigenen Rechtfertigung. Die Eltern als Bezugspersonen sehen sich der Konkurrenz „bedeutsamer anderer" (z.B. der Medien) gegenüber. Schließlich wurden die *Kontrollen* abgebaut, die bisher zur Ehe veranlaßten (Stigmatisierung der Scheidung, Dramatisierung der unehelichen Kindschaft, Tabuisierung des vorehelichen Geschlechtsverkehrs; vgl. Tyrell 1979: 61 f.).

Auf diese Weise hat die Institution „Ehe" einen Teil ihrer kulturellen Legitimität eingebüßt, denn Trauzwang, Dauerhaftigkeit und Monogamie sind heute nicht mehr so selbstverständlich und „normal" wie früher. Weder durch das Recht noch durch die Rituale, noch durch die sozialen Normen der gesellschaftlichen Anerkennung gibt es heute einen Exklusivitätsschutz des Ordnungsmodells „Ehe". Somit können Liebe und Heirat, Ehe und Elternschaft auseinandertreten (vgl. Tyrell 1988: 155). Nicht daß die Familie als Lebensform ausgespielt hätte, vielmehr sind ihre institutionellen Sicherungen heute weniger plausibel (vgl. Wingen 1989: 31). Das ist eine Folge des gesellschaftlichen Wandels und bewirkt gleichzeitig neuen Wandel. Die Frage ist nur, was für die Zukunft daraus abgeleitet werden kann.

Ist die enge argumentative Verknüpfung von De-Institutionalisierung und Evolutionsautomatik heute und in Zukunft zwingend?

III. Institutionelle Resistenzen und Anpassungen

Wie so häufig, wird nicht so heiß gegessen, wie gekocht wird. Das gilt für die Untergangspropheten wie für die Individualisierungseuphoriker. Beide neigen zur Vereinseitigung, weil sie Entwicklungen in die Gegenrichtung oder aber Gegensteuerung nicht für möglich bzw. wünschenswert halten.

1. Über die Zukunft der Moderne – eine mögliche Antwort auf Verfallsängste

a) Wandel und Prognosemöglichkeiten

Wir haben uns daran gewöhnt, die empirisch feststellbaren Veränderungen in den Beziehungsformen und ihrer normativen Abstützung wenn nicht als Sinnverlust, so doch wenigstens als Bedeutungswandel von Ehe und Familie zu bezeichnen (vgl. Nave-Herz 1990: 202f., Peuckert 1989: 158f.). Es gehört auch zu den Grundaussagen der Soziologie, daß Wandel uns immer und zu jeder Zeit umgibt. Gesamtgesellschaftlicher Wandel, Veränderung von Institutionen und Weltbildern ist in der ganzen Menschheitsgeschichte unbestreitbar und tatsächlich normal. Man könnte eigentlich ganz beruhigt zur Tagesordnung übergehen. Aber keine Generation kann sich vom Bewußtsein befreien, daß es gerade auf sie weltgeschichtlich besonders ankommt (Nadelöhr-Syndrom). Sie hat entweder Angst davor, daß nach ihr die Kultur abbricht oder lebt im Bewußtsein, daß gerade sie der neuen Kultur auf die Beine helfen muß. Beides hängt insofern zusammen, als bei jedem Generationswechsel der Kulturverlust droht, wenn die Erziehung nicht gelingt. Und da die Menschen eigenständige Wesen sind, klappt Erziehung nie ganz so, wie es sich die Eltern vorgestellt haben. Schon deshalb geht die Umwälzung auch in unserer Zeit immer weiter.

Die Frage ist nur, in welcher Richtung sich die Gesellschaft und ihre Institutionen bewegen werden. Hier genügt der Hinweis auf die Tatsache der Instabilität nicht mehr. Sie ist für die Diskussion zu unspezifisch, denn als nachdenkliche Menschen wollen wir auch wissen, wohin die Reise geht. Es ist auch das Bemühen all unserer Erkenntnisanstrengungen und rechtfertigt die Titelfrage dieses Buches, die Intensität des Wandels und seine Folgen für das menschliche Wohlergehen – also die Frage nach der Wünschbarkeit – im voraus abzuschätzen.

Was kann die sozialwissenschaftliche Erkenntnis hier leisten? Sehr häufig behelfen wir uns damit, für neue Verhältnisse neue Konzepte anzubieten. So sprechen wir nicht mehr von der modernen, sondern von der postmodernen Familie, von postmoderner Gesellschaft, postmoderner Kunst usw. Häufig soll dieses „post" nichts anderes ankündigen als ein neues Entwicklungsstadium, das auf das vorangegangene folgt, dieses überholt und außer Kurs setzt. Die *inhaltliche* Bestimmung dieses neuen ist jedoch schwieriger. Im allgemeinen kann man davon ausgehen, daß die unterschiedlichsten Definitionen von Postmoderne dies gemeinsam haben:

(1) die Unzufriedenheit mit der Moderne;

(2) die Kritik an dessen Fortschrittsglauben;

(3) die Sensibilität für die Folgen gesellschaftlicher Rationalisierung;

(4) die aus dem Widerstand gegen die Eigendynamik dieser Rationalität sowie aus dem Mangel an kulturell verbindlicher Normierung erfolgende Experimentierhaltung;

(5) Die Kenntnisse der Möglichkeiten haben mit der Informationstechnologie zugenommen, die Äußerungschancen führen zu neuen sozialen Bewegungen und das Tempo der Lebensführung (Moden und Entwertungen von Lebensstilen) steigt.

(6) Alles scheint, zugleich möglich zu werden (anything goes), sogar das Gegensätzlichste.

Tatsächlich machen moderne, postmoderne Gesellschaften den Eindruck, in höchstem Maße auf die Mischung von Lebensformen, Wissensfeldern, „Diskursen", Normen, Bewegungen, Prophetien, Informationen, Autoritäten und Interessen angelegt zu sein. Und doch ist das Konzept der Postmoderne wie eine Hausnummer ohne Haus, denn es macht sich nicht nur der sorglosen Verallgemeinerung schuldig (vgl. Wickham 1990: 127f.), es verdeckt auch die Schwierigkeiten, die mit solchen Prognosen überhaupt verbunden sind.

In einem strikten Sinn sind sozialwissenschaftliche Prognosen nur möglich, wenn wir es nach dem Vorbild der Naturwissenschaften mit abgrenzbaren Einflußbeziehungen zwischen Ursache und Wirkung zu tun haben. Das geht am besten im Forschungslabor, in dem wir die Variablen kontrollieren können. Für die Sozialwissenschaften ist das eine gänzlich untypische Situation. Es gibt keine „geschlossenen", laborartigen Lebenssituationen von und in Gesellschaften. Überdies sind offene Gesellschaften dadurch gekennzeichnet, daß sie hochkomplexe Beziehungsgefüge sind, in denen buchstäblich alles mit allem zusammenhängt. Das gilt auch für die Familienbeziehungen, zu denen die „ganze Welt" beiträgt. Auch die Wissenschaft ist hierbei nicht wirkungsfrei, denn ihre Zukunftsprognosen lassen die Menschen nicht unberührt und beeinflussen ihre Entscheidungen. Zukunftspessimismus z.B. ist sicher *ein* Faktor der säkularen Nachwuchsbeschränkung.

Da jeder Eingriff in die Gesellschaft die Komplexität und Undurchschaubarkeit der sozialen Beziehungsgeflechte vergrößert, kann Wissenschaft im allgemeinen und Sozialwissenschaft im besonderen immer nur Ausschnitte rekonstruieren. Schon allein deshalb können die Zukunftsvorstellungen nur ganz vorläufig und unscharf sein. Überdies setzen Vorhersagen im strikten Sinne die Kenntnis universaler Gesetzmäßigkeiten voraus, was höchstens in der Physik, nicht aber in der Soziologie, der Fall ist. Deswegen hält Popper Prognosen für verkleidete Prophetien. „Es gibt keinen Grund zu der Annahme, daß die Sozialwissenschaft als einzige unter allen Wissenschaften fähig sein sollte, den uralten Traum zu verwirklichen, uns zu enthüllen, was für uns in der Zukunft verborgen liegt. Dieser Glaube an die Möglichkeit wissenschaftlicher Wahrsagerei beruht nicht auf dem Determinismus allein; seine zweite Grundlage ist die Verwechslung zwischen einer wissenschaftlichen Voraussage, wie wir sie aus der Physik und aus der Astronomie kennen, mit einer anspruchsvollen historischen Prophezeiung, die uns in groben Linien die Haupttendenzen der zukünftigen Entwicklung der Gesellschaft erzählt" (Popper 1975: 108). Ohne Zukunftsoptimismus und Fortschrittsdeterminismus bleibt uns nur übrig, uns mit Wahrscheinlichkeiten zu begnügen. Wir können Trends in die Zukunft extrapolieren, wir können Szenarios schreiben, wir können Expertenwissen anhäufen, das alles ändert nichts daran, daß wir unser Zukunftsbild aus der Vergangenheit und Gegenwart ableiten müssen. Mehr als mögliche „Zukünfte" (futures) können dabei einfach nicht herauskommen.

Die Schwierigkeit, ja die Unmöglichkeit, die Zukunft genau in den Griff zu nehmen, schlägt voll auf die Familiensoziologie durch. Auch für das Lebensmodell „Familie" sind Voraussagen im strikten Sinne unmöglich. Daß diese vielfach doch versucht werden, und zwar in Form einer reinen Verlängerung der Gegenwart in die Zukunft hinein, zeigt nur, wie dringend die Frage für die Menschen ist, etwas über die *Richtung* des sozialen Wandels zu erfahren. Wer aber sagt uns, daß sich die Sachverhalte in Zukunft so gestalten wie in der Gegenwart? Schon wenn sich die Rahmenbedingungen ändern, laufen die Gewißheiten gegen Null. Je komplizierter aber die gesellschaftlichen Teilsysteme und je größer die Komplexitätssteigerung, die ja der Postmoderne eigen sein soll, desto schlechter steht es mit den Erkenntnismöglichkeiten. Das führt uns in ein *Prognosedilemma* hinein. Ändert sich nichts Wesentliches, dann ist die Trendverlängerung leicht, aber auch unnötig; verändert sich viel, dann wird sie unzuverlässig und unsicher, besonders dann, wenn diese Entwicklungen wiederum von unserem Wissen und dessen Umsetzung in Handlungen mitbestimmt ist. „Wir werden niemals wissen, was wir künftig wissen werden; denn sonst wüßten wir es ja bereits jetzt schon" (Lübbe 1983: 42).

So kann man nachweisen, daß längerfristige Vorhersagen von Experten „sich öfters als falsch denn als richtig erwiesen haben, daß Experten in ihren Vorhersagen nur wenig genauer waren als Laien bzw., daß Vorhersagen, die von Experten außerhalb ihres Fachgebiets gewagt wurden, nicht weniger genau gewesen sind als die von Experten innerhalb ihres Faches" (Bühl 1985: 201).

Was folgt daraus? Muß man auf Zukunftsvorausschau völlig verzichten und alles dem „anything goes", aller möglichen „Zukünfte" blind überlassen? Das wird und kann eine komplexe Gesellschaft nicht wollen, weil sie nicht a priori sicher sein kann, ob diese Entwicklungen jemals der Überlebensfähigkeit dienen. Man kommt also um Vorausschau nicht herum, nur muß man in der Reichweite seiner Aussagen bescheiden bleiben. Man kann den gesellschaftlichen Wandel und die Handlungsräume bei notwendigerweise beschränkter Information nur grob umreißen. Man muß – auch ohne erhärtete Theorie und auf die Gefahr hin, von den Entwicklungen überrollt zu werden – mögliche Entwicklungspfade aufspüren und Steuerungsnotwendigkeiten abschätzen. Das ist aber nur denkbar, wenn wir eine wenigstens vorläufige Zukunftsvision besitzen, nach der überhaupt entschieden werden kann, die unsere Wertsetzungen enthält, uns motiviert und unser Handeln unter eine längerfristige Lebensperspektive stellt.

b) Wertwandel und Wertzyklen

Eine Langzeitperspektive in der Familiensoziologie bewahrt uns davor, kurzfristige Datenverschiebungen, Konjunkturen und Krisen zu dramatisieren. Der lange Atem bei der Rückschau und die gelassene Vorsicht bei der Vorausschau können dazu beitragen, uns heute elektrisierende Ereignisse als Durchgangsphänomene zu begreifen. Was ist in den 70er Jahren nicht alles über die Alternativbewegung geschrieben worden! Heute sind ihre Mitglieder alle älter, ruhiger und bescheidener in den Zielsetzungen geworden. Statt Revolution suchen sie heute Geborgenheit! Der alternativ-revolutionäre Impuls nicht-ehelicher Lebensgemeinschaften der 70er Jahre ist völlig verflogen. Derzeit sieht darin niemand mehr den ausdrücklichen Versuch, die „kleinbürgerliche" Ehe aus den Angeln zu heben. Wer hätte das damals gedacht? Über den Feminismus hört man, daß er jetzt schon von einem in sich zersplitterten Post-Feminismus abgelöst worden sein soll. Was daraus abzulesen ist, weiß man augenblicklich nicht. Eine Skepsis gegenüber kurzatmigen Folgerungen ist angebracht, weil wir anscheinend fest darauf programmiert sind, doch immer wieder unilinear nach vorne zu denken.

Ein Hinweis darauf, daß es nicht unvernünftig ist, einmal von einer anderen Seite her die Zukunft zu betrachten, gibt uns die These von den *langen Wellen des Wertwandels* (Namenwirth/Weber 1987). Sie formuliert die Annahme, daß die gesamte Welt der Industriegesellschaften von einem etwa 50jährigen Wertwandelsprozeß erfaßt sei. Dabei lösen sich vier Phasen gegenseitig ab und kehren zyklisch (wenngleich nicht deterministisch, sondern als Produkt von eher unsystematischen und zufälligen Schocks ökonomischer und technologischer Art, von Sättigungserscheinungen oder von institutioneller Trägheit) wieder. Namenwirth und Weber gründen ihre These von der zyklischen Wertaktualisierung also darauf, daß sich gesellschaftliche Problemstellungen und Handlungsformen dadurch verändern, daß nach einer bestimmten Zeit eine Sättigung mit der Beschäftigung früher thematisierter Probleme eintritt. Bezogen auf die Parteienbildung heißt das beispielsweise, daß in der Gründungsphase die Wähler über konkrete Ziele verfügen. Die zweite Generation erhält diese Vorstellungen nur noch indirekt über die familiäre Erziehung. In der dritten Generation ist die Bindung so vage, daß man zur Übernahme „neuer" Werte bereit ist; d.h. politische Generationen sind somit zyklisch offen für Wertaktualisierungen, soziale Bewegungen und neue Parteien (vgl. Bürklin 1988: 203).

Auf ähnliche Weise lassen sich nicht nur Investitions-, sondern auch *generationstypische Wertzyklen* erkennen, die je nach Wirtschaftsentwicklung bestimmte Ziele und Normen – wie Rationalität, Leistungsorientierung, Pflichterfüllung und Sparsamkeit – von sogenannten postmaterialistischen, hedonistischen Werten ablösen läßt. Dasselbe gilt für Easterlin (1980) und sein Baby-Boom-Modell. Sie alle sind nicht unilinear, sondern zyklisch. Hochs und Tiefs lösen sich ab. Immer dann, wenn sich die Bedingungen grundlegend geändert haben oder aus dem Gleichgewicht geraten sind, kündigt sich eine Veränderung an (treten Konkurrenten auf, gibt es neue Chancen für einen Baby-Boom, werden die bürgerlichen Tugenden wieder entdeckt oder verworfen usw.). Mag es sich nun um die „spät"-industrielle Produktionsweise, um das politische Engagement, um die traditionellen Erziehungswerte, um die religiöse Säkularisierung oder die Abkehr von familiären Bindungen handeln, „ohne Kenntnis der vorhergehenden langfristigen Entwicklung stehen diese Ergebnisse sowohl einer (unmittelbar plausiblen) evolutionären als auch einer zyklischen Interpretation offen, ohne daß eine Aussage über die empirische Validität beider Interpretationen möglich wäre. Dennoch sprechen einige Entwicklungen für eine zyklische Interpretation: So wird aus allen Zeitreihen deutlich, daß der Schub der Wertaktualisierung in den 80er Jahren deutlich nachläßt und sogar negative Steigerungsraten aufweist ... Diese Entwicklung läuft parallel mit dem Wandel der Erziehungswerte und der Bewertung der gesellschaftlichen Produktionsweise. In einer zyklischen Betrachtungsweise entsprächen diese Schübe der Wertaktualisierung ebenso den Erwartungen wie deren nachlassende Aktualität. Ebenso paßte diese Entwicklung in das Deutungsmuster eines seit der Romantik feststellbaren Auf und Ab von Religiosität und Mystizismus, der Kritik ökonomischer Sachzwänge und der Aktivität der unterschiedlichsten (‚neuen') sozialen Bewegungen und Bewegungsparteien. Trotz dieser schlüssigen Interpretationsmöglichkeiten ist eine abschließende Bewertung ... nicht möglich" (Bürklin 1988: 210f.).

Dennoch ist mit einer solchen Betrachtungsweise einiges gewonnen. Sie verhindert, daß bestimmte Fragen in der modernen Soziologie mit Denkverboten belegt werden: so das Thema der Religion in der Moderne, die Frage nach der Lebendigkeit der Vormoderne oder eben die nach der institutionellen Beharrlichkeit. Das alles gilt in der „offenen Diskussion" heute vorschnell als reaktionär und wird somit aus der wissenschaftlichen Diskussion weitgehend ausgeklammert.

Dabei ist es eine gute und berechtigte wissenschaftliche Frage, ob nicht auch eine *Rückkehr* zur Stabilität von basalen Wertbezügen denkbar ist, ob die evolutionäre Entwicklung zur immer weiteren Ausdifferenzierung unumkehrbar ist und ob an den Rand gedrängte Überzeugungen und traditionelle Institutionen nicht unter bestimmten Bedingungen zurückkehren können. Dieser Gedanke, daß etwa der Familismus eine neue Blüte erleben, daß der aufklärerische Orientierungsverfall als nutzlos gestoppt werden, daß sich ein neuer sexueller Puritanismus ankündigen, daß der rationalistische Entzauberungsprozeß uninteressant werden könnte (vgl. Lesthaeghe/Meekers 1986), mag zwar in der augenblicklichen Diskussion ungewöhnlich erscheinen, ist aber keineswegs so abwegig, wenn man bedenkt, daß die typisch moderne oder „postmoderne" Institutionenkritik erst mit der Wohlstandserfahrung entsteht (Kaufmann 1988b: 410).

Dann nämlich erst wird die Erfahrung von Autonomiechancen real, dann auch werden vorgegebene Karrieren weniger verbindlich und Identitäten kontingent. Wer aber kann ausschließen, daß unser Wohlstand radikal einbricht und Gegenbewegungen und Umkehrorientierungen hervorruft? Wer kann die Auswirkungen der internationalen Kulturverflechtung in der weltweiten Mediengesellschaft wirklich abschätzen? Hier sind wir immer noch unterschwellig der Vorstellung von der westlichen Kulturdominanz verhaftet. Derjenige wird jedenfalls die größte Chance haben, der die Sprache der Zeit spricht; oder: dasjenige institutionelle Arrangement wird die größte Folgebereitschaft auslösen, das die Not der Zeit trifft. Auch Beck mag bei aller Analyse des Individualisierungsschubs ein Rückkehr-Szenarium keineswegs völlig ausschließen (Beck 1986: 195f.). Denn die Vergrößerung der Freiheiten wird auch als Sicherheitsverlust erlebt. Das erklärt, warum die Erfahrung von neuen Lebenschancen nicht ohne die Grundbefindlichkeit der Angst zu haben ist (vgl. Lau 1988: 221).

2. Der Gedanke der Wiederkehr und die Debatte um die Zukunft der Familie

Der eben geäußerte Gedanke ist geeignet, die dumpfe Einseitigkeit bisheriger familiensoziologischer Argumentation aufzubrechen und das gebannte Schweigen vieler Modernitätskritiker mit einer Sprache zu versehen. Man darf aber nicht vorschnell für gegeben halten, was nur eine Hypothese sein kann. Man soll es auch nicht an den nötigen Differenzierungen fehlen lassen. Denn immerhin gibt es zwei Möglichkeiten, von Wiederkehr in der Familiendebatte zu sprechen:

a) Die Wiederkehr der Unbeständigkeit

Trotha (1990) hat sich das Argument der langfristigen Betrachtung in der Familienentwicklung zu eigen gemacht. Er zeigt nämlich, daß die Rede vom Niedergang der bürgerlichen Familie nur verdeckt, daß wir es dabei mit einer Wiederkehr der Vielfalt von Familienformen zu tun haben, wie sie für die vorindustrielle Welt zwischen dem 16. und 18. Jahrhundert, also der sogenannten „traditionellen" Gesellschaft, typisch war. Die Industriegesellschaft und der moderne Staat haben zur Einebnung der Vielfalt und zur Verdeckung der vormodernen Unbeständigkeit geführt.

Die traditionelle Welt war vielgestaltig. Sie kannte neben der Kernfamilie auch die Mehrgenerationen-Familie, die erweiterte und die komplexe Familie. Heute entsteht der große Haushalt nur noch als integrierte Wohngemeinschaft; die kinderreiche Kernfamilie ist minoritär. Nicht-eheliche Lebensgemeinschaften und alleinerziehende Mütter oder Väter entsprechen der Fluktuation im „ganzen Haus" der früheren Familien. Ähnlich steht es mit der Wiederkehr der Ehelosigkeit und der Trennung von Sexualität und Ehe, denn Ehelosigkeit war das Schicksal in der traditionellen Gesellschaft. Und da nicht jeder heiraten konnte, mußte die Sexualität notwendigerweise von der Ehe abgekoppelt sein.

Einzig die *Scheidung* führt ein neues Element der Unbeständigkeit ein. Aber vielleicht bedarf es hier vertiefter Forschung, um Licht in das Dunkel früherer, meist idealisierter Familiensituationen zu bringen. Da, wo Scheidung offiziell nicht möglich war, gab es immerhin eine versteckte Scheidungsform – die Trennung von Tisch und Bett und die Aufteilung der Lebensbereiche in eine Männer- und Frauenwelt, die sich kaum noch überschneiden. Selbst die Wiederverheiratung, die heute meist eine Folge der Scheidung ist, war in der vorindustriellen Wirklichkeit üblich, weil Witwer und Witwen darauf angewiesen waren. Sogar die öffentliche Kontrolle der Familie kehrt wieder. Zwar ist es in der „offenen Familie" nicht mehr der Druck seitens der Nachbarschaft und der Dorfgemeinschaft. Aber es sind umfassendere gesellschaftliche Instanzen tätig: nämlich die Forderungen der Altersgleichen, die Interventionen von Schulen, Erziehungsberatungsstellen und Helfer-Institutionen (Jugendämtern, Beratungsdiensten, Kindergärten, Ärzten, schulpsychologischen Diensten usw.), ganz abgesehen von den Normvorgaben seitens der Medien. Auf dem Wege zu sich hat sich die Moderne sozusagen in die Vormoderne verkehrt. „Die Privatheit der Familie ist am Ende. Die öffentliche Kontrolle hat die hohen Mauern der Privatheit niedergerissen. Die sogenannte ‚postmoderne Familie' ist eine ‚offene Familie'„ (Trotha 1990: 453) – offen für die gesellschaftliche Kontrolle.

Was ist daraus zu schließen? Einerseits kann man das Offenheitstheorem im Sinne des Gewinnszenariums deuten. Das ist in der Familiensoziologie überwiegend der Fall. Wiederkehr der Unbeständigkeit hieße dann Auflösung der bürgerlichen Familie in Richtung auf Individualisierung und *Pluralisierung der Lebensformen*, Vergrößerung der Gestaltungsspielräume von Familien- und Verwandtschaftsstrukturen, ein Nebeneinander von familialen und außerfamilialen Formen des Zusammenlebens (Single-Dasein), Wohngemeinschaften, voreheliches und eheliches Zusammenleben, variierende Elternschaften infolge mehrerer Scheidungen – kurz: die Ausweitung von Suchprozessen über den ganzen Lebenslauf hinweg. Das ist die Erfüllung des „Projektes der Moderne" mit seiner Marktgesellschaft, seinen Bildungsangeboten, seinen Informationstechnologien, seiner Mobilität, seiner Säkularisierung, seiner Pluralisierung und seinem Autonomieangebot. Der „Polytheismus" der Werte (Max Weber) drängt den Einzelbiographien und dem familiären Lebenslauf einen Collage-Charakter auf. Werte werden nicht mehr als feststehende, selbstverständliche Beurteilungspunkte für das Handeln angesehen, sondern dienen nur noch der situativen Deutung. Von prinzipiellen Erwägungen und Verpflichtungen hat man Abschied genommen (Marquard). Da, wo das Prinzip abgedankt hat, muß der dauernde Verhandlungsprozeß an seine Stelle treten. Ch. Lau (1988: 228) leitet von der Tatsache, daß das übergreifende Vernunftinteresse und das rationale Argumentieren außer Kurs gesetzt sind, ab, daß aus dem kreativen Zusammensetzspiel eine „postmoderne Heiterkeit" erwachsen würde.

Das klingt natürlich sehr angenehm und vielversprechend. Das Leben ist aber wohl nur in beschränktem Ausmaß heiter. Produktions- und Verteilungsprobleme, Gerechtigkeitsfragen, Machterwerb und Machtkontrolle, Umweltrisiken usw. sind ernste Angelegenheiten, die mit dem privaten Bastelraum wenig gemeinsam haben. Auch das familiäre Zusammenleben ist wohl nicht minder ernst; dafür ist schon der Überlebenskampf normalerweise zu hart. Man wird den Eindruck nicht los, als befände man sich bei einer solchen Ausdeutung des modernen Lebens auf der typischen Spielwiese der „freischwebenden" Intellektuellen, die in den gepolsterten Nischen der Wohlfahrtsgesellschaft mit einem leicht zynischen Gestus der Unentrinnbarkeit an die Ohnmacht der Vernunft appellieren. Für diese Gruppe mag es keine verbindlichen Erfahrungen geben.

Vielmehr setzt sie sich nihilistisch und relativistisch mit ihren Interpretationen an die Spitze jedes beliebigen Trends. Jede statistische Häufung wird zur Norm. Jede Entwicklung läuft so, wie sie ist, immer weiter. Die kritische Attitüde schlägt in unkritische Prognosegläubigkeit um, wenn es darum geht, Stabilitäts- und Sinnverlust zum Lebensprogramm aufzuwerten. Weder wird der Komplexität und Unübersichtlichkeit noch anderen möglichen Entwicklungsrichtungen Rechnung getragen. Besorgt fragte sich – im Hinblick auf die deutsche politische Vergangenheit – Fritz Stern, ob man mit einer solchen Entmutigungsstrategie gegenüber den bestehenden Institutionen nicht den (politischen) Triumph der Verantwortungslosigkeit vorbereite (1986: 351).

Vor allem aber wird das Risiko des ausufernden Individualismus heruntergespielt. Beck nennt zwar die private und kollektive Angst und Skepsis (1986: 195), sieht aber keine gangbaren Chancen der Gegenwehr. In jüngster Zeit allerdings mehren sich die Anzeichen, daß der Individualisierungsschub nicht etwa die Therapie, sondern geradezu die Krankheit der Moderne sein könnte. Es hat sich eine melancholische und ironische Fin de Siècle-Stimmung auch unter Soziologen breitgemacht. Auch sie fangen an, darüber nachzudenken, ob die Moderne nicht an ihrer Eigendynamik und ihren Risiken zerbrechen könnte. Und das sind nicht nur die Risiken der Ökologie, sondern auch diejenigen der Wertblindheit, der verspäteten Vernunft, der verlorenen Sinnsicherheit, der De-Institutionalisierung und der Angst. Warum Menschen dies als unentrinnbar hinnehmen müßten, ist eigentlich nicht einzusehen. Es ist auch historisch unwahrscheinlich.

Sinn kann zwar nicht autoritativ verschrieben werden, aus der Unverbindlichkeit der Bastelmentalität kann er aber auch nicht abgelesen werden. Denkbar zwar und prinzipiell möglich, aber im einzelnen noch nicht absehbar ist, in welcher Form dieses *Individualisierungsdilemma* gelöst wird. Es spricht einiges dagegen, daß sich der derzeitige Zustand der „Wertverflüssigung“ auf Dauer stabilisiert. Vielmehr ist nicht ausgeschlossen, daß es langfristig wieder zu einer „Verfestigung“ einiger weniger Gruppen und damit auch ihres jeweiligen Wertkanons bzw. zu einer Re-Etablierung alter Wertprioritäten kommt (vgl. Lau 1988: 226).

Dieser Regreß auf vormoderne Leitbilder – wie Heimat, Familie, Nachbarschaft oder die Rückgewinnung von Vergemeinschaftungsformen – hat die Moderne seit ihrem Beginn begleitet. Man denke nur an die Romantik, an die Jugendbewegung usw. Je stärker das Risikobewußtsein und die Erfahrung von Unerträglichkeiten, desto weniger Überzeugungskraft besitzt der Charme von Spontaneität, Formen und Pluralität. Dann wird auch die Familie schnell wieder zur Not- und Stabilitätsgemeinschaft.

Tatsächlich zeigen alle neueren Studien, daß der familiale Zusammenhang – entgegen allen theoretischen Annahmen über den Untergang der Familie – ungebrochen ist. Trotz hoher Scheidungsziffern, steigender Anzahl von Singles und niedriger Geburtenrate steht die Wertschätzung der Bevölkerung für die herkömmliche Familie im völligen Kontrast zu den Verflüssigungstheorien. Seit Jahren nimmt die Familie im Vergleich zur Einschätzung der Wichtigkeit anderer Lebensbereiche und -ziele – wie interessanter Beruf, hohes Einkommen, Chancen zur Selbstverwirklichung, Kontakt mit Freunden, Bindung an die Kirche etc. – den höchsten Rang ein. In den letzten 20–30 Jahren ist diese Wertpräferenz sogar angestiegen (vgl. Glatzer/Hergeth 1984: 124f.). (Das gilt auch für die Lebensverhältnisse in den Ländern des ehemaligen Ostblocks.)

Für 80% der Bevölkerung ist das wichtigste Ziel eine glückliche und dauerhafte Partnerschaft. 62% der Bevölkerung sehen in Kindern einen Lebensinhalt, für den es sich besonders lohnt zu leben. 66% der Bevölkerung sind überzeugt, daß eine Familie die Voraussetzung für ein glückliches Leben ist. Nur 32% meinen, daß die Lebensqualität der Singles genauso hoch ist wie die eines Familienmitglieds; allein leben gilt keineswegs als ideal. Empirisch feststellbar ist ein hoher Zufriedenheitsgrad mit der Familie und dem Eheleben (wobei Männer die Ehe positiver bewerten als Frauen!). Trotz der großen Zahl unverheiratet Zusammenlebender ist Heiraten heute wieder „in". Während 1985 knapp 50% der Bevölkerung Heiraten als nicht mehr zeitgemäß bewerteten, ist der Anteil bis 1989 auf 33% gesunken. So schnell ändern sich die Einstellungen wieder!

Das besagt nicht, wie ich im 3. Teil dargelegt habe, daß damit die Ehen ohne Trauschein außer Kurs geraten wären.

Der wichtigste Grund, sie in eine formelle Ehe überzuführen, ist der Kinderwunsch. Eine „richtige Familie“ wird für die große Mehrheit eine Partnerschaft erst über die Kinder. Für 71% der Bevölkerung gehören Kinder unbedingt zur Familie. Das gilt auch für die jüngere Generation der 16–29jährigen (zu 65%) (vgl. dazu Institut für Demoskopie Allensbach 1989). Auch die Einstellung zu den Kindern scheint sich zur Zeit wieder zu verändern. Lediglich eine verschwindende Minderheit der Bevölkerung (2%) geht heute davon aus, daß Ehen ohne Kinder glücklicher sind als Ehen mit Kindern und 55% sind überzeugt, daß die Kinder auf die Qualität einer Partnerschaft positiv einwirken.

All das zeigt, daß offensichtlich die Stellungnahmen zur Familie, zur Heirat, zum Lebensglück, zur Bedeutung der Kinder und zum elterlichen Erziehungsauftrag *schwankenden Wertungen* unterliegen und keineswegs eindeutig auf eine einseitige Werterosion hindeuten. Dafür verlaufen die Familienorientierungen im internationalen Vergleich auch zu uneinheitlich. Während z.B. in den USA die Scheidungsziffern und die Geburtenraten hoch sind, liegen die Scheidungs- und Geburtenziffern in Italien niedrig. Beides deutet darauf hin, daß traditionelle und moderne Orientierungen komplizierte Mischungsverhältnisse eingehen (vgl. Höllinger 1989: 516; Wurzbacher 1987).

Schon das spricht dafür, daß die Hypothese von den Wertungszyklen nicht ganz unrealistisch ist. So könnte es durchaus sein, daß die Familie als Ort der Zuflucht wieder wichtiger wird, je stärker das Gefühl der Ohnmacht, Entfremdung und Bedrohung des einzelnen wird. Das mag darauf hindeuten, daß hinter den Modernitätswerten – wie Identität und Autonomie – *Metaorientierungen* (z.B. Sicherheit) in Kraft sind, die für eine Lebensbalance eingesetzt werden. Je stärker sich das Boot nach der einen Seite neigt, desto deutlicher werden die Gegengewichte auf die andere Seite verlagert.

b) Wiederkehr der Beständigkeit?

Die unmittelbar vorangegangenen Überlegungen zeigen, daß die Thematik der Wiederkehr auch anders angepackt werden kann. Die Wertzyklen-Theorie könnte unterstellen, daß es nichts Neues unter der Sonne gibt und alles zu seiner Zeit wiederkommt. Die bürgerliche Welt ist demnach eine Phase, ein Zwischenspiel, das sich auch zugunsten einer vorbürgerlich-modernen Lebensweise auflösen könnte. Mit anderen Worten: wie steht es mit der Zukunft der Vergangenheit?

Zunächst einmal ist vor einer Idyllisierung vergangener Lebensformen eindringlich zu warnen. Das Argument aber wird meistens anders herum aufgebaut. In bezug auf die Familie wird behauptet, daß die Krise durch Wiederkehr beständigerer Lebensformen – etwa durch die Stabilisierung der bürgerlichen Familie – nicht zu beheben sei, weil dies unweigerlich bedeuten müßte, das Rad der Geschichte zurückzudrehen: durch Aufwertung der Hausarbeit und Anhebung des Mutter-Status. Vermutlich müßte dazu auch das Lohngefälle zwischen Mann und Frau verstärkt, die gesetzliche Gleichstellung rückgängig und die Mobilität eingeschränkt werden – kurz: „Die unhalbierbaren Prinzipien der Moderne müßten halbiert werden, und zwar dem einen Geschlecht – natürlich – zugewiesen, dem anderen – natürlich – vorenthalten werden und dies ein für allemal“ (Beck 1986: 198; vgl. auch Rerrich 1988: 176). Daraus wird gefolgert, daß eine solche Umbiegung der Entwicklung unmöglich, weil nicht mehr akzeptanzfähig oder wünschbar, sei.

Von den Wertungen einmal abgesehen, kommt dahinter noch ein *Mythos der Moderne* zum Vorschein, denn unterschwellig wird doch so getan, als gäbe es nur einen Automatismus nach vorne. Vor einer solchen sorglosen Generalisierung muß man sich hüten. Alle Argumente in dieser Richtung bauen darauf auf, daß die gesellschaftliche Umwelt, die politischen Verhältnisse, die Machtbalancen und die kulturellen Einflußzonen ein für allemal fest sind (ceteris paribus-Klausel). Eine solche Annahme gibt es aber nur in der Theorie. Die Geschichte kennt kein „ceteris paribus". Nichts bleibt gleich und kann unverändert gehalten werden, auch die Moderne selbst nicht. Wie Eisenstadt glänzend nachgewiesen hat, ist die Moderne auch eine Tradition, wenngleich eine große und weltgeschichtlich bedeutsame. Das zeigt sich schon daran, daß sie für andere Länder und Kontinente nicht in der gleichen Weise gültig ist. Sie wirkt auch in Europa länderspezifisch unterschiedlich. Die *Moderne als Tradition* kann nicht stabil sein. Es ist sogar ihr Gesetz, daß sie sich ständig überholen muß, wenn Wandel das Normale ist. Jede Modernität wird im Ablauf der Generationen zudem unfehlbar zur Tradition, kann also nicht modern bleiben. Sie veraltet und ist morgen von gestern.

Was mit diesem modernen Traditionsbestand dann geschieht, wie er sich in der Gesellschaft bemerkbar macht, ist schwer zu erfassen. Es ist auch vorstellbar, daß Kulturen regredieren und zerfallen, sich auflösen oder einfach aufhören. Es ist nicht ganz unwahrscheinlich, daß über den zunehmenden gesellschaftlichen Außendruck (z.B. durch einen islamischen Fundamentalismus) eine Besinnung auf andere, vormoderne, abendländische Traditionen stimuliert wird. Institutionen – wie alle Kulturen – können nicht „gemanaged" werden, aber sie werden durch Krisen wiedergeboren. Die Frage wäre dann nur, wieviel Krise genug ist! Der Kampf der Kulturen war immer wesentlich von religiösen Herkünften getragen. Der nötige Durchhaltewille, der Zwang zur politischen Geschlossenheit würde seine Wirkung auf die gesellschaftlichen Institutionen der Erziehung, des Rechts, der Religion und der Familie vermutlich nicht verfehlen. Unmöglich ist das alles nicht. Wie wahrscheinlich es ist, läßt sich nicht sagen, jedenfalls ist nicht auszuschließen, daß gravierende politische und wirtschaftliche Ereignisse auf eine Re-Stabilisierung von Institutionen zurückwirken. Man muß hier nur an die unmittelbare Nachkriegszeit denken.

c) Familie als „Bastion"

Auch von einer anderen, durchaus empirischen Seite sind Bedenken gegen den vorläufigen Abgesang auf die moderne

Familie angebracht (vgl. Vaskovics 1974). Im Weltmaßstab ist die europäische Moderne nicht nur in zeitlicher Hinsicht eine „kleine Tradition". Sie ist – bezogen auf die davon „betroffenen" Bevölkerungszahlen – sogar nur ein Randphänomen. Weltweit, und zwar in Asien, Afrika und Lateinamerika zeigt die Familienproblematik eine gänzlich andere gesellschaftliche Einbettung. Mit Ausnahme der (west-)europäisch-nordamerikanischen Zivilisation hat keine andere Weltregion einen nennenswerten Individualismus und bis vor kurzer Zeit auch nicht die wirtschaftlichen Verhältnisse hervorgebracht, die vielen Menschen die Chancen zur „Politik der ersten Person", zur individuellen Lebensgestaltung und zur Emanzipation von der Gruppe eröffnet hätten. Die nicht-europäischen Zonen sind daher jahrhunderte-, ja jahrtausendelang *„familistische" Kulturen* geblieben – und das gilt bis heute. Nimmt man nur die aktuellen Bevölkerungszahlen für China und Indien, so springt nicht nur die relativ geringe Größe Europas ins Auge, sondern damit verbunden auch die Tatsache, daß das europäische (eurozentrische) Familienproblem – sofern es denn nicht sowieso eines ist, das auf einer undifferenzierten, vorschnellen Analyse von Daten beruht – kein globales Familienmuster darstellt. 4/5 der Menschheit leben auch heute noch nach völlig anderen Wertorientierungen, die eher darauf hindeuten, daß das Leben in und für Familien weiterhin eine dominante Sinnkomponente bleibt. Daß sie offen „den Westen" nachahmen werden, erscheint unter den augenblicklichen Tendenzen zur Rückbesinnung und Retraditionalisierung ziemlich unwahrscheinlich. Inwieweit sie sich mit der z.T. rasanten Wirtschaftsentwicklung nicht dennoch unbeabsichtigt und paradoxerweise ein „Kuckucksei" ins Nest gelegt haben, das seine kulturellen Umbruchswirkungen (im europäischen Sinn) erst später zur Geltung bringt, ist heute noch nicht vorauszusehen.

Über die Gründe der ungebrochenen Familientraditionen, die überdies keine der bürgerlich-neuzeitlichen Kleinfamilieninnerlichkeit sind, kann unter dem Allerweltsbegriff der „kulturellen Eigenheiten" viel spekuliert werden. Daß die weltanschaulichen Fundamente dabei eine gewichtige Rolle spielen, steht außer Frage (Konfuzianismus, Hinduismus, Islam etc.). An „handfesten" polit-ökonomischen Begründungen fehlt es zudem nicht. Denn Gesellschaften, die sich von der breiten Masse aus gesehen, nie wesentlich über die Armutsgrenze hinausbewegt haben („Risikogesellschaften"), waren immer auf eine fest institutionalisierte Kooperationsform angewiesen. Diese wurde (und wird) am sichersten über den Familienclan hergestellt. Da der Staat meist „schwach", d. h. ineffizient, korrupt oder in der Hand selbstorientierter Eliten (Clans!), in jedem Fall aber kein Wohlfahrtsstaat westlichen Zuschnitts war, mußten sich die Menschen gegen die unvorhersehbaren Zeitläufe, die wechselnden Herrschaften, die Kriegsrisiken, Ausbeutungen, Verwüstungen und Naturkatastrophen wappnen. Dabei bildete sich der Typus der „famille bastion", *des familiären Zusammenhalts als Kampfverband*, heraus. Er ist keineswegs allein einer höheren Kooperationsmoral zu verdanken, sondern wurde und wird von seiten der Familienoberhäupter mit starken Sanktionen erzwungen. Die erfolgreich stabilisierte Überlebensapparatur Familie trug – als Gegenmodell gegen fremde Herrschaft – auch häufig den Charakter eines Familienegoismus' („amoral familism": E. Banfield) und einer nur limitierten, eben familienbezogenen Leistungs- und Verantwortungsbereitschaft. Wenn der Eindruck nicht trügt, werden Familien-Bastionen immer auch gegen die anomischen Wandlungsschübe und Modernisierungskrisen in Stellung gebracht. Es wird interessant sein, dieses Phänomen in Zukunft weiter zu beobachten.

Die Tatsache, daß wir solche Erscheinungen auch im Europa von heute weiterhin antreffen können, belehrt uns darüber, daß auch in diesem Weltteil die De-Institutionalisierung der Familie nicht in gleichförmiger Weise um sich gegriffen hat. Wir sehen hier ein auffälliges Nord-/Süd- sowie Ost-/West-Gefälle. M. a. W.: Auch das europäische Modell einer scheinbar an ihr Ende gelangten „Normalfamilie" ist so flächendeckend und durchgreifend, wie es sich gibt, auch wieder nicht. Noch dazu muß es schichtspezifisch differenziert werden. Immerhin gibt Schwarz (1990: 160) zu bedenken, daß im Arbeitermilieu

Frankreichs Familie vorwiegend als geschlossenes, hermetisches Universum der Solidarität aufgefaßt wird, da diese Schicht sich in ihrer Existenz stärker bedroht fühlt als andere. Deswegen macht es auch für Europa und dessen hochentwikkelte Länder und Regionen Sinn, mehrere Familien-Typen auseinanderzuhalten: den traditional-bürgerlichen, den assoziativ-arbeitsteiligen, den kameradschaftlich-individualistischen und den defensiv-hermetischen Typus (Coenen-Huther 1994: 67ff.). Der defensiv-hermetische Bastions-Typus stützt sich auf Lebenserfahrungen, die dazu einladen, sich – wo immer möglich – mit der Familie einen „cocon“, ein Abwehr-Instrument gegen eine durchwegs als gefährlich erlebte Außenwelt zu schaffen (aaO: 214). Diese Erfahrung ist so unrealistisch auch in unseren Breitengraden nicht. Vielmehr besteht sogar die Vermutung, daß das individualistische Assoziationsverhalten nur für den sozialen Aufsteiger und Modernisierungsgewinner, nicht aber für den Absteiger und Modernisierungsverlierer zutrifft und angemessen sein kann. Modernisierungsumbrüche, wie wir sie heute weltweit erleben, werden deshalb vermutlich auch einen Wandel im dominanten Familien-Muster nach sich ziehen.

Aber auch ohne solche Krisen- und Chaosszenarien ist das Unbehagen in der Moderne (vgl. Berger/Berger/Kellner 1975) ausgeprägt genug. Jede Modernisierung trägt den Keim der Gegenmodernisierung und der Gegenwehr in sich. Wir ahnen, daß mit unserem Lebensstil und unseren Deutungsmustern etwas nicht ganz stimmt. Der Rausch der Avantgarde des beginnenden 20. Jahrhunderts ist vorbei, die Sucht nach Revolte der 60er und 70er Jahre ebenso. Mehr Romantik, new age, Mystizismus und Irrationalismus sind die modischen Heimsuchungen des Jahrhundert-Endes. Es scheint, „daß dem Menschen in der vormals angemaßten Rolle des Prometheus inzwischen einfach bange geworden ist, womit er – wieder einmal – aus einem Extrem in ein anderes zu fallen droht“ (Hofmann 1990: 308).

Wir sind verunsichert und etwas hilflos, auf jeden Fall nostalgisch. Wir suchen nach der Häßlichkeit die Schönheit, nach der „action“ die Besinnung, nach der Technisierung wieder das

Gefühl, nach der Diesseitigkeit erneut das Absolute. Kommt also doch alles in der gleichen Form zurück? Von Extremsituationen abgesehen ist eine solche Wiederbelebung von Traditionen recht unwahrscheinlich, denn man steigt nicht zweimal in den gleichen Fluß. Und doch darf man eines nicht übersehen: alle Renaissancen, die ja durch den ausdrücklichen Versuch gekennzeichnet sind, alte Lebensstile und Kulturformen wiederzubeleben, waren nichts anderes und konnten nichts anderes sein als Kulturmischungen (Synkretismen). Keine Kulturentwicklung, kein sozialer Wandel kann etwas anderes sein als eine Kombination und Re-Kombination von Altem und Neuem in dem Bestreben, sich den Veränderungen in der Umwelt und den Herausforderungen anzupassen. Sie sind so normal wie der Wandel selbst, denn sie sind der Wandel! Das ist für unsere Suche nach einer Postmoderne, die nicht einfach verbissene Übersteigerung der Moderne, auch nicht nur Unbehagen an der Moderne (vgl. Zöller 1990: 310) ist, die zudem auch nicht überschwengliche Verherrlichung der Vormoderne sein kann, nicht ohne Bedeutung. Vor allen Dingen sagt sie uns etwas über das Schicksal sozialer Institutionen im allgemeinen und der Institution „Familie" im besonderen aus.

Institutionen als gesellschaftliche Führungssysteme sind nicht so zu begreifen, daß sie so ohne weiteres außer Kurs gesetzt werden könnten, auch wenn es oberflächlich gesehen so aussehen mag. Institutionen sind anthropologisch fundiert und können daher kaum ersatzlos gestrichen werden. Die Notwendigkeit der Sinnfindung ist zu vital, als daß sie einfach durch Sinnoffenheit, Verhaltensbeliebigkeit, heitere Formverachtung und Wertcollage ersetzt werden könnten. Sie sind aber auch nicht so ultra-stabil („traditionalistisch"), daß sich ihre Form nicht ändern könnte. Hierzu sind Institutionen sogar laufend gezwungen.

Goffman hat dies in seiner Version der Institutionentheorie klar zum Ausdruck gebracht. Entgegen der geläufigen Vorstellung, Institutionen seien geschlossene Sinnuniversen mit völlig ausformulierten Rollenerwartungen, die die Mitglieder dadurch ent-individualisieren und quasi einer äußeren Steuerung unterziehen, warnt Goffman davor, den Integrations- und Kontrollaspekt zu überschätzen. Soziale Institutionen werden von den Betroffenen ständig mit Hilfe allerlei Techniken der Selbstbehauptung, durch Sperrzonen und Fluchtwege herausgefordert. Das macht die Doppelbödigkeit ihres Lebens zwischen Verhaltensfixierung und destabilisierendem Offenheitsrisiko aus. Sie sind nicht ein für allemal hergestellt, sondern müssen sich ständig an diese Herausforderungen anpassen. Institutionen kommen und gehen nicht einfach, sondern sind flexible Antworten auf das menschliche Ordnungs- und Freiheitsbedürfnis. Sie unterliegen ständigen Prozessen der De-Institutionalisierung und Re-Institutionalisierung von Ordnung. Damit können sie auch auf die Notwendigkeit der Kulturmischung antworten.

Identität und Ordnung sind keine Gegebenheit, kein Datum, sondern müssen jeweils neu abgesichert, mitgeteilt und festgestellt werden (vgl. Hettlage/Lenz 1991). Mit anderen Worten: institutionelle Anpassung und Umbau sind erwartbar und normal. Alle Institutionen sind in diese Dialektik eingespannt: ohne diese kann weder ein Gemeinwesen überleben noch eine individuelle Identität gefunden werden. Deswegen muß man sich für die Ordnung einsetzen. Zugleich aber gilt, daß Institutionen die Menschen in eine Form pressen und dadurch deren Widerstand hervorrufen. Da es keine perfekte Ordnung gibt, bleibt die Spannung zwischen Einbindung und Befreiung, Verhaltensprägung und Emanzipation immer erhalten. Solche Anpassungen finden auf individueller und kollektiver Ebene statt. Sie gehen deswegen auch nicht ohne Konflikt auf diesen beiden Ebenen vonstatten.

Das gilt auch für die Institution der Familie. Menschen sind nicht nur listig, um aus Institutionen auszubrechen, sondern auch einfallsreich, um der Verletzung von Grundbedürfnissen durch institutionellen Umbau zu begegnen. So entwickeln Familien Anpassungsformen, um ihr Überdauern unter veränderten gesellschaftlichen Bedingungen zu sichern. Das betrifft das Binnen- wie das Außenverhältnis der Familie:

(1) Im Binnenverhältnis betreffen die Anpassungsleistungen die Macht- und Rollenbeziehungen sowie die Beziehungsregeln selbst. Diese institutionsinternen Veränderungen sind Antworten auf Verschiebungen in den gesellschaftlichen Handlungsbedingungen. So scheint die Zukunft der Familie nur gesichert, wenn sie auf die veränderten Lebenschancen von Frauen Rücksicht nimmt. Zumindest hat die Frauenbewegung erreicht, daß die Asymmetrie der Geschlechterverhältnisse öffentlich diskutiert wird. Gegenüber früheren Bewußtseinslagen ist es völlig neu, daß Familie und Haushalt, Erziehungs- und Versorgungsarbeit unter dem Gesichtspunkt geschlechtsspezifisch unterschiedlicher Handlungsmöglichkeiten, also von Macht- und Herrschaftsverhältnissen zwischen Männern und Frauen, gesehen werden. Das betrifft sowohl die Prozesse der familiären, schulischen und beruflichen Bildungsinhalte, der Diskriminierung auf den Arbeitsmärkten, der privaten Gewalt gegenüber Frauen, die Rechtsverhältnisse und die politische Chancenverteilung.

Noch scheint diese Revolution blockiert („stalled revolution“: Hochschild 1989) zu sein. Am Beispiel der USA zeigt Hochschild jedoch, daß Berufstätigkeit verheirateter Frauen, Doppelkarriere und Kindererziehung heute normal geworden sind (70%). Frauen sind häufig finanziell unabhängig geworden, haben aber die alten Rollenvorstellungen keineswegs durchgängig aufgebrochen, denn nur 20% der Männer teilen sich mit den Frauen die Haushaltsführung und die Kindererziehung. In allen anderen Fällen hat die Frau die Doppellast, d.h. die „zweite Schicht“. Sie zahlt also für ihre Emanzipation den äußerst hohen Preis der Dauererschöpfung. Die Entwicklungslinien sind allerdings noch nicht eindeutig abschätzbar. Ob es die „alte Eva“ nicht mehr gibt, wie so gern behauptet wird, ist zweifelhaft, ob es die neue Väterlichkeit (vgl. Rerrich 1988: 156f.) tatsächlich gibt, ist ebenso fraglich. Fest steht jedenfalls, daß wir in einem Prozeß der institutionellen Transformation stehen, dessen Ausgang noch unbekannt ist, der aber nicht als Untergang, sondern als Umbau der Familie zu deuten ist.

Die Richtung ist noch weitgehend offen, da in der „neuen" Frauenbewegung selbst mehrere Richtungen diskutiert werden:

1) die neue Mütterlichkeit, die auf eine Durchdringung des Patriarchalismus mit spezifisch weiblichen Fähigkeiten und Eigenschaften abhebt (Dualismus);
2) die neue Spiritualität, die sich in die Innerlichkeit und Selbsterfahrung wendet, ohne an der traditionellen Machtbalance viel ändern zu wollen;
3) und schließlich die egalitäre Position, die die Frauenfrage bewußt auf die Ebene politischer Institutionen hebt (Quotierung, Frauengleichstellungspläne usw.) (vgl. Gildemeister 1988: 486f.).

Viel hängt dabei auch von einem „männlichen Wertewandel" ab. Tatsächlich zeigen neuere Studien erste Tendenzen zur Veränderung des Männlichkeitskonzepts bei den Männern selbst. Sie halten zunehmend die emotionalen Beziehungen zu Frauen und Kindern für wichtiger, äußern den Wunsch nach intensiveren Kontakten zu Kindern, wünschen sich auch mehr Kinder als die Frauen (vgl. Beck-Gernsheim 1985: 137) und versuchen sich ansatzweise, stärker mit ihren eigenen Gefühlen, Verhaltensweisen und kulturellen Prägungen auseinanderzusetzen. Auf die eigene Berufsbiographie hat das noch vergleichsweise wenig Einfluß und die inner-familiale Arbeitsteilung wurde bisher nicht grundlegend verändert.

Dennoch stehen wir auch hier in einem Anpassungsprozeß, der zu einer ähnlichen Differenzierung von Selbstdeutungsmustern führen kann wie auf der Seite der Frauen. Sicher wird es in Zukunft mehr Männer geben, die wegen ihrer selbstbewußten Frauen und aufgrund ihrer Einsichten Männlichkeit anders definieren werden. Wie weit das aber stilprägend für ganze Kulturräume wird, kann heute kaum vorausgesagt werden. Wiederum sind dafür die konjunkturellen, politischen und kulturellen Faktoren in ihrer künftigen Tragweite nicht abschätzbar. Immerhin läßt sich sagen, daß für einige Bevölkerungssegmente solche institutionellen Anpassungen durchaus wahrscheinlich sind (vgl. Stein-Hilbers 1989: 224f.).

(2) Auch im Außenverhältnis gibt es Hinweise auf eine Trend-Umkehr, die wiederum als Anpassungsleistung der Institution „Familie" interpretiert werden kann. Stichwortartig seien hier nur genannt: die Aktivierung von Verwandtschaft, der Versuch, Freunde als Quasi-Verwandte oder Verwandtschaftsersatz einzubeziehen, und die Tatsache, daß in der Bildungs-, Rechts- und Sozialpolitik, bei den Parteien und Gewerkschaften die Familienthematik einen weiterhin hohen Stellenwert hat. Scheidungs- und Geburtenziffern erzwingen eine hohe öffentliche Aufmerksamkeit und die Wiederkehr der gesellschaftlichen Kontrolle der Familie. Trothas Hinweis auf den „professionellen" Blick von Helfern, Erziehern, Politikern und Richtern zeigt, daß die Institution „Familie" der Gesellschaft keineswegs gleichgültig ist (1990: 463f.).

Sie wird dadurch, auch gegen ihren Willen, in einen größeren Institutionenzusammenhang integriert, der jedoch unter dem Diktat der Moderne bisher eine größere Mischung von Lebensformen toleriert als der „prüfende Blick der Dorfgemeinschaft" (Trotha 1990: 470). Zwar sind auf diese Weise unterschiedliche familiäre Lebensläufe möglich geworden,
1) die betonte Familienkarriere,
2) die bevorzugte Berufslaufbahn mit Verzicht auf Kinder und
3) die Vermittlungsposition zwischen Familie und Beruf,
die beides „irgendwie", d.h. mit Abstrichen nach beiden Seiten, verwirklichen will. Daraus schon den Untergang des Modells „Familie" ableiten zu wollen, ist vorschnell. Als deinstitutionalisierendes Moment haben sich Ehe und Elternschaft zwar auseinanderdividiert, dennoch sind bis auf einige Subkulturen keine gesamtgesellschaftlich wirksamen neuen Elternschafts- und Familienleitbilder entworfen worden, die Aussicht haben, gesamtgesellschaftlich als dauerhafte, tragfähige, erstrebenswerte Perspektive und Gegenmodell akzeptiert zu werden. Stiefelternschaft und Alleinerziehung werden keineswegs als gleichwertig mit einer „richtigen" Familie verstanden. Überdies scheint sich in der „neuen Vaterschaft" gegenüber dem abwesenden Vater früherer Zeiten eine neue Institutionalisierungstendenz von Familie anzukündigen. Das

Familienleitbild bleibt jedenfalls hoch idealisiert, auch wenn es heute auf starke Schwierigkeiten der Realisierung stößt (vgl. dazu Kaufmann 1988b: 411). „Ob und inwieweit diese zunehmenden Streßerfahrungen auch zu einer offenen Kontestation der institutionellen Leitbilder führen werden, die ihre Idealität auf Dauerhaftigkeit begründen – die ‚ewigen Wahrheiten' der Religion, die ‚Unauflöslichkeit der Ehe' –, scheint im Augenblick noch offen. Möglicherweise weisen sie als kontrafaktische Idealisierungen durchaus noch einen gewissen Funktionswert auf" (ebd.: 408).

Es kann kaum ein Zweifel darüber bestehen, daß eine Pluralisierung des Lebensmodells „Familie" eingetreten ist und sich noch augenblicklich weiter verstärkt. Allerdings muß man zwei Ausprägungen der Pluralisierung unterscheiden:

(1) Auf der einen Seite kann die Tatsache gemeint sein, daß Ehe und Familie im engen Sinn mit anderen Formen des (relativ) dauerhaften, sozial anerkannten Zusammenlebens von Mann und Frau in sichtbare Konkurrenz treten. Dadurch werden bisher gültige Wohnregeln, ja die rechtliche Zuordnung zu einem Sozialverband (für alle „Mitglieder"), gelockert. Das bisherige Lebensmodell der Familienbindung und -bildung bekommt Parallelinstitutionen und Alternativen: Eltern- und Partnerqualität ändern sich, denn sie stehen nicht mehr unter dem Einheitsunbedingtheitsgebot, sondern unter dem Chancen-, Emotions- und Selbständigkeitsaspekt. Heute können wir solche Ansätze zur Differenzierung der Lebensmodelle feststellen. Man soll aber das Argument nicht forcieren. Die normative Kraft als gültiger Verhaltensentwurf haben Ehe und Familie im engen Sinn keineswegs radikal eingebüßt. Bisher will es scheinen, als würden sie durch Experimentierformen ergänzt.

(2) Der zweite, möglicherweise in den Konsequenzen viel grundlegendere – und von den oben genannten Veränderungen auch nicht unabhängige – Wandel ist im Inneren von Ehe und Familie festzustellen. Er betrifft den praktizierten Stil von „Gemeinschaft". Auch hier ist eine Pluralisierung eingetreten. Da

ist weiterhin der bürgerliche Lebensstil mit der „klassischen" Geschlechtsrollenzuschreibung und Aufgabenverteilung nach „typisch" männlichen und „typisch" weiblichen Eigenschaften. Die Berufstätigkeit von Frauen ist – wenn schon – notwendiges Übel und wird mit Doppelbelastung „bestraft". Die Differenzierung liegt hier in der Wahl der Kinderzahl, während der Erziehungsstil autoritäts- und durchsetzungsbetont bleibt (besonders in der Unter- und unteren Mittelschicht!). Die Mutter ist kind-, der Vater berufs- und das Kind gehorsamszentriert.

Daneben bahnen sich aber andere Umgangs- und Beziehungsformen von Ehe und Familie ihren Weg und treten mit dem Anspruch auf Modellhaftigkeit auf: die egalitäre Ehe (oder Quasi-Ehe) mit doppelter Berufskarriere (mit und ohne Doppelbelastung für die Frauen). Jeder will sein „eigenes Leben" führen. (Ehe-)Frauen mit hoher beruflicher Bildung, mit nicht nur vom Mann abgeleitetem Status, eigener Karriereplanung und vor allem selbständig erworbenen und verfügbaren Einkommen (welche nicht nur als Ergänzung verstanden werden), beanspruchen selbstverständlich ihre eigenständige, gleichberechtigte Teilnahme an den beide betreffenden Entscheidungen, eine egalitäre Rolle im Aushandlungsprozeß der Lebensgestaltung und die Durchsetzung ihrer Wünsche. Der Grundsatz der Partnerschaftskultur ist: Männer können nicht mehr als Frauen und können sich deswegen auch nicht mehr erlauben. Mag auch die Kommunikations- und Verhandlungsstrategie häufig noch die sein, daß sich Frauen „unterwerfen", um letztendlich zu siegen! Eine englische Studie zeigt, daß Frauen sich weniger ohnmächtig fühlen, als es ihrer wirtschaftlichen Abhängigkeit vom Einkommen des Mannes entsprechen würde (O'Conners 1991: 836ff.). Ein Drittel der untersuchten Frauen sieht sich mächtig, ein weiteres Drittel in einer Mittelposition, das letzte Drittel machtlos. Bis auf wenige Ausnahmen war dieses Gefühl von der Tatsache der Berufstätigkeit als möglicher Einflußfaktor völlig abgekoppelt. Es hatte vielmehr mit der Fähigkeit der Frauen zu tun, das emotionale Gleichgewicht zu ihren Gunsten zu verschieben und somit die Abhängigkeit des Mannes zu steigern (relational power).

Kinderwünsche sind – heute wie früher – überwiegend auch Ehewünsche. Die meist geringe Kinderzahl „moderner“ Ehen – verbunden mit dem höheren Geltungsanspruch der Frauen – und den hohen Anforderungen an die Emotionsqualität innerhalb des Familienverbandes bringen es mit sich, daß neben der autoritär geführten auch die egalitäre Familie Platz gewinnt. Die kompliziertere Beziehungs- und Vermittlungsarbeit erstreckt sich auch auf die Kinder. Der Erziehungsstil ist partnerschaftlicher und damit anforderungsreicher. Frauen sorgen nicht mehr nur für Ausgleich und „Familienklima“, während Männer die Autoritäts-, Durchsetzungs- und „Strafaufgabe“ zugeschoben wird. Doppelkarrieren verlangen auch hier ein Umdenken. Frauen müssen ebenfalls stark, Männer ebenfalls weich sein können (was von letzteren zum Teil als notwendige Aufarbeitung eines lange gar nicht einmal richtig gespürten Mankos erfahren wird).

Wo keine festen Rollen und Prinzipien mehr herrschen, muß stärker verhandelt werden. Das gilt auch in bezug auf die Kinder, im Verhältnis der Eltern zu den Kindern und der Kinder untereinander. Es gilt die Formel: „Beziehung statt Erziehung“ (Braunmühl 1979: 136) oder besser: Erziehung durch Beziehung. Erziehungskompetenz wird hauptsächlich Beziehungskompetenz. Sie stellt erhöhte Ansprüche an die Eltern. Durch Egalitätsforderungen rücken Kinder frühzeitig – weit vor dem Erwachsensein und weit vor der Adoleszenz – in die Position von ernstzunehmenden Partnern mit eigenen Bedürfnissen, Rechten der Lebensplanung und eigenen Meinungen ein. Eltern wirken weniger durch hierarchisch geprägte Leistungsvorgaben, Gehorsamsübungen, eigene Willensdurchsetzung und -austreibung bei ihren Kindern, sondern im Dreiecksverhältnis beratend, erörternd und mit leichter Hand korrigierend.

In Mehrkinder-Familien ist die Zeit- und Belastungsstruktur so verändert, daß sich dieser Familienkonferenzstil meist nicht aufrechterhalten läßt. Dieser Wandel ist keineswegs entlastend.

Lediglich die Belastungsstruktur verändert sich. Im übrigen treten die Formen niemals rein, sondern nur in allerlei Mischungsverhältnissen auf.

Über den Erfolg all dieser institutionellen Anpassungsprozesse ist a priori nichts zu sagen. Zu sehr hängt alles von den Chancen und Widerständen innerhalb der komplexen gesellschaftlichen Umwelt ab. Mitten aus der Entwicklung heraus kann man die Ergebnisse niemals ablesen. Jedoch besteht die begründete Vermutung, daß die Flexibilität der Institutionen der Lebensform „Familie" noch eine Zukunft beschert – wohl aber in anderer Weise als früher. Ähnlich wie Gesellschaften, die nicht einfach untergehen können, haben Institutionen ihr Schwergewicht und ihre Beharrungskraft. Es gibt Verflüssigungen und Wiederverfestigungen, gleichzeitig und nacheinander. Ersteres hätte Durkheim Anomie genannt. Sie machen aber nicht das ganze Bild der Familienanalyse aus. Die Trends mögen durchaus bedrohlich erscheinen, aber die moderne Gesellschaft verkraftet meist mehr, bis sie auseinanderbricht. Sie glättet wohl auch mehr Anomie, als Durkheim sehen konnte (vgl. Tyrell 1988: 156).

IV. Korrekturen und Hilfen

Die Analyse der modernen Familie kann nicht von der Frage der Wünschbarkeit ihrer Entwicklungen absehen. Wir haben bisher das Argument verteidigt, daß ausschließliche Gewinn- oder Verlustrechnungen die Situation meist nicht richtig wiedergeben. Entweder untertreiben sie die Risiken oder sie überschätzen die vermeintliche Unentrinnbarkeit der Entwicklung. Dem wurde entgegengesetzt, daß die Entwicklungen nie eindeutig voraussagbar sind und daß sich die Institutionen im allgemeinen flexibel an neue Herausforderungen anpassen, indem sie Altes und Neues miteinander mischen, Umdeutungen vornehmen, Funktionen ausgliedern, um andere zu stärken usw. Dennoch sind diese automatischen Anpassungen häufig nicht ausreichend. Auch wenn beispielsweise die Scheidung heute gesellschaftlich entdramatisiert worden ist, ist sie doch auch ein Übel, unter dem die Betroffenen vielfach und unter Umständen sogar sehr lange leiden. Die Frage bleibt also weiterhin berechtigt, inwieweit Entwicklungen steuerbar, vermeidbar und revidierbar sind. Die Antwort hängt wesentlich von der Politikbereitschaft, also der geordneten Entscheidung über bestimmte Ziele und den Einsatz von Mitteln, ab. Auf die Richtungsentscheidungen verweisen die Familienfunktionen, während der Mitteleinsatz die Familienpolitik im engeren Sinn betrifft.

1. Unterschätzte Familienfunktionen

Wir haben uns in der Familiensoziologie an das Argument gewöhnt, daß die moderne Familie viele ihrer Funktionen – wie die der Wirtschaftstätigkeit, der sozialen Sicherung, der Ausbildung und Betreuung – verloren, abgetreten oder eingeschränkt hat. Diese Entlastung von Aufgaben hat dazu geführt, daß die verbleibenden Funktionen intensiver und exklusiver von der Familie übernommen werden können. Im 1. Teil war schon von den Familienfunktionen die Rede. Wie weit man den Katalog der Aufgaben für analytische Zwecke auch immer verfeinern mag, für die heutige Familie sind drei institutionelle Bereiche – der materielle Bedarf (Wirtschaft), die Gestaltung des Zusammenlebens (Politik und Recht) und die Sinngebung (Kultur) (vgl. Lüscher 1988: 26) – weiterhin von überragender gesamtgesellschaftlicher Bedeutung. An den familiären Aufgaben der Haushalts- und Wohnungsgestaltung, der Pflege innerfamiliärer Beziehungen (Partner, Eltern und Kinder sowie Verwandte) und der außerfamiliären Beziehungen (Freunde, Nachbarn, Schule, Behörden) sowie schließlich an der Pflege von Erziehung, Kultur und Religion kann keine Gesellschaftspolitik vorbeigehen.

(1) Es ist wiederum Ausdruck des modernen, subjektivierten Lebensstils, daß heute in der öffentlichen Wahrnehmung nur noch die subjektive Wertschätzung der Familie im Vorder-

grund steht. Familie, so scheint es, brauchen wir überhaupt „nur" noch zur Personwerdung. Hier ist der Raum der Geborgenheit in der Gruppe, in dem Verständnis, Liebe, Vertrauen und wechselseitige Bestätigung vorherrschen. Dadurch wird Sinnbildung für die Ehepartner und die nächsten Generationen in einer labilen Umwelt überhaupt möglich (vgl. Kaufmann 1988a: 41).

Über diesen Rest an Stabilität ist der *Aufbau der sozialkulturellen Persönlichkeit* (König 1978) garantiert, denn Familie ist nicht nur der Raum, in dem das Kind auf die „große Welt" wartet und sich auf sie vorbereitet (Berger/Berger 1974: 54f.), sondern auch der ideale Raum der Identifikation der Kinder mit Eltern und sozialen Rollen (natürlich auch der Raum, in dem unfähige Eltern ihre Kinder psychisch verkrüppeln). Diese Wertschätzung überdauert offensichtlich alle Wandlungsvorgänge, da keine andere Institution in Sicht ist, die diese individuellen und sozialen Bedürfnisse nur annähernd in gleicher Weise befriedigen kann.

Es ist aber ein Paradox des modernen Lebensstils, daß die Identität überwiegend in der subjektiven Selbstdarstellung und der familiären Abschottung gesucht wird. Denn das erhöht gleichzeitig die Instabilität und die Chancen des Scheiterns, da zu vieles vom labilen Glücksgefühl abhängt (vgl. Schelsky 1967: 18). Da „alles" variabel erscheint, wird der subjektive Gefühlsbereich fälschlicherweise zum einzigen Stabilitätsfaktor aufgewertet.

(2) Nicht so vorrangig sichtbar, aber dennoch als soziale Selbstverständlichkeit gegenwärtig, ist, daß die Familie auch unverzichtbare Funktionen besitzt, um der Individualisierung gegenzusteuern. Denn in der Familie werden auch die notwendigen Bindungen und Zugehörigkeiten gelernt, ohne die eine stabile Personwerdung auch nicht möglich ist. Köcher (1988: 26f.) hat empirisch nachgewiesen, daß die Familienfunktionen der *sozialen Absicherung* und der *Erziehung* zwar öffentlich unterschätzt werden, aber nichts desto weniger eine hohe Alltagsbedeutung besitzen. Auch dieser Funktionen wegen sind Familien hoch zu bewerten. Denn es steht außer Fra-

ge, daß Unterstützungen der Eltern für ihre Kinder und der Kinder für ihre altgewordenen Eltern in beträchtlichem Maße geleistet werden, wenn die Beziehungen intakt sind und solange sie deren Leistungsfähigkeit nicht überfordern. Gerade im Alter wird die Familiensolidarität wieder besonders geschätzt. Die auf uns zukommende Überalterung der Gesellschaften in Europa wird vermutlich dazu zwingen, wieder mehr „in Familie zu machen" und ein familiäres Verbundsystem über drei bis vier Generationen aufzubauen (Wingen 1989: 46).

Schon wegen dieses „Versicherungssystems" kann sich keine moderne Gesellschaft – von anderen ganz zu schweigen – auf die reine Privatisierung mit deren erschwerter sozialer Rekrutierbarkeit zurückziehen (Tyrell 1979: 58f.).

(3) Aus der öffentlichen Diskussion völlig verbannt ist die Tatsache, daß Familien auch *„Weltanschauungsgemeinschaften"* sind (Köcher 1988: 30f.). Der Appell an die pluralistische Gesellschaft und an die typisch moderne Privatisierung der Wertvorstellungen führt zwar bei weiten Teilen der Bevölkerung heute zu der Auffassung, daß Weltanschauungskonsens unter Partnern über das gegenseitige Verstehen nicht mehr nötig sei und feste religiöse und politische Überzeugungen auch nicht mehr zum Gegenstand der Kindererziehung gehörten, es wird dabei aber übersehen, daß der weltanschauliche Dissens trotzdem zu einer massiven, unterschwelligen Belastung für die Familie wird. Untersuchungen zeigen, daß Übereinstimmungen im Weltbild die Qualität der Partnerschaft mitbestimmen. Je höher der Konsens in grundlegenden Fragen, desto positiver wird die eigene Familie erlebt. Personen aus einer homogenen Familie identifizieren sich stärker mit ihr als diejenigen aus heterogenen Familien. Auch die generationenübergreifende Solidarität wird von diesem Weltanschauungskitt beeinflußt (vgl. Köcher 1988: 29f.).

Im übrigen bleiben Sozialverhalten, Leistungsbereitschaft und Selbstsicherheit davon nicht unbeeinflußt. Die Familie ist die wichtigste Instanz der Vermittlung von Sittlichkeit. Was Kinder hierüber lernen und verinnerlichen, stammt zum größten Teil aus der Familie (vgl. Berger/Berger 1984). Diese Basis der Sittlichkeit ist ein unerläßliches Schwergewicht gegen staatliche Verfügbarkeit. Die Unterwerfung unter Letztbegründung und Selbstdisziplin wird nicht durch Diskurs erst gewonnen, sondern geht diesem schon voraus. Auch diese Kulturdimension bringt es mit sich, daß sich human wollende Gesellschaften rechtzeitig auf die unverzichtbaren Familienfunktionen besinnen müssen. Denn die Familie reflektiert nicht nur die Werte einer Gesellschaft, sie schafft sie auch zu beträchtlichen Teilen! Wieder bestätigt sich: „Über die Familie zu reden, heißt immer auch, über unser Bild vom Menschen zu reden" (Trotha 1990: 452).

2. Krise der Wohlfahrtsstaaten und „Refamiliarisierung"

Es muß kaum betont werden, wie sehr moderne Wohlfahrtsstaaten – und als solche gelten im Weltmaßstab bisher nur die europäischen Länder und deren anglo-europäisch beeinflußte „Nachbarn" außerhalb Europas (USA, Kanada, Australien) – mit ihrer jeweiligen Sozialpolitik auf die Gestaltungsspielräume und auf die innere Struktur von Familie einwirken. Hingegen ist es meist weniger bekannt, daß diese Rückwirkungen jeweils andere sind, je nachdem, welche Sozialverfassung dabei vorausgesetzt wird.

Esping-Andersen (1990) hat für die Wohlfahrtsstaaten eine Typologie der „Sozialregimes" entwickelt: Er unterscheidet einen reinen Ausgaben-Ansatz (Sozialausgaben in Prozent des Volkseinkommens: „how much") von einer Herangehensweise, die auch die Art der Leistungsgewährung berücksichtigt. Er untersucht, inwieweit Individuen oder Familien ein sozial akzeptables Lebensniveau – unabhängig von ihrer Teilhabe am Marktgeschehen – erhalten können. Die sog. „decommodification" tritt dann ein, wenn Ansprüche, der Umfang der Anrechte und die Höhe des Einkommensausgleichs nicht an bestimmte Bedingungen geknüpft sind und trotzdem ein wirksamer Schutz gegen Grundrisiken – wie Arbeitslosigkeit, Krankheit, Alter und Gebrechen – zu erwarten ist (Esping-

Andersen 1990: 47). Auf diesem Weg grenzt er *liberale* Strategien der marktgesteuerten Einkommensvorsorge (USA, Kanada, Australien) von *konservativen* sozialpolitischen Regimes (Kontinental-Europa) ab, die zwar den Bürgern prinzipiell einen erhöhten Schutz des Wohlfahrtsstaats anbieten, dessen Leistungen aber vorgängig an die subsidiäre Beweislast-Verteilung knüpfen. Darauf verzichtet der dritte Typus einer *sozialdemokratischen* Sozialpolitik (skandinavische Länder). Er will die Ansprüche nicht über den Arbeitsmarkt, sondern über die Bedürfnisqualität selbst abgelten und garantiert deshalb allgemeine Rechtsansprüche jedes Individuums auf staatliche Unterstützungsleistungen für einen breiten Fächer von Bedürfnissen. Dieses Modell stützt deshalb auch weniger die Familie *als Verband*, sondern eher die einzelnen Familienmitglieder, die Kinder, die Frauen oder die jeweils individuell gewählten Lebensgemeinschaften (Lampert1996: 151 f.). Gegen diese Dreiteilung wurde folgendes eingewendet:

(1) Die unterschiedliche Art und Weise, wie wohlfahrtsstaatliche Leistungen gegenfinanziert werden, findet keine Berücksichtigung. Doch ist es für die Wohlfahrt durchaus entscheidend, ob das Sozialversicherungsprinzip (Bismarck-Plan) oder das Staatsvorsorge-Prinzip über ein allgemeines Steueraufkommen (Beveridge-Plan) zur Anwendung kommen (Bonoli 1997: 354 ff.).

(2) Überdies können die südeuropäischen Staaten auf diese Weise nicht erfaßt werden. Dort sind traditionellerweise Familien und andere informelle Netzwerke immer als wichtige Wohlfahrtsagenturen in das System eingebaut (Abrahamson 1991; Leibfried 1992). Daß dieses Vorgehen auch in den ärmeren mittel- und osteuropäischen Transformationsstaaten eine lange Tradition hat, steht außer Zweifel (für Polen z. B. Boxberger 1997). Es bedarf also eines vierten Modells, das diese Staaten und auch die unterentwickelten Länder bzw. die Schwellenländer der Welt berücksichtigen kann, auch wenn diese noch keine Wohlfahrtsstaaten sind.

(3) Es ist auch unmittelbar einleuchtend, daß unter prekären sozialstaatlichen Bedingungen die Verantwortung der Frauen

für die innerfamiliäre Leistungsstruktur (Versorgung von Abhängigen, Alten und Kranken) als Teil der traditionellen Rollenteilung meist für selbstverständlich erachtet wird. Idealtypisch gesehen, ist der Bismarcksche Ansatz wenig frauenfreundlich, da er eine nicht unterbrochene Berufskarriere voraussetzt. Dieser Nachteil kann aber durch Anrechnungszeiten für Kinder, Mutterschaftsurlaub usw. ausgeglichen werden. Demgegenüber rechnet sich das sozialdemokratische Modell als Leistung an, daß eine hohe staatliche Finanzierung der Versorgung von Abhängigen es den Frauen eher erlaubt, eine Doppelrolle als Mutter und als Beschäftigte auf dem Arbeitsmarkt wahrzunehmen (vgl. Tabelle 2)

(4) Nun ist es so, daß in den 90er Jahren dieses Jahrhunderts die umfangreichen wohlfahrtsstaatlichen Programme überall – auch in den Staaten mit sozialdemokratischem Profil – beträchtlich zurückgeschraubt werden mußten. Die Erwartung immerwährender Prosperität stellte sich als eine Illusion heraus, die nur wenige Jahrzehnte überdauerte. Heute werden diese ehemaligen sozialpolitischen „Besitzstände“ unter den verschärften Weltmarkt-Bedingungen und Standortkämpfen durch Sozialdumping und Flexibilisierungserfordernisse in einem, vorher kaum geahnten Umfang wieder revidiert. Überall in den sog. „starken“ Wohlfahrtsstaaten (Skandinavien, Kontinental-Europa) wurde man von Wilenskys Aussage eingeholt, daß das „Wirtschaftswachstum die Letzt-Ursache wohlfahrtsstaatlicher Entwicklung“ ist (1975: 24). Auf absehbare Zeit sind Wachstumsschübe, wie sie in den Aufbauphasen möglich waren und dabei die verfügbaren Arbeitskräfte absorbierten, nicht zu erwarten. Europa ist vielmehr dabei, durch einen dramatisch ungünstigen Altersaufbau seiner Gesellschaften in eine „Wohlfahrtsfalle“ zu laufen. Diese hat zur Folge, daß sich auch die starken Wohlfahrtsstaaten von Leistungsverpflichtungen nach dem reinen Bedürfnisprinzip entlasten und mit einem niedrigeren Versorgungsanspruch bescheiden müssen. (Das gilt auch dann, wenn die eingeübte politische Kultur des Interventionsstaats noch immer nachklingt – vgl. Clasen/Gould 1975: 197). Diese Angleichung ist zugleich eine Art Qualitätssprung,

denn sie findet tendenziell auf dem Niveau der „schwächeren“ Wohlfahrtsstaaten (nach anglo-amerikanischem Vorbild) statt. Die Folge wird sein, daß man überall gezwungen ist, wieder stärker auf andere, primäre oder ergänzende, soziale Absicherungssysteme zurückzugreifen.

Damit erübrigt sich in der Tendenz auch die Frage, welches sozialpolitische Modell familien- oder frauenpolitisch leistungsfähiger sei (was nicht als normative Aussage, sondern als Tatsachenfeststellung gemeint ist). Der relative Verlust wohlfahrtsstaatlicher Definitionsspielräume zieht bei hoher Arbeitslosigkeit (1997: 18 Mio. im EU-Bereich) oder bei latenter Unterbeschäftigung (Mittel- und Osteuropa) fast zwangsläufig eine „Individualisierung“ der Armutsproblematik nach sich. Das aber heißt, daß eine immer größere Anzahl derer, die durch den Rost des Sozialstaats gefallen sind, dringend auf einen Notanker und ein informelles Solidaritätsnetz angewiesen sind, um nicht in völliger Verarmung oder Halbkriminalität zu verkommen. Als einziges Netzwerk, das weiterhin halbwegs funktionstüchtig ist – und das zu allen Zeiten und in allen Gesellschaftsordnungen mehr oder weniger erfolgreich als „Sozialversicherungsersatz“ gedient hat – bleibt die Familie übrig. Nicht umsonst wird deshalb in den westeuropäischen Wohlfahrtsstaaten wenigstens implizit – in den süd- und mittelosteuropäischen Staaten sogar offen – der Wert der Familie betont. Es ist zu erwarten, daß sich diese Tendenz noch verstärken wird. So schwappen die prekären ökonomischen Verhältnisse auf den Lebensbereich Familie über und führen vermutlich zu einer Stärkung der Familienfunktionen (Wirtschafts- und Solidaritätsfunktion – vgl. 1. Teil, Kapitel II, 2.). Diese „Refamiliarisierung“ besteht darin, daß der Institution Familie wiederum (oder immer wieder) Leistungen angedient werden, die der moderne Sozialstaat zeitweilig glaubte, an sich ziehen zu müssen. Das heißt aber, ohne gesellschaftliche Neubestimmung der Väterrolle und ohne Neuverhandlung der „Familienzeit“, daß Frauen wieder vermehrt über den Haushalt (mit ergänzender Teilzeitarbeit) definiert werden („Hausfrauisierung“). Die Entwicklung der Frauenerwerbsquote in den neuen Bundesländern zeigt dies schon deutlich an. All das heißt aber keineswegs, daß damit den Ansprüchen an eine moderne, vernünftige, staatliche unterstützte Familienpolitik schon ausreichend Rechnung getragen wurde (Lampert1996: 207ff.).

3. Familienpolitik und Familienkultur

Die Antwort auf die Titelfrage, ob die Familie eine Lebensform mit Zukunft sei, hängt folglich auch davon ab, in welcher Weise man bereit ist, den notwendigen Veränderungen oder Stabilisierungen Hilfe angedeihen zu lassen, also Politik zu betreiben. Diese entscheidet wesentlich über den *Mitteleinsatz,* der im Hinblick auf vordefinierte Ziele sinnvoll erscheint. Politische Führungskraft besteht nicht nur darin, die jeweils praktizierten Wertüberzeugungen einer bestimmten Gesellschaft einfach aufzunehmen und sozusagen den unverfänglichen Durchschnitt zu bilden, sondern sie schafft, wenn sie will, durch ihren Eingriff selbst wieder Normativität und neue Plausibilitäten.

Nun hilft in der Familienpolitik ein kurzfristiger, stückwerkartiger, sozialtechnologischer Ansatz vermutlich nicht viel weiter. Mit etwas Steuererleichterung und einem aufgestockten Kindergeld wird man wenig ausrichten. Dafür ist die Familienstruktur zu sehr mit gesamtgesellschaftlichen Entwicklungen und Wandlungen verbunden. Ein Blick auf außereuropäische Gesellschaftsformationen macht das mit einem Schlag klar. Deswegen sind die Probleme auch nirgends – in Europa wie in der Welt – allein durch Familienpolitik zu bewältigen. Dennoch heißt das nicht, daß nichts getan werden kann; im Gegenteil: So wie es gelungen ist, innerhalb weniger Jahre das Thema „Ökologie“ in der Politik zu verankern, so müßte es auch in Angriff genommen werden, die verschiedenen Instanzen von Politik, Schule, Medien, Religion und Ökonomie zu einem „Marshall-Plan“ (Hochschild 1989) der Familienhilfe zusammenzuknüpfen. Im Grunde hat Beck (1986: 201) recht, wenn er der Familienpolitik die Aufgabe zuweist, die familiäre Lebensform gegen die allumfassende, individualistische „Durchmarktung“ der Frauen-, Männer- und Kinderbiographien abzupuffern. Das ist eine Sache der Arbeitszeiten nicht weniger wie der Wohngelegenheiten, der Steuererleichterung ebenso wie der Sozialversicherung, des Mutterschaftsurlaubs genauso wie der Einrichtungen für Kinderbetreuung, der Arbeitswege nicht anders als der Lebensziele und der Arbeitsumverteilung. Wann denn, wenn nicht unter heutigen Wohlstandsbedingungen, läßt sich eine solche koordinierte Politik überhaupt in Gang setzen?

Es kann hier nicht darum gehen, eine vollständige Palette familienpolitischer Maßnahmen vorzulegen und zu diskutieren. Um unseren Gedankengang klarzumachen, genügt es, vier „Politikfelder“ kurz zu skizzieren: die Berufsfrage, die familiäre Lebenswelt, die familialen Strukturveränderungen und die Kommunikationsthematik:

a) Die Spannungsreduktion in der Berufsfrage

Falls Politiker es als die Aufgabe des Staates betrachten, auf die Geburtenrate einzuwirken, so ergibt sich eine Reihe von Ansatzpunkten (auch wenn man sie nicht illusionär überbewerten sollte). Immerhin hat die französische Bevölkerungspolitik gezeigt, daß man durch ein konzertiertes Vorgehen von der niedrigsten Geburtenrate Europas zu einer der höchsten gelangen kann. Einer der wichtigsten Ansatzpunkte dürfte es sein, eine langfristige Politik zu betreiben, die der veränderten Stellung der Frauen in der Gesellschaft entgegenkommt, „die ökonomischen Nachteile des Kinderhabens reduziert, die Vereinbarkeit von Familie und Beruf erhöht und nicht zuletzt die soziale Wertigkeit von Elternschaft stärker anerkennt“ (Kaufmann 1988a: 42).

Die veränderten Lebensansprüche der Frauen können und sollen nicht gebremst werden. Sie sind im Zuge der Technisierung, des veränderten Familienzyklus, der Gleichberechtigungsthematik und des erhöhten Scheidungsrisikos gar nicht mehr allein auf die Familie zu konzentrieren. Zudem ist auch der Anerkennungswert für Hausarbeit keineswegs dem einer erfolgreichen Berufstätigkeit gleichgestellt. Natürlich soll das nicht heißen, daß man keiner Frau mehr die ausschließliche Frauenrolle zubilligen darf. Die Eltern sollen vielmehr frei entscheiden können, ob beide berufstätig sein wollen, für welchen Elternteil außer-, für welchen innerhäusliche Tätigkeit gelten soll (Hausfrau oder Hausmann) und wer welche Aufgaben zu Hause erfüllt. Damit alle Möglichkeiten auch realistisch sind, müssen sie hinsichtlich der Einkommenslage, des Rentenanspruchs und der Kinderbetreuungsmöglichkeiten vergleichbar bleiben (vgl. Lempp 1986: 163).

Dazu müssen sich Frauen über Erwerbs- und Familientätigkeit eigenständig sozial absichern können. Das betrifft das *Rentenrecht*, wo beispielsweise für jede Geburt ein Versicherungsjahr gutgeschrieben werden könnte. In der Bundesrepublik ist das seit kurzem der Fall. Scheidet eine Mutter für ein Jahr aus dem Berufsleben aus, läuft die Anwartschaft im Rentenrecht weiter. Frauen mit drei oder mehr Kindern müßten pro Kind mehrere Jahre bei der Berechnung der Rente gutgeschrieben werden. Auf der anderen Seite ist es nicht abwegig, auch die Familientätigkeit von Männern versicherungsrechtlich anzuerkennen. Teilzeitarbeitsplätze werden meist nur für Frauen angeboten, so daß sich an der innerfamiliären Arbeitsteilung nur wenig ändern kann. Eine wichtige familienpolitische Maßnahme wäre also, von den starren Arbeitsverträgen und -zeitregelungen abzurücken. Lempp macht den interessanten Vorschlag, Ehepaare mit gleicher oder vergleichbarer Berufsausbildung gemeinsam eine Stelle ausfüllen zu lassen (z.B. Lehrerehepaare, Verwaltungsberufe, kaufmännische Berufe usw.). Denn Gleichberechtigung bedeute nicht nur, daß Frauen all das tun dürfen, was Männer tun, sondern umgekehrt auch, daß Männer dasselbe tun dürfen wie Frauen (vgl. Lempp 1986: 165).

Auch durch ein anderes Bündel von Maßnahmen könnte dokumentiert werden, daß Kinderhaben nicht nur ein privates

Vergnügen, sondern eine gesamtgesellschaftliche Leistung ist. Hierzu gehören neben der Anrechnung von Erziehungsjahren in der Rentenversicherung natürlich auch die *steuerlichen Vergünstigungen,* das Kindergeld, der Schwangerschaftsurlaub usw. Nur wenn es gelingt, die staatliche Sozial- und Familienpolitik so zu gestalten, daß auch die Frauen eine ihrem jeweiligen Lebensentwurf entsprechende Rollenübernahme wählen können, kann die Familie künftig vermutlich ihre wichtigen gesellschaftlichen Funktionen erfüllen. Dazu gehört aber auch, daß die Lebensläufe beider Elternteile aus ihrer starren Rollenvorgabe gelöst werden. Für welchen Weg sich dann die Eltern entscheiden, hängt nicht unwesentlich davon ab, wie sich die Interessen- und Verhaltenskonflikte von außen her ausgleichen lassen und inwiefern sie beispielsweise die Mehrkinder-Familie aus ihrer bisherigen wirtschaftlichen und sozialen Randlage herauslösen.

b) Die innerfamiliäre Lebenswelt

Damit sind wir bei einem weiteren Politikfeld angelangt, den familiengerechten *Wohn- und Lebensbedingungen.* Meist wird diesem Faktor zu wenig Rechnung getragen, weder was den Einfluß der Wohnverhältnisse auf den Schulerfolg der Kinder angeht noch im Hinblick auf die Isolierung der Hausfrauen oder auf die Unmöglichkeit der Haushaltsverflechtungen. Nicht selten sind es gerade unzureichende Wohnverhältnisse, die eine Familiengründung nicht interessant machen bzw. dazu führen, die Kinderzahl zu begrenzen. Das Platzangebot in Neubauwohnungen für Kinder ist äußerst bescheiden, es wird mit wachsender Familiengröße sogar prekär. So ist es eine zentrale familienpolitische Aufgabe, für angemessene Wohnbedingungen zu sorgen. Das ist von der bisherigen Gesetzgebung kaum berücksichtigt worden.

Der Möglichkeiten, Eltern und Kindern zu einem familiengerechten Leben zu verhelfen, sind viele. So könnten kinderreiche Familien (drei und mehr Kinder) mit *Wohnraumbeschaffung,* Mietzuschüssen, Zuwendungen zum Lebensunterhalt, verbilligten Dienstleistungen, bevorzugten Aufnahmen von Kindern in öffentlichen Erziehungseinrichtungen und bei der Vergabe von Ferienplätzen unterstützt werden. Hinzu kämen die Möglichkeiten zinsloser Kredite, temporäre Kinderbetreuungseinrichtungen bis hin zur kinderfreundlichen Gestaltung öffentlicher Einrichtungen. Ein weiterer, wesentlicher Vorschlag ist der, Vater oder Mutter zur Pflege kranker Kinder (bei ärztlicher Bescheinigung) von der Arbeit freizustellen. Denn eine nicht unwesentliche Belastung im Familienalltag ist die mangelnde Koordinationsmöglichkeit der Berufsarbeit mit den „kleinen Katastrophen" des täglichen Lebens. „Warum soll das, was in den 60er Jahren für die Behinderten möglich war, eigentlich für Eltern und Kinder unmöglich sein? Was spräche beispielsweise dagegen, bei öffentlichen Ämtern und Dienststellen mit Publikumsverkehr grundsätzlich Müttern und Vätern mit kleinen Kindern Priorität vor den übrigen Wartenden zu geben? Das wäre eine praktische Anerkennung der sozialen Wertigkeit von Elternschaft, nicht die Einführung von Mutterkreuzen! In dieser Perspektive ist auch der Gedanke französischer Familienpolitiker durchaus konsequent, Eltern gemäß der Zahl ihrer Kinder zusätzliche Wählerstimmen zu geben, auch wenn er wahrscheinlich an juristischen Bedenken scheitert" (Kaufmann 1988 a: 43).

Schließlich sei noch an eine große Aufgabe erinnert. Eine dänische Studie hat jüngst festgestellt, daß beide Eltern zusammen für Arbeit und Arbeitsweg 95 Stunden pro Woche aufwenden. In den 50er Jahren brauchten sie hierfür nur 55 Stunden. Die Kinder haben also im Laufe einer Generation durch das Auseinanderdividieren von Arbeit und Wohnen und durch die katastrophalen *Verkehrsverhältnisse* pro Woche 40 Stunden des Zusammenlebens mit ihren Eltern eingebüßt. Dieser Verlust an gemeinsamer Zeit sagt mehr als vieles andere, wo die Zukunft des Modells „Familie" zu suchen und wo die Phantasie der Politiker gefordert ist.

All das zeigt nicht nur, daß wir einige Korrekturen bei der Sozialpolitik und beim Arbeitsrecht vorzunehmen hätten, sondern vor allen Dingen, daß die modernen Lebensverhältnisse auf die

Familie bisher relativ wenig Rücksicht genommen haben. Man hat wesentliche Lasten einfach auf die Frauen abgewälzt. Das wird in Zukunft nicht mehr gehen. Wir müssen uns eine andere Familienkultur ersinnen, die die Leistungsbehinderungen von Familien noch konsequenter abbaut. Bis heute hat man den spezifischen Bedürfnissen der Familien zu wenig Aufmerksamkeit geschenkt. Wir haben in der Gegenwart keine eindeutige Familienkultur entwickelt. Vielmehr ist unsere Haltung gegenüber Familien schizophren geblieben. Wir jammern über die realen oder scheinbaren Gefährdungen der Lebensform „Familie", mauern aber da, wo es darum geht, die Leistungen dieses Modells zum Zug kommen zu lassen. Tendenziell leben wir in einer Welt, die berufstätige Frauen und neuerdings „Nur"-Hausfrauen lediglich toleriert, familienzugewandte Männer von ihren Pflichten abhält und Kinder überhaupt gering achtet. Wer die Familie wirklich hoch schätzt, der muß auch an diesen „Klimafaktoren" arbeiten. Hätten wir wirklich eine Familienkultur in der Art, daß nicht nur politische Rhetorik, sondern ein beträchtlicher Teil des politischen Handelns und des Sinnverständnisses gesellschaftlichen Zusammenlebens auf Familie bezogen wäre, dann müßten wir uns um Familienpolitik und die sie tragenden gesellschaftlichen Gruppen keine Sorgen machen. Wir hätten sie schon!

Zwar hat der Staat, wie man so sagt, nichts in Ehebetten und Kinderzimmern zu suchen, es geht auch nicht um Entmündigung, Machbarkeitswahn und ungerechtfertigte Ausweitung der Sozialbürokratie. Das alles wäre kontraproduktiv, denn es würde die Handelnden inkompetent machen. Das einzige, was man von einer sinnvollen Sozialpolitik erwarten kann, ist, daß sie die nötigen Hilfestellungen zur Selbstanpassung leistet. Für die Familie besagt das: nicht institutionelle Umzingelung, sondern institutionelle Hegung. Alles andere würde auch die Erwartungen an eine mögliche Familienpolitik in die falsche Richtung lenken. Denn halten wir uns noch einmal vor Augen, daß eine Familiendiskussion immer eine Modernitätsdebatte ist. Bedeutungsverlust kann man nicht wegdekretieren, Sinn nicht politisch inszenieren. Die Lebensweise der Familie ist immer Ausdruck und Folge der sie umgebenden Lebensverhältnisse; die Zukunft der Familie Ausdruck und Folge veränderter Lebensverhältnisse. Der Status der Familie spiegelt den Bewußtseinszustand und den Aufbau der Gruppen und des Staates wider. Er ist eingebettet in einen Lebensstil, und es ist dieser Lebensstil, der sich wandeln muß, um die Familien zu verändern. Zur Debatte stehen zwar auch, aber keineswegs ausschließlich, die Beratung von Familien, die Kindergärten, Erziehungsurlaub, Erziehungsgeld und Arbeitsplatzgarantien für Väter und Mütter, die sich der Erziehung der Kinder widmen; es geht auch nicht nur um neue Formen der Nachbarschaftskooperation, sondern viel zentraler um die Neubewertung der Lebensrollen von Mann und Frau, um die Gewinnung von Zeitsouveränität und um die Neugewichtung zwischen Lebenszielen und „Lebensmitteln". Unangemessene Zeitorganisationen im Verhältnis zwischen Eltern und Kindern, Eltern, Kindern und Schule, zwischen Beruf, Freizeit und Betreuungszeit, zwischen Familiengründung, Ausbildungsabschluß und Berufseintritt haben vermutlich destabilisierendere Wirkungen als der sogenannte Wertwandel. Deswegen hat Bertram recht, wenn er schreibt (1990: 39): „Soll also die Familie für die Entwicklung der Kinder und damit für die Entwicklung des demokratischen Staates jene Bedeutung behalten, die ihr von den verschiedenen Autoren zugemessen wurde, so werden wir uns von den überkommenen Zeitvorstellungen der Organisation, des Verhältnisses von Elternhaus, Kindergarten und Schule sowie in der Gestaltung des Eintritts in Beruf und Familie verabschieden und neue Wege in diesen Bereichen suchen müssen. Unterlassen wir dies, sollte es nicht verwundern, wenn wir uns Mitte der 90er Jahre über die verschwindende Bedeutung der Familie sowohl für die Sozialisation der Kinder als auch für den demokratischen Staat auseinandersetzen müssen."

c) *Familiale Strukturveränderungen und die Folgen für Gesellschaft und Politik*

Die bisherigen Ausführungen über die Folgen der Modernisierung für die Familie haben tiefgreifende Auswirkungen in „Frauenfragen", „Ehefragen" und „Kinderfragen" aufgezeigt (vgl. auch Bertram 1991 und Bertram 1992). Die wichtigsten Veränderungen seien hier noch einmal zusammengefaßt: Die Familie, so wird vielfach behauptet, hat an institutioneller Prägung eingebüßt, eine „Mitgliedschaft" sei nicht mehr für alle Gesellschaftsmitglieder selbstverständlich geworden. So werden Prozesse der Familiengründung in der jüngeren Generation heute vielfach zeitlich nach hinten verschoben oder finden gar nicht mehr statt, sie sind nicht mehr automatisch (wie das zum großen Teil in den 50er und 60er Jahren der Fall war) mit einem Auszug aus dem Elternhaus und der Aufnahme einer Erwerbstätigkeit verbunden. Diese *Destandardisierung* in den Biographien der einzelnen zeigt sich auch bezüglich des Bestandes der Familie. Die Zahl der Scheidungen hat (obwohl sie in der Bundesrepublik noch nicht amerikanische Verhältnisse angenommen hat) beachtlich zugenommen, die Folgen sind u.a. eine Zunahme der Zahl der Ein-Eltern-Familien und (im Falle einer Wiederverheiratung) Fortsetzungsehen oder aber ein Anstieg der Haushalte von Alleinlebenden. Das Schlagwort der „Pluralisierung" wird vielfach in diesem Zusammenhang benützt, um die familialen Strukturveränderungen zu bezeichnen. Dabei hat sich die Zahl der Lebensformen in der Bundesrepublik (im quantitativen Sinne) nicht wesentlich vermehrt, die Problematik (und Dramatik) des Pluralisierungsprozesses liegt heute vielmehr in der Biographie des einzelnen. So ist die lebenslange „Festlegung" auf eine gesellschaftlich akzeptierte Lebensform nicht mehr vorhanden, in „modernen Lebensläufen" wird es vielmehr zu vielen verschiedenen (eben „pluralen") Lebensformen kommen: Das Leben in einer Familie kann (nach dem Auszug aus dem Elternhaus) abgelöst werden durch zeitweiliges Alleinleben oder dem Leben in einer Wohngemeinschaft. Dies kann wiederum abgelöst werden durch eine nichteheliche Lebensgemeinschaft, ein „Living-Apart-Together“, jeweils mit oder ohne Kinder. Einer Phase des Lebens in einer Familie kann eine Trennung der Haushalte folgen (in Form einer Ein-Eltern-Familie oder erneutem Alleinleben), es kann zur Aufnahme neuer Beziehungen und neuer Lebensgemeinschaften kommen. All diese Veränderungen sind interpretierbar als eine Zunahme der biographischen Gestaltungsmöglichkeiten des einzelnen und besonders in ihrer Bedeutung für die Emanzipation von Frauen unter dem Stichwort „Individualisierung“ vielfach so betrachtet worden.

Die Konzentration auf die Individualisierungsdebatte in der deutschen Familiensoziologie hat u.a. zu einer Überbetonung der pluralen, individualisierten Lebensläufe und Familienstrukturen geführt. Daß Ehe und Kinder nach wie vor hohe Wertigkeit besitzen (und auch wieder „reaktiviert“ werden können, wenn andere Unterstützungssysteme, wie der Wohlfahrtsstaat schwächer werden), konnte bereits gezeigt werden. Zudem wird meist vernachlässigt, welche besonderen Schwierigkeiten durch die Tendenzen zur Pluralisierung heute für die Familien entstehen: diese bergen nämlich nicht nur Möglichkeiten, sondern auch beachtliche Risiken. Der Wechsel von der einen in die andere Lebensform ist, aus der Perspektive der Individuen betrachtet, zumeist ein Ereignis von weitreichender Bedeutung. Aus einer gesamtgesellschaftlichen Perspektive betrachtet, ist der Strukturwandel der Familie ebenfalls bedeutsam, insofern als er eine gewaltige Herausforderung an die Bereiche Familien- und Sozialpolitik stellt.

Die Veränderung von Familien- und Haushaltsstrukturen ist für viele Betroffene mit einem Verlust von Lebensstandard verbunden, da eine „Teilung“ eines Haushalts in vielen Fällen auch den Verlust eines (oder großer Teile eines) Einkommens bedeutet. In den letzten Jahren mehren sich in der Familiensoziologie die Hinweise darauf, daß der Strukturwandel der Familie auch neue Formen von sozialer Ungleichheit zwischen verschiedenen Familienformen hervorgebracht, bzw. bestehende Ungleichheiten verstärkt hat. Neue Ergebnisse aus der Sozialhilfestatistik (Neuhäuser 1997) weisen auf einen deutlichen

Anstieg des Sozialhilfebezugs bei den Kindern unter sieben Jahren hin. Nach einer „Altersarmut“ und einer „Feminisierung der Armut“ ist heute der Begriff der „*Kinderarmut*“ in vielen westlichen Ländern zum neuen Brennpunkt sozialer Probleme geworden. Der Begriff der Kinderarmut ist allerdings insofern etwas irreführend, als diese Kinder natürlich in Familien leben, deren Struktur die Kinderarmut oft erst verursacht hat. Besonders betroffen sind hierbei, wie schon erwähnt, die Ein-Eltern-Familien. Abbildung 12 zeigt, wie sich unterschiedliche Lebensformen auf bestimmte Einkommensgruppen verteilen. Deutlich wird hier, daß die Einkommensgruppe, denen weniger als DM 1800 monatlich zur Verfügung stehen, zum großen Teil von den Alleinerziehenden besetzt ist. Weitere 20% der Alleinerziehenden haben monatlich lediglich zwischen DM 1800 und 2500 zur Verfügung, über 40% der Alleinerziehenden haben also ein monatliches Haushaltsnettoeinkommen, das unter DM 2500 liegt. Auf der anderen Seite sind die Alleinerziehenden dementsprechend selten in den höheren Einkommenskategorien zu finden. Hier sind die Ehepaare mit Kindern vergleichsweise häufig vertreten. „Auf die Einkommenssituation von Eltern mit Kindern wirkt sich die Zahl der Kinder nachhaltiger aus als Berufsposition und Bildungsstatus. Ein bedeutender Teil der Familien mit Kindern erreicht nach den Einkommensangaben ein Pro-Kopf-Einkommen von weniger als DM 1000. Sehr junge Familien mit zwei oder mehr Kindern laufen am ehesten Gefahr, in diese schwierige wirtschaftliche Situation zu geraten“ (Weidacher 1995: 176).

Diese Ergebnisse sind auch keineswegs spezifisch für Deutschland. Internationale Studien der letzten Jahre (z.B. McFate et al. 1995; Förster 1994) haben gezeigt, daß in vielen westlichen Industrieländern während der 80er Jahre ein Anstieg der Familienarmut zu beobachten war, wobei junge Familien, kinderreiche Familien und alleinerziehende Mütter in allen untersuchten Ländern besonders betroffen waren.

Was die *wissenschaftliche Betrachtung* dieses Phänomens angeht, so muß festgestellt werden, daß die Familiensoziologie zwar in den letzten Jahren vermehrt Deprivationen bei verschiedenen Familientypen (insbesondere den Alleinerziehenden) festgestellt hat, die Forschung zur *sozialen Ungleichheit* bisher jedoch kaum auf die Bedeutung der Familie als ein möglicher Faktor sozialer Ungleichheit eingegangen ist. Auch in der *Familien- und Sozialpolitik* erreicht diese Thematik nur langsam den Stellenwert, den sie angesichts ihrer Bedeutung eigentlich haben sollte.

Abbildung 12: Alleinerziehende, Ehepaare mit Kindern, Ehepaare ohne Kinder nach verschiedenen Einkommensgruppen (monatliches Haushaltsnettoeinkommen in DM; alte und neue Bundesländer; 1995)

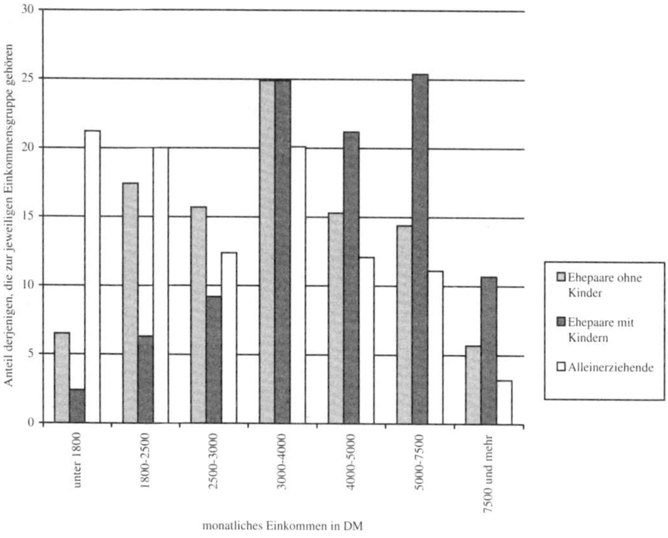

Quelle: Engstler (1997: 118); eigene Darstellung

Betrachtet man die Entwicklung des Familienrechts während der letzten Jahrzehnte, so ist feststellbar, daß sich die Eingriffe des Rechts in die Familie deutlich verringert haben. Zugenommen haben allerdings die Einflüsse, denen die Familie heute durch die Sozialpolitik ausgesetzt ist. Diese Einflüsse sind sowohl direkter Art (z.B. durch gezielte Interventionsmaßnahmen) als auch indirekter Art. Indirekt werden die Einflüsse vor allem durch die Annahmen sichtbar, die dem heutigen Sozialversicherungssystem zugrunde liegen. Das deutsche Wohlfahrtsstaatsmodell ist fast durchgängig nach der Vorstellung einer „Normalfamilie" mit männlichem Hauptemährer und nicht-erwerbstätiger Ehe- und Hausfrau aufgebaut. Sichtbar ist dies z.B. in der Rentenversicherung, wie Leibfried et al. (1995: 36) aufzeigen: „Insgesamt bekräftigt und fördert die Rentenversicherung die 'Normalbiographie', die für Männer eine stetige Vollzeiterwerbstätigkeit vorschreibt und Frauen auf 'weibliche' Rollen verweist". Mit einem unterschiedlichen sozialen Status sind in der deutschen Sozialpolitik jeweils unterschiedliche Zugangschancen zum System sozialer Sicherung verbunden (Ostner/Voges 1995: 101). Solange der größte Teil der Bevölkerung noch im „passenden Modell" einer Familie mit männlichem Haupternährer gelebt hat, blieb dies auch ohne größere Konsequenzen. Probleme treten allerdings dann auf, wenn dieses Modell nicht mehr allgemeinverbindlich für alle Bevölkerungsgruppen anwendbar ist, wie das in der heutigen Destandardisierung von Lebensläufen der Fall ist.

Der Sozialstaat als „Taktgeber des Lebenslaufs" (Leibfried et al. 1995: 7) befindet sich allerdings heute selbst in einer Krise. Die zunehmende Arbeitslosigkeit und immer leerer werdende Staatskassen haben zur Folge, daß die Probleme, die eine größer gewordene „Risikoanfälligkeit" familialer Lebensformen hervorgerufen haben, nicht mehr gelöst werden können. Der Rückgriff auf familiale Netz- und Unterstützungswerke ist jedoch ebenfalls mit Schwierigkeiten verbunden, da diese sozialen Leistungen innerhalb der Familien auch heute noch zumeist von Frauen erbracht werden, deren gestiegenen Bildungsqualifikationen und ihre gestiegenen (und durchaus berechtigten) Ansprüche hinsichtlich eigener Erwerbstätigkeit eine solche Leistung nicht mehr als selbstverständlich erscheinen lassen – wohl auch aus der Überlegung heraus, daß die eigene Erwerbstätigkeit immer noch der beste Schutz gegen ein Abrutschen in die Sozialhilfeabhängigkeit (z.B. im Falle einer Scheidung) ist.

Nicht zuletzt sind es wohl auch gerade diese erschwerten Bedingungen, die die Entscheidung für Kinder heute nicht mehr als selbstverständlich erscheinen lassen. Den veränderten familialen Lebensumständen scheinen Politik und Gesellschaft bisher jedoch nur wenig Rechnung zu tragen, wie der 5. Familienbericht herausstellt: „Der dominierende Tatbestand in unserer Gesellschaft ist somit nicht die Ablehnung von Kindern, sondern die Indifferenz gegenüber dem Umstand, ob Menschen die Verantwortung für Kinder übernehmen oder nicht, als *die fehlende Anerkennung der Tatsache, inwieweit Menschen familiale Leistungen erbringen oder nicht* ... Die fehlende Anerkennung liegt primär in den institutionalisierten Regeln, denen die verschiedenen Gesellschaftsbereiche folgen. Es sind die gesellschaftlichen Strukturen, welche primär die Benachteiligungen der Familien bedingen. Es handelt sich primär um einen Konstruktionsfehler unserer gesellschaftlichen Verhältnisse, nicht um eine psychologische Disposition der Beteiligten. Diesem Sachverhalt sollte der Begriff *strukturelle Rücksichtslosigkeit gegenüber Familien* Ausdruck geben“ (Bundesministerium für Familie und Senioren 1994; Drucksache 12/7560: 21f.).

d) Die Spannungsreduktion beim Umgang unter Ehepartnern

Die dramatischen Scheidungsziffern und die damit verbundenen Strukturveränderungen der Familien in den Industrieländern zwingen uns wohl, gesellschaftspolitische Vorkehrungen zur Entlastung der Ehepartner und der Familie zu ersinnen. Man sollte aber das Problem auch von der Seite der Partner selbst angehen. Es gibt heute kaum noch einen Beruf, zu dem man vorbereitungs- und ausbildungslos zugelassen wird. Partner sein, Mutter und Vater sein, eine Familie intakt zu halten, die verschiedenen Rollen und Interessen in Einklang zu bringen, ist auch ein „Beruf“. Die vorwiegend emotional gesteuerten Zugangsregelungen versagen nicht selten, wenn der alltägliche Streß zu hoch und die „gesellschaftliche Hegung“ zu gering sind.

Häufig mangelt es an einer guten, belastbaren Kommunikation unter den Ehepartnern und mit den Kindern. Miteinander reden kann aber bis zu einem gewissen Grad gelernt werden, wie die (betriebliche) Kommunikationsforschung zeigt. Man kann „kommunikative Kompetenz“ erwerben, wenn man relativ einfache Regeln beachtet und normativ besetzt. Wer beherzigt z.B. die in der Politik übliche Regel, daß Verhandlungen, die nicht weiterkommen, im gegenseitigen Einverständnis vertagt werden, bei den alltäglichen Auseinandersetzungen in einer Ehe? Oft wird alles bis zum bitteren Ende ausgefochten. Man kommt vom Hundertsten ins Tausendste, bis auch das dickste Fell durchgewetzt ist.

Familien als Kommunikationsgemeinschaften müssen – wie Organisationsmitglieder – lernen, erfolgreich miteinander zu reden. Auf diese Weise können überflüssige Konflikte vermieden und notwendige Auseinandersetzungen mit angemessenem seelischen Aufwand durchgestanden werden.

Die hier genannten zehn Regeln, die zugleich der praktischen Alltagsethik zugehören, sind nur als keineswegs erschöpfende Hinweise zu verstehen. Sie mögen „platt“ und simpel erscheinen – und sind es auch –, aber Glück und Unglück, Gelingen oder Mißlingen, hängen nicht selten auch an solchen Selbstverständlichkeiten. Sie besagen alle in der einen oder anderen Form, daß wir „das Wort“ beherrschen lernen müssen, denn in jedem Zusammenleben spielt das Gespräch eine große Rolle:

(1) Die Beziehungs-Regel

Jedes Gespräch ist eine Beziehung, in der der emotionale Aspekt über den inhaltlichen dominiert. Das emotionale Bedürfnis des Partners muß stets positiv angesprochen werden. Negative Gefühle müssen sofort bearbeitet werden.

(2) Die Empathie-Regel

Ein Gespräch ereignet sich nicht, man muß sich aktiv darauf einlassen. Kein Thema des Partners ist unwichtig. Das wichtigste Mittel der Kommunikation ist daher das Zuhören, dann kommt das Fragen, dann das eigene Reden.

(3) Die Umorientierungs-Regel

Niemand darf an einer einmal geäußerten Meinung, an einem Irrtum etc. festgehalten werden. „Konsequenzen-Machen“ ist unfair. Jeder hat das Recht, sich neu zu entscheiden, ohne sich rechtfertigen zu müssen.

(4) Die Feedback-Regel

Jedes Gespräch muß auf emotionale Berührung aus sein; daher hat der Partner zunächst einmal (bedingt) recht. Den absoluten Nonsens gibt es nicht. Einwänden wird durch die „Ja-allerdings-Technik“ zunächst stattgegeben. Es ist immer genügend Anlaß, dem Partner Ermunterung, Anerkennung, Lob und Bewunderung zu zeigen. Ein hartes „Nein“ gibt es nicht.

(5) Die Kritik-Akzeptanz-Regel

Wer Anlaß zur Kritik zu haben glaubt, darf sie äußern, ohne durch Gegenkritik unterbrochen zu werden. Dem Kritiker muß unbedingt zugehört werden, da man Wichtiges über sich erfährt (auch wenn es weh tut, falsch ist etc.). Es darf (wenn überhaupt) erst geantwortet werden, wenn man vorher geschwiegen hat.

(6) Die Reversibilitäts-Regel

Jeder Partner darf grundsätzlich nur so reden, wie jeder andere auch mit ihm reden könnte, ohne die Beziehung mit ihm zu gefährden. Mit anderen Worten: verbales K. o. („Killer-Phrasen“) sind ausgeschlossen (Lay 1989: 300).

(7) Die Minimierungs-Regel des Bedauerns

Im Konfliktfall ist das mögliche Bedauern über einen Gesprächsverlauf dadurch tunlichst gering zu halten, daß Antipathiefelder nicht mutwillig ausgeweitet werden. Es ist alles zu meiden, was Distanzen vergrößert. Widerspruch ist nur am Platz, wenn man etwas Sinnvolles damit erreichen kann.

(8) Die Rückstellungs-Regel

Verhärtete und verfahrene Gesprächssituationen sollen abgebrochen, vertagt oder aufgehoben werden, ohne daß ein Partner sein Gesicht verliert. Die „Diktatur des härteren Sitzleders" ist verpönt. Jeder gewinnt, wenn nicht alles aufs erste Mal „ausdiskutiert" werden muß.

(9) Die Kompromiß-Regel

Wo immer möglich, soll ein Kompromiß angestrebt werden. Kompromisse sind nicht „faul", sondern „fleißig". Sie stellen Frieden her und lösen Spannungen. Auf ihnen kann man weiter aufbauen.

(10) Die Comeback-Regel

Der Abbruch eines Gesprächs schließt den Willen ein, dieses zu einem günstigeren Moment wieder aufzunehmen. Wer dann über seinen Schatten springen kann und ein Comeback versucht, ist nicht schwach, sondern stark, denn er beweist Mut und Charakter.

Genau da liegt der Hase im Pfeffer. Erfolgsgarantien gibt es keine, aber Konflikte in Partnerschaften sind allgegenwärtig und auch heilsam, wenn sie produktiv bewältigt werden. Jeder weiß, wie häufig er selbst gegen diese Regeln gesündigt hat. Kaum jemand kann sie mit Erfolg anwenden, weil nur wenige sie überhaupt kennen oder durchdrungen haben. Keiner beherrscht sie auf einen Schlag. Aber sie können eingeübt und vertieft werden. Hier liegen große, völlig unausgeschöpfte Möglichkeiten für eine frühzeitige Partnerschaftsberatung aller derjenigen Gemeinschaften, Gruppen und Verbände, die an stabilen Ehen und Familien interessiert sind. Wenn es zu spät ist, sind diese Regeln nicht mehr anwendbar; sie sind vielmehr rechtzeitig zu trainieren, damit nicht alles zu spät ist.

Und doch: immer wieder und immer noch weiß die große Mehrheit der Menschen darum, fühlt es und lebt davon, daß man auf dieser Welt kaum Schwierigeres wollen und kaum an Größerem scheitern kann, daß es sich aber auch selten an Mühseligerem und Befriedigenderem zu arbeiten lohnt, als eine Familie zu gründen, Kinder aufzuziehen, sie ein Stück auf ihrem Weg zu begleiten und mit einem Partner ein erfülltes Leben zu verbringen. Ältere spüren das ebenso wie Jüngere. Das war die Vergangenheit und ist wohl die Zukunft. Absichten und Realitäten klaffen wie immer auseinander. Sicher hat jede Zeit ihre Probleme und Herausforderungen, an die sie sich anpassen muß. Deswegen ist der laufende institutionelle Umbau auch normal. Trotzdem ist der familistische Impuls im allgemeinen so fordernd, daß er seine normative Kraft auch heute nicht eingebüßt hat. Natürlich können die Anstrengungen und Anpassungen mehr oder weniger gut gelingen. Manche Zeiten, Gesellschaften und Politiken sind familienferner, manche familiennäher; keine war bisher ausdrücklich afamiliär. Man könnte sich sogar fragen, ob die Moderne selbst – und nicht etwa die Familie – überhaupt noch eine Zukunft hätte, wenn sie dies nicht begreifen würde.

Familienkultur betrifft also die rechtzeitige Vernünftigkeit, grundlegende Korrekturen des Lebensstils einzuleiten. Das ist die entscheidende soziale Frage. An ihrer Lösung bemißt sich vielleicht weniger, ob die Familie der Gegenwart eine Zukunft hat als vielmehr – und bedeutsamer –, welche Zukunft diese Zukunft hat. Politiken, so notwendig sie sind, kommen hier immer zu spät. Menschen können nicht entwickelt werden, sie müssen sich schon selbst entwickeln. Sie bringen ihr Regulativ immer schon mit. Vielleicht macht das die List und die Gelassenheit der Institutionen hinter dem Rücken der eilfertigen, planenden Vernunft aus.

Statt eines Schlusses

Die Familie
„Die Griechen, die so gut wußten, was ein Freund ist,
haben die Verwandten mit einem Ausdruck bezeichnet,
welcher der Superlativ des Wortes ‚Freund' ist.
Dies bleibt mir unerklärlich."
(Friedrich Nietzsche)

„Als Gott am sechsten Schöpfungstage alles ansah, was er gemacht hatte, war zwar alles gut, aber dafür war auch die Familie noch nicht da. Der verfrühte Optimismus rächte sich, und die Sehnsucht des Menschengeschlechtes nach dem Paradiese ist hauptsächlich als der glühende Wunsch aufzufassen, einmal, nur ein einziges Mal friedlich ohne Familie dahinleben zu dürfen. Was ist die Familie?

Die Familie (familia domestica communis, die gemeine Hausfamilie) kommt in Mitteleuropa wild vor und verharrt gewöhnlich in diesem Zustande. Sie besteht aus einer Ansammlung vieler Menschen verschiedenen Geschlechts, die ihre Hauptaufgabe darin erblicken, ihre Nasen in deine Angelegenheiten zu stecken. Wenn die Familie größeren Umfang erreicht hat, nennt man sie ‚Verwandtschaft'... Die Familie weiß alles, mißbilligt es aber grundsätzlich. Andere wilde Indianerstämme leben entweder auf den Kriegsfüßen oder rauchen eine Friedenszigarre: die Familie kann gleichzeitig beides.

Die Familie ist sehr exklusiv. Was der jüngste Neffe in seinen freien Stunden treibt, ist ihr bekannt, aber wehe, wenn es dem jungen Mann einfiele, eine Fremde zu heiraten! Zwanzig Lorgnons richten sich auf das arme Opfer, vierzig Augen kneifen sich musternd zusammen, zwanzig Nasen schnuppern mißtrauisch: ‚Wer ist das? Ist sie der hohen Ehre teilhaftig?' Auf der anderen Seite ist das ebenso. In diesen Fällen sind gewöhnlich beide Parteien davon durchdrungen, tief unter ihr Niveau hinuntergestiegen zu sein.

Hat die Familie aber den Fremdling erst einmal in ihren Schoß aufgenommen, dann legt sich die große Hand der Sippe auch auf diesen Scheitel. Auch das neue Mitglied muß auf dem Altar der Verwandtschaft opfern; kein Feiertag, der nicht der Familie gehört! Alle fluchen, keiner tuts gern – aber Gnade Gott, wenn einer fehlte! Und seufzend beugt sich alles unter das bittere Joch ...

Dabei führt das ‚gesellige Beisammensein' der Familie meistens zu einem Krach. In ihren Umgangsformen herrscht jener sauersüße Ton vor, der am besten mit einer Sommernachmittagsstimmung kurz nach einem Gewitter zu vergleichen ist. Was aber die Gemütlichkeit nicht hindert ...

Man ist sich sehr nah. Nie würde es ein fremder Mensch wagen, dir so nah auf den Leib zu rücken, wie die Kusine deiner Schwägerin, a conto der Verwandtschaft. Nannten die alten Griechen ihre Verwandten die ‚Allerliebsten'? Die ganze junge Welt von heute nennt sie anders. Und leidet unter der Familie. Und gründet später selbst eine und wird dann grade so ...

Irgendeine Möglichkeit, sich der Familie zu entziehen, gibt es nicht. Mein alter Freund Theobald Tiger singt zwar:

> Fang nie was mit Verwandtschaft an –
> denn das geht schief,
> denn das geht schief!

aber diese Verse sind nur einer stupenden Lebensunkenntnis entsprungen. Man fängt ja gar nichts mit der Verwandtschaft an – die Verwandtschaft besorgt das ganz allein.

Und wenn die ganze Welt zugrunde geht, so steht zu befürchten, daß dir im Jenseits ein holder Engel entgegenkommt, leise seinen Palmenwedel schwingt und spricht: ‚Sagen Sie mal – sind wir nicht miteinander verwandt –?' Und eilends, erschreckt und im innersten Herzen gebrochen, enteilst du. Zur Hölle.

Das hilft dir aber gar nichts. Denn da sitzen alle, alle die andern" (Kurt Tucholsky 1985, III: 307 ff.).

Verzeichnis der Tabellen und Abbildungen

Literaturverzeichnis

Abrahamson, P. (1991), Welfare and Poverty in the Europe of the 1990s: Social Progress or Social Dumping? In: International Journal of Health Services 21: 237–264

Allerbeck, Klaus/Wendy Hoag (1986), Jugend ohne Zukunft? Einstellungen, Umwelt, Lebensperspektiven, 3. Aufl. München

Amato, Paul R. et al. (1995), Parental Divorce, Marital Conflict, and Offspring Well-Being During Early Adulthood. In: Social Forces 73: 895–915

Bachmann, Ronald (1994), Alleinleben als Lebenskunst. In: Sylvia Gräbe (Hg.), Lebensform Einpersonenhaushalt. Frankfurt: 77–102

Badinter, Elisabeth (1981), Die Mutterliebe. München

Barabas, Friedrich K./Michael Erler (1994), Die Familie. Einführung in Soziologie und Recht. Weinheim und München

Beck, Ulrich (1986), Risikogesellschaft. Auf dem Weg in eine andere Moderne. Frankfurt

Beck, Ulrich/Elisabeth Beck-Gernsheim (Hg.) (1994), Riskante Freiheiten. Frankfurt

Becker, Gary S. (1974), A Theory of Marriage. In: Journal of Political Economy 82: 11–26

Becker, Rolf (Hg.) (1997), Generationen und sozialer Wandel. Opladen

Becker, Uwe (1989), Frauenerwerbstätigkeit – Eine vergleichende Bestandsaufnahme. In: Aus Politik und Zeitgeschichte B 28/89: 22–33

Becker-Schmidt, Regina/Gudrun Axeli-Knapp (Hg.) (1995), Das Geschlechterverhältnis als Gegenstand der Sozialwissenschaft. Frankfurt

Beck-Gernsheim, Elisabeth (1983), Vom „Dasein für andere“ zum Anspruch auf ein Stück „eigenes Leben“. Individualisierungsprozesse im weiblichen Zusammenhang. In: Soziale Welt 34: 307–340

Beck-Gernsheim, Elisabeth (1985), Vom Geburtenrückgang zur neuen Mütterlichkeit? Über private und politische Interessen am Kind, 2. Aufl. Frankfurt

Beck-Gernsheim, Elisabeth (1986), Von der Liebe zur Beziehung? Veränderungen im Verhältnis von Mann und Frau in der individualisierten Gesellschaft. In: Johannes Berger (Hg.), Die Moderne – Kontinuitäten und Zäsuren. Göttingen: 209–233

Beck-Gernsheim, Elisabeth (1988), Die Kinderfrage. München

Beck-Gernsheim, Elisabeth (1992), Arbeitsteilung, Selbstbild und Lebensentwurf – neue Konfliktlagen in der Familie. In: Kölner Zeitschrift für Soziologie und Sozialpsychologie 44: 273–291

Béjin, André (1988), Ehe ohne Trauschein und Post-Adoleszenz: Anmerkungen zu einigen Mythen des „Nicht-Übergangs". In: Kurt Lüscher u.a. (Hg.), Die „postmoderne" Familie. Konstanz: 180–190
Bell, Daniel (1976), Die Zukunft der westlichen Welt. Kultur und Technologie im Widerstreit. Frankfurt
Bender, Donald/Walter Bien (1996), Singles – Teil der Familie oder Alternative zur Familie? In: Hans-Peter Buba/Norbert Schneider (Hg.), Familie. Zwischen gesellschaftlicher Prägung und individuellem Design. Opladen: 183–193
Berg, Stephan (1990), Der zuckersüße, eiskalte Schmelz der Oberfläche. In: Basler Zeitung 3: 33
Berger, Johannes (1986), Gibt es ein nachmodernes Gesellschaftsstadium? In: ders. (Hg.), Die Moderne – Kontinuitäten und Zäsuren. Soziale Welt, Sonderbd. 4. Göttingen: 79–96
Berger, Peter L. (1974), Pyramids of Sacrifice. Political Ethics and Social Change. New York
Berger, Peter L. (1988), Zur Dialektik von Religion und Gesellschaft. Elemente einer soziologischen Theorie. Frankfurt
Berger, Peter L./Brigitte Berger (1974), Individuum und Co. Soziologie beginnt beim Nachbarn. Stuttgart
Berger, Peter L./Brigitte Berger (1984), In Verteidigung der bürgerlichen Familie. Frankfurt
Berger, Peter L./Brigitte Berger/Hansfried Kellner (1975), Das Unbehagen in der Modernität. Frankfurt/New York
Berger, Peter L./Hansfried Kellner (1979), Die Ehe und die Konstruktion der Wirklichkeit. In: H. M. Griese (Hg.), Sozialisation im Erwachsenenalter. Weinheim/Basel
Berger, Peter L./Thomas Luckmann (1980), Die gesellschaftliche Konstruktion der Wirklichkeit. Eine Theorie der Wissenssoziologie, 6. Aufl. Frankfurt
Berger, Roni (1995), Three Types of Stepfamilies. In: Journal of Divorce and Remarriage 24: 35–49
Bertram, Hans (1990), Mütter und Kinder. Zur Individualisierung der Kinder- und Frauenrolle in der Gesellschaft. In: Aus Politik und Zeitgeschichte B 40–41/90: 30–39
Bertram, Hans (Hg.) (1991), Die Familie in Westdeutschland. Opladen
Bertram, Hans (Hg.) (1992), Die Familie in Ostdeutschland. Opladen
Bertram, Hans/Renate Borrmann-Müller (1988), Individualisierung und Pluralisierung familialer Lebensformen. In: Aus Politik und Zeitgeschichte B 13/88: 14–23
BiB-Mitteilungen (4/1996), Aus der Arbeit internationaler Organisationen: EU: Unter einem Dach-Haushaltsstrukturen in der Europäischen Union. Wiesbaden: 25
Bieback, Karl-Jürgen und Helga Milz (Hg.) (1995), Neue Armut. Frankfurt

Bien, Walter (Hg.) (1994), Eigeninteresse oder Solidarität. Beziehungen in modernen Mehrgenerationenfamilien. Opladen
Bien, Walter (Hg.) (1996), Familie an der Schwelle zum neuen Jahrtausend. Wandel und Entwicklung familialer Lebensformen. Opladen
Bierstedt, Robert (1970), The Social Order, 3. Aufl. New York u.a.
Bohle, Hans-Hartwig (1994), Ehescheidung: Soziologische Perspektiven und Forschungsbefunde. In: Diskurs Hft. 2: 69–75
Böhnisch, Lothar/Karl Lenz (Hg.) (1997), Familien – eine interdisziplinäre Einführung. Weinheim und München
Bonoli, Giuliano (1997), Classifying Welfare States: A Two-Dimension Approach. In: Journal of Social Policy 26: 351–372
Bonolis, Maurizio (1984), Sociologià della famiglia. Il contributo dei „classico“ nei suoi fondamenti teoretici. Catania
Braudel, Fernand (1989), Frankreich 1: Raum und Geschichte. Stuttgart
Brinkgreve, Christien (1982), On Modern Relationships. The Commandments of the New Freedom. In: The Netherlands Journal of Sociology 18: 47–56
Buba, Hans-Peter/Norbert Schneider (Hg.) (1996), Familie. Zwischen gesellschaftlicher Prägung und individuellem Design. Opladen
Bühl, Walter L. (1985), Eine Zukunft für Deutschland. Grundlinien der technologischen, gesellschaftlichen und politischen Entwicklung. München
Bundesministerium für Familie und Senioren (1994), Familie und Familienpolitik im geeinten Deutschland. Zukunft des Humanvermögens [5. Familienbericht]. Bonn: Drucksache 12–7560
Bundesministerium für Jugend, Familie und Gesundheit (Hg.) (1985), Nicht-eheliche Lebensgemeinschaften in der Bundesrepublik Deutschland. Stuttgart
Burkhart, Günter (1994), Die Entscheidung zur Elternschaft. Eine empirische Kritik von Individualisierungs- und Rational-Choice-Theorien. Stuttgart
Bürklin, Wilhelm (1988), Wertwandel oder zyklische Wertaktualisierung? In: Heinz Otto Luthe/Heiner Meulemann (Hg.), Wertwandel – Faktum oder Fiktion? Bestandsaufnahmen und Diagnosen aus kultursoziologischer Sicht. Frankfurt: 193–216
Castoriadis, Cornelius (1987), The Imaginary Institution of Society. Cambridge/Mass.
Childe, Gordon (1975), Soziale Evolution. Frankfurt
Claessens, Dieter (1970), Instinkt, Psyche, Geltung. Zur Legitimation menschlichen Verhaltens, 2. Aufl. Opladen
Clasen, Jochen/Arthur Gould (1995), Stability and Change in Welfare States: Germany and Sweden in the 1990s. In: Policy and Politics 23: 189–201
Clason, Christine (1989), Die Einelternfamilie oder die Einelterfamilie? In: Rosemarie Nave-Herz/Manfred Markefka (Hg.), Handbuch der Familien- und Jugendforschung, Bd. 1. Neuwied/Frankfurt: 413–422

Coenen-Huther, Josette (1994), La mémoire familiale: un travail de reconstruction du passé. Paris
Crompton, Rosemary (1993), Class and Stratification: an Introduction to Current Debates. Cambridge
Dahrendorf, Ralf (1990), Über eine offene Gesellschaft. Interview mit Ewald Billerbeck. In: Basler Zeitung 51: 3–5
De Swaan, A. (1981), The Politics of Agoraphobia. On Changes in Emotional and Relational Management. In: Theory and Society 10: 359–385
Demo, David/Alan Acock (1993), Family diversity and the division of domestic labour. In: Family Relations 42: 323–331
Deutsches Jugendinstitut(Hg.) (1988), Wie geht's der Familie? Ein Handbuch zur Situation der Familien heute. München
Deutsches Jugendinstitut(Hg.) (1989), Familienalltag. Reinbek
Diekmann, Andreas (1990), Der Einfluß schulischer Bildung und die Auswirkungen der Bildungsexpansion auf das Heiratsverhalten. In: Zeitschrift für Soziologie 19: 265–277
Diekmann, Andreas/Thomas Klein (1991), Bestimmungsgründe des Ehescheidungsrisikos. In: Kölner Zeitschrift für Soziologie und Sozialpsychologie 43: 271–290
Ditch et al., John et al. (1996), Eine Synthese nationaler Familienpolitiken 1994. Keighley: Social Policy Research Unit der University of York
Drescher, Anne/Wolfgang Fach (1985), Lieben für den Staat? Über das Dilemma konservativer Familienpolitik. In: Zeitschrift für Soziologie 14: 5–12
Duby, Georges (1986), Die drei Ordnungen. Das Weltbild des Feudalismus. Frankfurt
Duran-Aydintug, Candan/Marily Ihinger-Tallman (1995), Law and Stepfamilies. In: Marriage and Family Review 21: 169–192
Duvall, Evelyn (1977), Marriage and Family Development. New York
Easterlin, R. A. (1980), Birth and Fortune: The Impact of Numbers on Personal Welfare. New York
Eckert, Roland/Alois Hahn/Marianne Wolf (1989), Die ersten Jahre junger Ehen. Verständigung durch Illusion? Frankfurt
Eickelpasch, R. (1974), Ist die Kernfamilie universal? Zur Kritik eines ethnozentrischen Familienbegriffs. In: Zeitschrift für Soziologie 3: 323 ff.
Eisenstadt, S. N. (1973), Tradition, Change and Modernization. New York u. a.
Elias, Norbert (1978), Über den Prozeß der Zivilisation, 2 Bde. Frankfurt
Engstler, Heribert (1997), Die Familie im Spiegel der amtlichen Statistik. Bonn
Esping-Andersen, Gøsta (1990), The Three Worlds of Welfare Capitalism. Princeton
Europarat (1987), Recent Demographic Developments in the Member States of the Council of Europe. Strasbourg

Eurostat (1997), Statistik kurzgefaßt: Bevölkerung und soziale Bedingungen. Arbeitskräfteerhebung. Wichtigste Ergebnisse 1996 (Nr. 8)
Förster, Michael F. (1994), Familienarmut und Sozialpolitik. Eine vergleichende Studie von 14 OECD-Ländern. Forschungsbericht 9411. Luxembourg
Freitag, W. (1988), Haushalt und Familie in traditionalen Gesellschaften. Konzepte, Probleme und Forschungsperspektiven. In: Geschichte und Gesellschaft 14: 5–37
Frisch, Helga (1987), Ehe? Eine Pastorin plädiert für neue Formen der Partnerschaft. Frankfurt
Fromm, Erich (1979), Haben und Sein. München
Fthenakis, Wassilios E. (1985), Väter, 2 Bde. München u.a.
Fthenakis, Wassilios E./Renate Niesel/Hans-Rainer Kunze (1982), Ehescheidung. Konsequenzen für Eltern und Kinder. München
Furstenberg, Frank (1988), Die Entstehung des Verhaltensmusters „sukzessive Ehen". In: Kurt Lüscher u.a. (Hg.), Die „postmoderne" Familie. Konstanz: 73–83
Gabriel, Karl (1979), Analysen der Organisationsgesellschaft. Frankfurt/New York
Gabriel, Karl (1990), Von der „vordergründigen" zur „hintergründigen" Religiosität. Zur Entwicklung von Religion und Kirche in der Geschichte der Bundesrepublik. In: Robert Hettlage (Hg.), Die Bundesrepublik. Eine historische Bilanz. München: 255–279
Gehlen, Arnold (1957), Die Seele im technischen Zeitalter. Hamburg
Gehlen, Arnold (1963), Studien zur Anthropologie und Soziologie. Neuwied/Berlin
Gehlen, Arnold (1964), Urmensch und Spätkultur, 2. Aufl. Bonn
Gehlen, Arnold (1966), Der Mensch, 8. Aufl. Frankfurt/Bonn
Gehlen, Arnold (1969), Moral und Hypermoral. Eine pluralistische Ethik. Bonn
George, V./Peter Taylor-Gooby (Hg.) (1996), European Welfare Policy-Squaring the Welfare Circle. London
Gerhardt, Ute/Stefan Hradil/Doris Lucke/Bernhard Nauck (Hg.) (1995), Familie der Zukunft. Opladen
Giesecke, H. (1987), Die Zweitfamilie. Stuttgart
Gildemeister, Regine (1988), Geschlechtsspezifische Sozialisation. Neuere Beiträge zur Entstehung des „weiblichen" Sozialcharakters. In: Soziale Welt 39: 486–503
Gillis, John (1996), Making Time for Family: The Invention of Family Tme(s) and the Reinvention of Family History 21: 4–21
Glaser, Herrmann (1985), Spießer-Ideologie. Frankfurt
Glatzer, Wolfgang (1984), Determinanten der Zufriedenheit. In: Wolfgang Glatzer/Wolfgang Zapf (Hg.), Lebensqualität in der Bundesrepublik. Objektive Lebensbedingungen und subjektives Wohlbefinden. Frankfurt/New York: 234–245

Glatzer, Wolfgang/H. Hergeth (1984), Ehe, Familie und Haushalt. In: Wolfgang Glatzer/Wolfgang Zapf (Hg.), Lebensqualität in der Bundesrepublik. Objektive Lebensbedingungen und subjektives Wohlbefinden. Frankfurt/New York: 124–140
Glick, Paul C. (1977), Updating the Life Cycle of the Family. In: Journal of Marriage and the Family 39: 5–13
Goffman, Erving (1981), Asyle. Über die soziale Situation psychiatrischer Patienten und anderer Insassen. 4. Aufl. Frankfurt
Goode, William J. (1966), Die Struktur der Familie, 2. Aufl. München
Gräbe, Sylvia (Hg.) (1994), Lebensform Einpersonenhaushalt. Frankfurt
Greven, Michael Th. (1987), Über Institutionalisierung, verbleibende Kontingenz und mögliche Freiheit. In: Gerhard Göhler (Hg.), Grundfragen der Theorie politischer Institutionen. Opladen: 98–106
Griesewelle, Detlev (1989), Diskurs über Bevölkerungsfragen und Familienpolitik. In: Aus Politik und Zeitgeschichte B 18/89: 23–31
Gross, Peter/Anne Honer (1990), Multiple Elternschaften. Neue Reproduktionstechniken, Individualisierungsprozesse und die Veränderung von Familienkonstellationen. In: Soziale Welt 41: 97–116
Grossenbacher, Silvia (1987), Familienpolitik und Frauenfrage in der Schweiz. Grüsch
Grossenbacher, Silvia (1990), Familie zwischen Wandel und Beständigkeit. In: Basler Zeitung, Magazin 22: 15
Grunow, Dieter (1982), Hilfen zwischen den Generationen als Bezugspunkt der Sozialpolitik. In: Franz-Xaver Kaufmann (Hg.), Staatliche Sozialpolitik und Familie. München/Wien: 213–242
Gurjewitsch, Aaron J. (1986), Das Weltbild des mittelalterlichen Menschen. München
Habermas, Jürgen (1985), Der philosophische Diskurs der Moderne. Frankfurt
Habermehl, W./W. Schulz (1982), Ehe und Familie in Österreich und der Bundesrepublik Deutschland – ein Ländervergleich. In: Kölner Zeitschrift für Soziologie und Sozialpsychologie 34: 734–747
Hagemann-White, Carol (1984), Sozialisation: weiblich – männlich? Opladen
Hahn, Alois (1972), Gesellschaft als Lebensraum. In: A. Bellebaum (Hg.), Die moderne Gesellschaft. Formen des menschlichen Zusammenlebens (=Wissen im Überblick). Freiburg/Basel/Wien: 100–116
Hahn, Alois (1982), Die Definition von Geschlechtsrollen. In: Volker Eid/Laszlo Vaskovics (Hg.), Wandel der Familie – Zukunft der Familie. Mainz: 94–111
Hahn, Alois (1984), Theorien zur Entstehung der europäischen Moderne. In: Philosophische Rundschau 31: 178–202
Halsey, Albert H. (1993), Changes in the Family. In: Children and Society 7: 125–136
Haslinger, A. (1981), Ehe ohne Trauschein. In: Demographische Informationen 2: 13–35

Heekerens, Hans-Peter (1987), Das erhöhte Risiko der Ehescheidung. Zur intergenerationalen Scheidungs-Tradierung. In: Zeitschrift für Soziologie 16: 190–203
Heiliger, Anita (1991), Alleinerziehen als Befreiung. Pfaffenweiler
Hettlage, Robert (1989), Über Persistenzkerne bäuerlicher Kultur im Industriesystem. In: Christian Giordano/Robert Hettlage (Hg.), Bauerngesellschaften im Industriezeitalter. Zur Rekonstruktion ländlicher Lebensformen. Berlin: 287–333
Hettlage, Robert (1995), Familie: ein vorschneller Abgesang? In: Laszlo A. Vaskovics (Hg.), Familie. Soziologie familialer Lebenswelten. Sonderheft 3 der Soziologischen Revue: 60–68
Hettlage, Robert (Hg.) (1990), Die Bundesrepublik. Eine historische Bilanz. München
Hettlage, Robert/Karl Lenz (1991), Interaction Order and the Theory of Institutions. Goffman's Contribution to Micro- and Macrosociology. In: H. J. Helle (Hg.), Verstehen and Pragmatism. Frankfurt u. a.: 229–248
Hirschauer, Stefan (1989), Die interaktive Konstruktion von Geschlechtszugehörigkeit. In: Zeitschrift für Soziologie 18: 100–118
Hochschild, Arlie (1989), The Second Shift: Working Parents and the Revolution at Home. Harmondsworth
Hoffmann-Nowotny, Hans-Joachim (1988), Ehe und Familie in der modernen Gesellschaft. In: Aus Politik und Zeitgeschichte B 13/88: 3–13
Hoffmann-Nowotny, Hans-Joachim (1995), Die Zukunft der Familie – Die Familie der Zukunft? In: Uta Gerhardt et al. (Hg.), Familie der Zukunft. Opladen: 325–348
Hoffmann-Riem, Christa (1989), Elternschaft ohne Verwandtschaft: Adoption, Stiefbeziehung und heterologe Insemination. In: Rosemarie Nave-Herz/Manfred Markefka (Hg.), Handbuch der Familien- und Jugendforschung, Bd. 1. Neuwied/Frankfurt: 389–411
Hofmann, Rupert (1990), Vom marxistischen zum mystischen Utopismus. In: Zeitschrift für Politik 37: 292–309
Höhn, Charlotte (1989), Demographische Trends in Europa seit dem 2. Weltkrieg. In: Rosemarie Nave-Herz/Manfred Markefka (Hg.), Handbuch der Familien- und Jugendforschung, Bd. 1. Neuwied/Frankfurt: 195–209
Höhn, Charlotte/J. Otto (1985), Bericht über die demographische Lage in der Bundesrepublik Deutschland und über die Weltbevölkerungstrends. In: Zeitschrift für Bevölkerungswissenschaft 11: 445–518
Höhn, Charlotte/R. Schulz (1987), Bericht zur demographischen Lage in der Bundesrepublik Deutschland. In: Zeitschrift für Bevölkerungswissenschaft 13: 137–213
Höllinger, Franz (1989), Familie und soziale Netzwerke in fortgeschrittenen Industriegesellschaften. Eine vergleichende empirische Studie in 7 Nationen. In: Soziale Welt 40: 513–537
Höpflinger, François (1985), Changing Marriage Behaviour Some European Comparisons. In: Genus 41, 3–4: 41–64

Höpflinger, François (1987), Der Wandel der Familienbildung in Westeuropa. Frankfurt/New York

Höpflinger, François (1989a), Nicht-eheliche Lebensgemeinschaften in der Agglomeration Zürich. Einige explorative Daten. In: Schweizerische Zeitschrift für Soziologie 15: 39–55

Höpflinger, François (1989b), Die moderne Kleinfamilie zwischen Anspruch und Wirklichkeit. Zürich

Hradil, Stefan (1995), Die Singlegesellschaft. München

Hubbard, William H. (1983), Familiengeschichte. Materialien zur deutschen Familie seit dem Ende des 18. Jahrhunderts. München

Huinink, Johannes (1989), Das zweite Kind. Sind wir auf dem Weg zur Ein-Kind-Familie? In: Zeitschrift für Soziologie 18: 192–207

Huinink, Johannes (1995), Warum noch Familie? Frankfurt und New York

Hujer, Reinhard/Hilmar Schneider/Wolfgang Zapf (Hg.) (1992), Herausforderungen an den Wohlfahrtsstaat im strukturellen Wandel. Frankfurt

Imhof, Arthur E. (1981), Die gewonnenen Jahre. München: 164–166

Imhof, Arthur E. (1985), Die verlorenen Welten. Alltagsbewältigung durch unsere Vorfahren und weshalb wir uns heute so schwer damit tun ..., 2. Aufl. München

Institut für Demoskopie Allensbach (Hg.) (1989), Familie 1989. Eine demoskopische Aufnahme. Allensbach

Jones, Rachel/April Brayfield (1997), Life's Greatest Joy? European Attitudes Toward the Centrality of Children. In: Social Forces 75: 1239–1270

Jugendwerk der deutschen Shell (Hg.) (1981), Jugend '81. Lebensentwürfe, Alltagskulturen, Zukunftsbilder, 3 Bde. Hamburg

Jugendwerk der deutschen Shell (Hg.) (1985), Jugendliche und Erwachsene '85. Opladen

Kaufmann, Franz-Xaver (1988a), Sozialpolitik und Familie. In: Aus Politik und Zeitgeschichte B 13/88: 34–43

Kaufmann, Franz-Xaver (1988b), Familie und Modernität. In: Kurt Lüscher u. a. (Hg.), Die „postmoderne" Familie. Konstanz: 391–415

Kaufmann, Franz-Xaver (1990), Zukunft der Familie. Stabilität, Stabilitätsrisiken und Wandel der familialen Lebensformen sowie ihre gesellschaftlichen und politischen Bedingungen. München

Keiser, Sarina (1997), Vereinbarkeit von Familie und Beruf – nur eine Frauenfrage? In: Lothar Böhnisch und Karl Lenz (Hg.), Familien – eine interdisziplinäre Einführung. Weinheim und München: 235–250

Kiefl, W./Josef Schmid (1985), Empirische Studien zum generativen Verhalten: Erklärungsbefunde und empirische Relevanz. Schriften des Bundesinstituts für Bevölkerungsforschung Bd. 15. Boppard

Kiernan, Kathleen/Jan Diamond (1983), The Age at which Childbearing Starts. A Longitudinal Study. In: Population Studies 37: 363–380

Klages, Helmut (1985), Wertorientierungen im Wandel. Frankfurt

Kluth, Heinz (1975), Soziologie. Darmstadt

Köcher, Renate (1988), Unterschätzte Funktionen der Familie. In: Aus Politik und Zeitgeschichte B 13/88: 24–33
Kohli, Martin/Harald Kühnemund/Andreas Motel und Marc Szydlik (1997), Generationenkonstellation, Haushaltsstrukturen und Wohnentfernungen in der zweiten Lebenshälfte. Erste Befunde des Alters-Survey. In: Rolf Becker (Hg.), Generationen und sozialer Wandel. Opladen: 157–175
König, René (1974a), Die Familie der Gegenwart. Ein interkultureller Vergleich. München
König, René (1974b), Die Stellung der Frau in der modernen Gesellschaft. In: ders., Materialien zur Soziologie der Familie, 2. Aufl. Köln: 253–319
König, René (1974c), Überorganisation der Familie als Gefährdung der seelischen Gesundheit. In: ders.: Materialien zur Soziologie der Familie, 2. Aufl. Köln: 106–119
Kopp, Johannes (1994), Scheidung in der Bundesrepublik. Zur Erklärung des langfristigen Anstiegs der Scheidungsraten. Wiesbaden
Koven, S./S. Michel (Hg.) (1993), Mothers of the New World: Maternalist Politics and the Origins of the Welfare State. New York
Krappmann, Lothar (1988), Über die Verschiedenheit der Familien alleinerziehender Eltern – Ansätze zu einer Typologie. In: Kurt Lüscher u. a. (Hg.), Die „postmoderne" Familie. Konstanz: 131–142
Künzler, Jan (1995), Geschlechtsspezifische Arbeitsteilung: Die Beteiligung von Männern im Haushalt im internationalen Vergleich. In: Zeitschrift für Frauenforschung 13: 115–132
Kürthy, Thomas V. (1988), Einzelkinder. Chancen und Gefahren im Vergleich mit Geschwisterkindern. München
Kuzmics, Helmut (1989), Der Preis der Zivilisation. Die Zwänge der Moderne im theoretischen Vergleich. Frankfurt
Lambert, Heinz (1996), Priorität für die Familie. Plädoyer für eine rationale Familienpolitik. Berlin
Lasch, Christopher (1982), Das Zeitalter des Narzißmus. München
Lasch, Christopher (1987), Geborgenheit. Die Bedrohung der Familie in der modernen Welt. München
Laslett, Peter (1972), Mean Household Size in England since the Sixteenth Century. In: ders. (Hg.), Household and Family in Past Time. Cambridge: 125 ff.
Lau, Christoph (1988), Gesellschaftliche Individualisierung und Wertwandel. In: Heinz Otto Luthe/Heiner Meulemann (Hg.), Wertwandel – Faktum oder Fiktion? Bestandsaufnahmen und Diagnosen aus kultursoziologischer Sicht. Frankfurt: 217–234
Lay, Rupert (1989), Führen durch das Wort. Frankfurt
Le Goff, Jacques (1989), Das Hochmittelalter. Frankfurt
Leibfried, Stefan (1992) Towards a European Welare State? On Integrating Poverty Regimes and the European Community. In: Zsuzsa Ferge/J. Kohlberg (Hg.), Social Policy in a Changing Europe. Wien
Leibfried, Stefan et al. (1995), Zeit der Armut. Frankfurt

Lempp, Reinhart (1986), Familie im Umbruch. München
Lengsfeld, Wolfgang/Wilfried Linke (1988), Die demographische Lage in der Bundesrepublik Deutschland. In: Zeitschrift für Bevölkerungswissenschaft 14: 341–433
Lenz, Karl (1982), Vorindustrielle Großfamilie – ein ahistorisches Konzept. Zur Korrektur eines familiensoziologischen Konzepts durch die historische Familienforschung. In: Schweizerische Zeitschrift für Soziologie 8: 423–450
Lenz, Karl (1989), Jugendliche heute. Lebenslagen, Lebensbewältigung und Lebenspläne. Linz
Lenz, Karl (1990), Mehr Chancen, mehr Risiken: Zum Wandel der Jugendphase in der Bundesrepublik. In: Robert Hettlage (Hg.), Die Bundesrepublik. Eine historische Bilanz. München: 214–233
Lenz, Karl (1997), Ehe? Familie? Beides, eines oder keines? Lebensformen im Umbruch. In: Lothar Böhnisch/Karl Lenz (Hg.), Familien – eine interdisziplinäre Einführung. Weinheim und München: 181–197
Lesthaeghe, F./D. Meekers (1986), Value Changes and the Dimension of Familism in the EEC. IPD-Working Papers. Brüssel
Leupold, Andrea (1983), Liebe und Partnerschaft: Formen der Codierung von Ehen. In: Zeitschrift für Soziologie 12: 297–327
Limbach, Jutta (1989), Die rechtlichen Rahmenbedingungen von Ehe und Partnerschaft. In: Rosemarie Nave-Herz/Manfred Markefka (Hg.), Handbuch der Familien- und Jugendforschung, Bd. 1. Neuwied/Frankfurt: 225–240
Linde, Hans (1984), Theorie der säkularen Nachwuchsbeschränkung 1800–2000. Frankfurt/New York
Lipp, Wolfgang (1987), Institution. In: Staatslexikon, Bd. 3, 7. Aufl., Freiburg u. a.: 99–102
Lohkamp-Himmighofen, Marlene (1993), Deutschland. In: Erika Neubauer et al. (Hg.), Zwölf Wege der Familienpolitik in der EG. Stuttgart: 81–148
Lübbe, Herrmann (1983), Zeit-Verhältnisse. Zur Kulturphilosophie des Fortschritts. Graz u. a.
Luhmann, Niklas (1981), Gesellschaftsstruktur und Semantik. Studien zur Wissenssoziologie der modernen Gesellschaft. Frankfurt
Luhmann, Niklas (1982), Liebe als Passion. Zur Kodierung von Intimität. Frankfurt
Lüschen, Günther (1988), Familial-verwandtschaftliche Netzwerke. In: Rosemarie Nave-Herz (Hg.), Wandel und Kontinuität der Familie in der Bundesrepublik Deutschland. Stuttgart: 145–172
Lüschen, Günther (1989), Verwandtschaft, Freundschaft, Nachbarschaft. In: Rosemarie Nave-Herz/Manfred Markefka (Hg.), Handbuch der Familien- und Jugendforschung, Bd. 1. Neuwied/Frankfurt: 435–452
Lüschen, Günther u. a. (1970), Familie und Verwandtschaft. Interaktion und die Funktion von Ritualen. In: Günther Lüschen/Eugen Lupri (Hg.), Soziologie der Familie. Opladen: 270–284

Lüscher, Kurt (1988), Familie und Familienpolitik im Übergang zur Postmoderne. In: Kurt Lüscher u.a. (Hg.), Die „postmoderne" Familie. Konstanz: 15–36

Lüscher, Kurt/Franz Schultheis/Michael Wehrspaun (Hg.) (1988), Die „postmoderne" Familie. Familiale Strategien und Familienpolitik in einer Übergangszeit. Konstanz

Macklin, E. D. (1987), Nontraditional Family Forms. In: M. D. Sussman/S. Steinmetz (Hg.), Handbook of Marriage and the Family. New York/London: 317–353

Marbach, Jan (1994), Der Einfluß von Kindern und Wohnentfernung auf die Beziehungen zwischen den Eltern und Großeltern: Eine Prüfung des quasi-experimentellen Designs der Mehrgenerationenstudie. In: Walter Bien (Hg.), Eigeninteresse oder Solidarität. Beziehungen in modernen Mehrgenerationenfamilien. Opladen: 77–111

Markefka, Manfred/Bernhard Nauck (Hg.) (1993), Handbuch der Kindheitsforschung. Neuwied

Marquard, Odo (1984), Zeitalter der Weltfremdheit? Die Industriegesellschaft in der Orientierungskrise. In: Walter Raymond-Stiftung (Hg.), Arbeitsgesellschaft – Wandel ihrer Strukturen. Köln: 11–28

McFate, Katherine et al. (Hg.) (1995), Poverty, Inequality and the Future of Social Policy. New York

McKenzie, Richard B./Gordon Tullock (1984), Homo Oeconomicus: Ökonomische Dimensionen des Alltags. Frankfurt/New York

McLanahan, Sara und Gary Sandefur (1994), Growing up with a Single Parent: What hurts, what helps. Cambridge (Mass.) und London

Meier-Aichen, Regine/Ingrid Friedl (1993), Zusammenleben in Stieffamilien. In: Klaus Menne/Herbert Schilling/Matthias Weber (Hg.), Kinder im Scheidungskonflikt: Beratung von Kindern und Eltern bei Trennung und Scheidung. Weinheim: 307–332

Menne, Klaus/Herbert Schilling/Matthias Weber (Hg.) (1993), Kinder im Scheidungskonflikt: Beratung von Kindern und Eltern bei Trennung und Scheidung. Weinheim

Mertens, Heide (1989), Geschlechterpolitik und Geburtenraten. In: Sozialwissenschaftliche Informationen 18: 253–259

Métral, Marie O. (1981), Die Ehe. Analyse einer Institution. Frankfurt

Metz-Göckel, Sigrid/Ursula Müller (1986), Der Mann. Weinheim/Basel

Meyer, Sibylle/Eva Schulze (1983), Nicht eheliche Lebensgemeinschaften – Alternativen zur Ehe. In: Kölner Zeitschrift für Soziologie und Sozialpsychologie 35: 735–754

Meyer, Sibylle/Eva Schulze (1989), Balancen des Glücks. München

Mitterauer, Michael (1980a), Die Familie als historische Sozialform. In: Michael Mitterauer/Reinhard Sieder, Vom Patriarchat zur Partnerschaft, 2. Aufl. München: 13–37

Mitterauer, Michael (1980b), Der Mythos von der vorindustriellen Großfamilie. In: Michael Mitterauer/Reinhard Sieder, Vom Patriarchat zur Partnerschaft, 2. Aufl. München: 38–63

Mitterauer, Michael (1980c), Funktionsverlust der Familie? In: Michael Mitterauer/Reinhard Sieder, Vom Patriarchat zur Partnerschaft, 2. Aufl. München: 92–117

Mitterauer, Michael/A. Kagan (1982), Russian and Central European Family Structures: A Comparative View. In: Journal of Family History 7: 103ff.

Mitterauer, Michael/Reinhard Sieder (1980), Vom Patriarchat zur Partnerschaft. Zum Strukturwandel der Familie, 2. Aufl. München

Mongardini, Carlo (1988), F. Tönnies und das Unbehagen des modernen Menschen. In: Annali di Sociologia/Soziologisches Jahrbuch 4: 45–58

Moore, Barrington (1966), Social Origins of Dictatorship and Democracy: Lord and Peasant in the Making of the Modern World, 2. Aufl. Boston

Mühlfeld, Claus (1976), Familiensoziologie. Eine systematische Einführung. Hamburg

Mühlfeld, Claus (1995), Familiale Lebensformen. Augsburg

Mühlmann, Wilhelm E. (1984), Pfade in die Weltliteratur. Königstein

Münchmeier, Richard (1997), Von der Unterordnung zum Gegenüber. Zum Wandel im Generationenverständnis. In: Lothar Böhnisch/Karl Lenz (Hg.), Familien – eine interdisziplinäre Einführung. Weinheim und München: 113–128

Namenwirth, James Z./Robert Ph. Weber (1987), Dynamics of Culture. Winchester

Napp-Peters, Anneke (1985), Ein-Elternteil-Familien. Soziale Randgruppe oder neues familiales Selbstverständnis? Weinheim

Napp-Peters, Anneke (1988), Scheidungs-Familien. Arbeitshilfen des Deutschen Vereins für öffentliche und private Fürsorge 37. Frankfurt

Napp-Peters, Anneke (1995), Familien nach der Scheidung. München

Nave-Herz, Rosemarie (1984), Familiäre Veränderungen seit 1950 – eine empirische Studie. Abschlußbericht 1. Teil. Oldenburg

Nave-Herz, Rosemarie (1988b), Kontinuität und Wandel in der Bedeutung, in der Struktur und Stabilität von Ehe und Familie in der Bundesrepublik Deutschland. In: dies. (Hg.), Wandel und Kontinuität der Familie in der Bundesrepublik Deutschland. Stuttgart: 61–94

Nave-Herz, Rosemarie (1989), Zeitgeschichtlicher Bedeutungswandel von Ehe und Familie in der Bundesrepublik Deutschland. In: Rosemarie Nave-Herz/Manfred Markefka (Hg.), Handbuch der Familien- und Jugendforschung, Bd. 1. Neuwied/Frankfurt: 211–222

Nave-Herz, Rosemarie (1990), Familie: Das Ende einer Solidargemeinschaft? Zum Wandel von Ehe und Familie in der Bundesrepublik. In: Robert Hettlage (Hg.), Die Bundesrepublik. Eine historische Bilanz. München: 202–213

Nave-Herz, Rosemarie (1994), Familie heute. Wandel der Familienstrukturen und Folgen für die Erziehung. Darmstadt

Nave-Herz, Rosemarie (Hg.) (1988 a), Wandel und Kontinuität der Familie in der Bundesrepublik Deutschland. Stuttgart

Nave-Herz, Rosemarie und Dorothea Krüger (1992), Einelternfamilien. Eine empirische Studie zur Lebenssituation und Lebensplanung alleinerziehender Mütter und Väter. Bielefeld

Neuendorf-Bub, Brigitte (1979), Stereotype und geschlechtstypisches Verhalten. In: R. Eckert (Hg.), Geschlechtsrollen und Arbeitsteilung. Mann und Frau in soziologischer Sicht. München: 82 ff.

Neuhäuser, Jenny (1997), Sozialhilfe und Leistungen an Asylbewerber 1995. In: Wirtschaft und Statistik (Mai 1997): 331–341

Nisbet, Robert (1967), The Sociological Tradition. New York

Noelle-Neumann, Elisabeth/E. Piel (Hg.) (1983), Allensbacher Jahrbuch der Demoskopie 1978–1983. München

O'Conners, Pat (1991), Women's experience of power within marriage: an inexplicable phenomenon? In: The Sociological Review 39: 823–842

Ogburn, William F. (1969), Die Ursachen für die Veränderung der Familie. In: ders. (Hg.), Kultur und sozialer Wandel. Neuwied/Berlin: 238–252 (orig. 1954)

O'Neill, N./G. O'Neill (1972), The Open Marriage. New York

Ostner, Ilona (1987), Individualisierung der Familie? In: Maria-Eleonora Karsten/Hans-Uwe Otto (Hg.), Die sozialpädagogische Ordnung der Familie. Beiträge zum Wandel familialer Lebensweisen und sozialpädagogischer Interventionen. Weinheim/München: 69–86

Ostner, Ilona/Wolfgang Voges (1995), Wie arm sind alleinerziehende Frauen? In: Karl-Jürgen Bieback/Helga Milz (Hg.), Neue Armut. Frankfurt: 122–147

Ott, Notburga (1992), Verlaufsdaten zum Ehescheidungsrisiko. In: Reinhard Hujer/Hilmar Schneider/Wolfgang Zapf (Hg.), Herausforderungen an den Wohlfahrtsstaat im strukturellen Wandel. Frankfurt: 227–253

Parsons, Talcott (1966), Societies. Evolutionary and Comparative Perspectives. Englewood Cliffs

Peuckert, Rüdiger (1989), Der soziale Wandel der Familienformen in der Bundesrepublik Deutschland seit der Nachkriegszeit. In: Gegenwartskunde. Zeitschrift für Gesellschaft, Wirtschaft, Politik und Bildung 37: 153–166

Popper, Karl R. (1975), Die offene Gesellschaft und ihre Feinde, Bd. 2: Falsche Propheten. Hegel, Marx und die Folgen, 4. Aufl. München

Pross, Helge (1975), Die Wirklichkeit der Hausfrau. Reinbek

Rerrich, Maria S. (1988), Balanceakt Familie. Zwischen alten Leitbildern und neuen Lebensformen. Freiburg

Riehl, Wilhelm Heinrich (1855), Die Naturgeschichte des Volkes als Grundlage einer deutschen Sozial-Politik, Bd. 3: Die Familie. Stuttgart/Tübingen

Riesman, David (1958), Die einsame Masse. Hamburg

Rindfuss, Ronald R./St. John Craig (1983), Social Determinants of Age at First Birth. In: Journal of Marriage and the Family 45: 553–565
Rosenbaum, Heidi (1982), Formen der Familie. Frankfurt
Rottleuthner-Lutter, Margret (1989), Ehescheidung. In: Rosemarie Nave-Herz/Manfred Markefka (Hg.), Handbuch der Familien- und Jugendforschung, Bd. 1. Neuwied/Frankfurt: 607–623
Roussel, Louis (1986), L'évolution récente de la structure des menages dans quelques pays industriels. In: Population 41: 913–932
Roussel, Louis (1988), Die soziologische Bedeutung der demographischen Erschütterung in den Industrieländern der letzten zwanzig Jahre. In: Kurt Lüscher u.a. (Hg.), Die „postmoderne" Familie. Konstanz: 39–54
Roussel, Louis (1989), La famille incertaine. Paris
Sardon, Jean Pierre (1986), Evolution de la nuptialité et de la divortialité en Europe depuis la fin des années 1960. In: Population 41: 463–482
Scheller, Gitta (1992), Wertwandel und Anstieg des Ehescheidungsrisikos. Pfaffenweiler
Schelsky, Helmut (1955), Soziologie der Sexualität. Reinbek
Schelsky, Helmut (1967), Wandlungen der deutschen Familie in der Gegenwart, 5. Aufl. Stuttgart
Schelsky, Helmut (1970), Zur soziologischen Theorie der Institution. In: ders. (Hg.), Zur Theorie der Institution. Düsseldorf: 9–26
Schmid, Josef (1989), Die Bevölkerungsentwicklung in der Bundesrepublik Deutschland. In: Aus Politik und Zeitgeschichte B 18–19/89: 3–15
Schulz, Gerhard (1969), Das Zeitalter der Gesellschaft. München
Schulz, Wolfgang (1983), Von der Institution „Familie" zu den Teilbeziehungen zwischen Mann, Frau und Kind. In: Soziale Welt 34: 401–419
Schulz, Wolfgang/M. Beck/E. Meyer/H. Sander/J. Wolterhoff (1981), Glück, Zufriedenheit und objektive Indikatoren der Lebensqualität, Teil 1. Arbeitsberichte und Forschungsmaterialien der Universität Bielefeld, Fakultät für Soziologie Bd. 20. Bielefeld
Schütze, Yvonne (1988), Zur Veränderung im Eltern-Kind-Verhältnis seit der Nachkriegszeit. In: Rosemarie Nave-Herz (Hg.), Wandel und Kontinuität der Familie in der Bundesrepublik Deutschland. Stuttgart: 95–114
Schütze, Yvonne (1989), Individualisierung und Familienentwicklung im Lebensverlauf. In: Bundesministerium für Jugend, Familie, Frauen und Gesundheit (Hg.), 40 Jahre Bundesrepublik Deutschland – Zur Zukunft von Familie und Kindheit. Bonn: 57–66
Schwab, Dieter (1981), Eheschließungsrecht und nicht-eheliche Lebensgemeinschaft: eine rechtspolitische Skizze. In: Zeitschrift für das gesamte Familienrecht 28: 1151–1156
Schwartz, O. (1990), Le monde privé des ouvriers: Hommes et femmes du Nord. Paris.
Schwarz, Karl (1984), Eltern und Kinder in unvollständigen Familien. In: Zeitschrift für Bevölkerungswissenschaft 10: 3–36

Schwarz, Karl (1993–94), Frauenerwerbstätigkeit im Lebenslauf gestern und heute. In: Zeitschrift für Bevölkerungswissenschaft 19: 541–575
Seidenspinner, Gudrun/A. Burger (1982), Mädchen 1982. Bericht und Tabellen. Hamburg
Sennett, Richard (1983), Verfall und Ende des öffentlichen Lebens: Die Tyrannei der Intimität. Frankfurt
Shorter, Edward (1979), Die Geburt der modernen Familie. Zürich
Siara, Christian (1980), Komponenten der Wohlfahrt. Materialien zu Lebensbedingungen und Lebensqualität. Frankfurt
Sieder, Reinhard (1986), Die Geschichte der Familie. Frankfurt
Simmel, Georg (1968/1983), Soziologie. Berlin (orig. 1908)
Simmel, Georg (1989), Philosophie des Geldes, Gesamtausgabe Bd. 6. Frankfurt
Smith, Adam (1979), Der Wohlstand der Nationen. München (orig. 1776)
Smith, Adam (1985), Theorie der ethischen Gefühle. Hamburg (orig. 1759)
Starke, Kurt (1997), Partner- und Sozialverhalten ostdeutscher Jugendlicher und gesellschaftlicher Umbruch. In: Hubert Sydow (Hg.), Entwicklung und Sozialisation von Jugendlichen vor und nach der Vereinigung Deutschlands. Opladen: 160–219
Statistisches Bundesamt (1996), Bevölkerung und Erwerbstätigkeit. Reihe 3, Fachserie 1: Haushalte und Familien. Wiesbaden
Statistisches Bundesamt (1997), Datenreport. München und Landsberg
Stein-Hilbers, Marlene (1989), Frauen und Männer. Erste Anzeichen eines Wandels von Geschlechterverhältnissen. In: Sozialwissenschaftliche Informationen 18: 221–227
Stern, Fritz (1986), Kulturpessimismus als politische Gefahr. München
Sydow, Hubert (Hg.) (1997), Entwicklung und Sozialisation von Jugendlichen vor und nach der Vereinigung Deutschlands. Opladen
Teichert, Volker (Hg.) (1989), Junge Familien in der Bundesrepublik. Familienalltag, Familienumwelt, Familienpolitik. Opladen
Tenbruck, Friedrich H. (1962), Jugend und Gesellschaft. Freiburg
Tenbruck, Friedrich H. (1989), Zur Anthropologie des Handelns. In: ders., Die kulturellen Grundlagen der Gesellschaft: Der Fall der Moderne. Opladen: 21–44
Tönnies, Ferdinand (1979), Gemeinschaft und Gesellschaft. Grundbegriffe der reinen Soziologie. Darmstadt (orig. 1887)
Trost, J. (1984), Unmarried Cohabitation in Sweden. In: R. G. Genovese (Hg.), Families and Change. Amherst: 304–309
Trotha, Trutz von (1990), Zum Wandel der Familie. In: Kölner Zeitschrift für Soziologie und Sozialpsychologie 42: 452–473
Tucholsky, Kurt (1985), Gesammelte Werke in 10 Bänden, Bd. 2, 3 und 10. Reinbek
Tyrell, Hartmann (1979), Familie und gesellschaftliche Differenzierung. In: Helge Pross (Hg.), Familie – wohin? Reinbek: 13–77
Tyrell, Hartmann (1985), Literaturbericht. In: Bundesministerium für

Jugend, Familie und Gesundheit (Hg.), Nicht-eheliche Lebensgemeinschaften in der Bundesrepublik Deutschland. Stuttgart: 93–140
Tyrell, Hartmann (1988), Ehe und Familie – Institutionalisierung und Deinstitutionalisierung. In: Kurt Lüscher u.a. (Hg.), Die „postmoderne" Familie. Konstanz: 145–156
Urdze, Andrejs/Maria S. Rerrich (1981), Frauenalltag und Kinderwunsch. Motive von Müttern für oder gegen ein zweites Kind. Frankfurt
Vaskovics, Laszlo A. (1995), Familie. Soziologie familialer Lebenswelten. In: Sonderheft 3 der Soziologischen Revue. München
Vaskovics, Laszlo A. (Hg.) (1982), Umweltbedingungen familialer Sozialisation. Beiträge zur sozialökonomischen Sozialisationsforschung. Stuttgart
Vaskovics, Laszlo/Rupp, Marina (1995), Partnerschaftskarrieren. Opladen
Vaskovics, Laszlo/Rupp, Marina/Hoffmann, Barbara (1997), Lebensverläufe in der Moderne. Opladen
Vivelo, Frank R. (1981), Handbuch der Kulturanthropologie. Stuttgart
Wall, Richard (1996), Comparer ménages et familles au niveau européen: Problèmes et perspectives. In: Population 1: 93–116
Waller, Willard (1938), The Family. A Dynamic Interpretation. New York
Wallerstein, Judith/Sandra Blakeslee (1989), Gewinner und Verlierer. Frauen, Männer und Kinder nach der Scheidung. Eine Langzeitstudie. München
Walper, Sabine (1993), Stiefkinder. In: Manfred Markefka und Bernhard Nauck (Hg.), Handbuch der Kindheitsforschung. Neuwied: 429–438
Weber, Max (1920), Die protestantische Ethik und der Geist des Kapitalismus. In: Max Weber, Gesammelte Aufsätze zur Religionssoziologie, Bd. 1. Tübingen: 17–236
Weber, Max (1924), Gesammelte Schriften zur Soziologie und Sozialpolitik. Tübingen
Weber, Max (1964), Wirtschaft und Gesellschaft. Studienausgabe J. Winckelmann (Hg.). Köln/Berlin (orig. 1922)
Weber, Max (1972), Gesammelte Aufsätze zur Religionssoziologie, Bd. 1, 6. Aufl. Tübingen (orig. 1920)
Weber, Max (1973), Gesammelte Aufsätze zur Wissenschaftslehre, 4. Aufl. Tübingen (orig. 1922)
Weidacher, Alois (1995), Einkommenslagen in Familien ohne Kinder und mit Kindern. In: Karl-Jürgen Bieback/Helga Milz (Hg.), Neue Armut. Frankfurt: 148–180
Wickham, Gary (1990), The Political Possibilities of Postmodernism. In: Economy and Society 19: 121–149
Wilensky, Harold (1975), The Welfare State and Equality. Berkeley
Wingen, Max (1981), Der soziologische Tatbestand der nicht-ehelichen Lebensgemeinschaften. In: Zeitschrift für das gesamte Familienrecht 28: 331–337
Wingen, Max (1982), Auf dem Weg in die kinderlose Gesellschaft? Analy-

sen, Perspektiven, Kurskorrekturen. In: Volker Eid/Laszlo Vaskovics (Hg.), Wandel der Familie – Zukunft der Familie. Mainz: 112–135

Wingen, Max (1989), Familie heute – Entwicklung, Bestandsaufnahme, Trends. In: ders. (Hg.), Familie im Wandel – Situation, Bewertung, Schlußfolgerungen. Bad Honnef: 13–57

Wurzbacher, Gerhard (Hg.) (1987), Die Familie als Sozialisationsfaktor. 3. Aufl. Stuttgart

Zahlmann-Willenbacher, Barbara (1979), Kritik des funktionalistischen Konzepts geschlechtstypischer Arbeitsteilung. In: R. Eckert (Hg.), Geschlechtsrollen und Arbeitsteilung. Mann und Frau in soziologischer Sicht. München: 60–77

Zigann, Herbert (1977), Einführung in die Familiensoziologie. Kronberg

Zöller, Michael (1990), Produkt, nicht Projekt-Individualismus als Nebenfolge des Wandels moderner Selbstbilder. In: Zeitschrift für Politik 37: 310–321

Autoren- und Sachregister